C.R. Rodenwald. Die drei ??? und die Welt der Hörspiele

C.R. Rodenwald

Die drei ???
und die Welt der Hörspiele

LANGENMÜLLER

Für Georg

MIX
Papier aus verantwortungsvollen Quellen
FSC® C014889
www.fsc.org

2. Auflage

Umschlagmotiv: Andreas Ruch, auf Basis einer
Fotografie aus dem EUROPA Archiv
Lektorat: Silke Arnold, Stuttgart
Redaktion: Sissi Klauser, Anne Pagel
Satz: Satzwerk Huber, Germering
Gesetzt aus der Minion Pro
Druck und Bindung: Friedrich Pustet GmbH & Co. KG, Regensburg
Printed in Germany
ISBN 978-3-7844-3554-1

www.langenmueller.de www.kosmos.de

Inhalt

Vorwort

Die drei ??? begleiten mich schon mein ganzes Leben. Vielen geht es so. Ich bin Jahrgang 1984, gehöre also nicht zu der gesegneten Generation, die den Hörspielboom der frühen 80er Jahre miterlebte. An meine ersten eigenen Kassetten kann ich mich kaum erinnern. Da gab es diesen sprechenden Elefanten und noch ein paar andere Sachen. Gähnend langweilig wurden diese Hörspiele aber erst, als ich Die drei ??? kennenlernte. Meine Kumpels Attila und Alexander hatten beide ältere Brüder, deren Kassetten wir beim Spielen rauf und runter hörten. Als ich einmal bei einem der beiden übernachten durfte, lauschten wir abends gebannt *Die drei ??? und der Super-Papagei.* Niemals wäre ich auf die Idee gekommen, dabei einzuschlafen.
Wie gerne hätten wir damals auch so ein Detektivunternehmen gehabt. Leider gab es gar nichts Spannendes zu ermitteln. Ein paar Jahre später unternahm ich einen zweiten Anlauf. Zusammen mit meinen neuen »Kollegen« Christian und Christian observierten wir nachts ein Bordell. So etwas hatten sich noch nicht einmal die drei ??? getraut! Das Haus betrat in der ganzen Zeit kein Mensch – weder der Pfarrer noch der Bürgermeister. Aber irgendwann kam jemand heraus. Zielstrebig ging er auf unser Versteck zu und fragte: »Was macht ihr hier, Kinder?« Ich nahm meinen ganzen Mut zusammen und sagte: »Wir wissen, dass hier ein Puff ist!« – »Ich auch«, bekamen wir zur Antwort. »Geht heim, Kinder!« Wir gingen.
Das war das Ende meiner Detektivkarriere. Immerhin wurde ich später Historiker. Und vielleicht hängt ja beides miteinander zusammen, aber so tief möchte ich eigentlich nicht in meine Psyche eintauchen.

Jedenfalls habe ich erst beim Schreiben dieses Buchs gemerkt, dass in meinem Leben so einiges schief gelaufen ist: Ob ein Hörspiel mit der Pfeifmelodie oder dem Vocoder-Lied begann, interessierte mich als Kind überhaupt nicht. Mir gefiel beides. Ich wusste lange Zeit auch gar nicht, dass es überhaupt Hörspiele mit alter und neuer Musik gab. In meinem Leben gab es auch nie einen Gameboy-Knick. Wir hörten die Hörspiele damals beim Nintendospielen. Der Knick kam bei mir erst Mitte der 90er Jahre, als ich mich zu alt fürs Hörspielhören fühlte und lieber zu den Büchern griff. Mit 15 Jahren war auch damit Schluss. Dass das nächste Buch von irgendwelchen Vampiren im Internet handeln sollte, erleichterte mir diese wegweisende Entscheidung. Ich wäre aber nie auf die Idee gekommen, meine Kassetten oder Bücher auf dem Flohmarkt zu verscherbeln. Niemals.

Auf einer endlos langen Busfahrt in Richtung Toskana hörte ich auf einem Walkman die *Toteninsel*. Meine Mitschülerin Tina hatte Hörspielkassetten mit auf Klassenfahrt genommen. Ich konnte so etwas zwar nicht nachvollziehen, genoss aber die Abwechslung. Der Hype um die Folge 100 und die Master of Chess-Tour ging vollkommen an mir vorbei. Ich wollte ins Stadion, auf Rockkonzerte, aber mir mit Sicherheit kein Live-Hörspiel anhören.

Auf dem Weg zur Universität erzählte mir irgendwann mein ehemaliger Mitschüler Johannes in der Bahn davon, dass Justus jetzt anders hieße, nämlich Jupiter. Die Serie sei somit sogar näher am Original dran. Aha. Ich fand das interessant und bescheuert zugleich, war aber meilenweit davon entfernt, mich darüber in irgendeinem Internetforum aufzuregen. Ich kannte auch keines. Ich kannte auch keinen Robert Arthur.

Aber irgendwann war sie da, diese Sehnsucht nach der Kindheit. Dieses unbeschreiblich schöne Nostalgiegefühl. Und kaum etwas war so sehr mit meiner Kindheit verbunden wie diese Serie. Bis ich für Die drei ??? aber wieder richtig Geld ausgeben würde, musste noch einiges passieren. Einmal schnappte ich mir ein preisreduziertes Mängelexemplar, aber in der Regel lieh ich mir die Bücher in der Bibliothek aus. Als ich registrierte, dass der *Super-Papagei* gar nicht der erste Fall der drei Detektive war, sondern die Buchreihe mit dem *Gespensterschloss* begann, wurde ich neugierig. Ich recherchierte, ich las und hörte – und schrieb parallel ein Buch: *Die Welt der drei Fragezeichen*. Vor mir tat sich eine neue Welt auf! Am Anfang hatte ich ein wenig Angst, meine Kindheit und deren Helden zu entzaubern. Doch das Gegenteil trat ein. Heute liebe ich Die drei ??? mehr als je zuvor. Das gilt sowohl für die Bücher als auch für die Hörspiele, um die es hier in meinem neuen Buch geht. Glücklicherweise behielten auch die Hörspiele ihren Zauber. Ich kann mich beim Hören sogar noch mehr entspannen, seitdem ich weiß, warum alles so ist, wie es ist. Ich hoffe, euch wird es genauso ergehen: Taucht ein mit mir in *Die drei ??? und die Welt der Hörspiele!*

Euer C. R. Rodenwald

Wie alles begann

Dave Miller

Die Erfolgsgeschichte der Die drei ???-Hörspiele ist untrennbar mit dem Namen Heikedine Körting, dem Label EUROPA sowie den drei Sprechern Oliver Rohrbeck, Jens Wawrczeck und Andreas Fröhlich verbunden. Doch den Grundstein dafür legte David L. Miller, der am 4. Juli 1925 in Pennsylvania als US-Bürger zur Welt kam. Dass Dave Miller gerade am Unabhängigkeitstag geboren wurde, konnte kein Zufall sein – zumindest aus Sicht des Chronisten der *Miller-Story*: »Dave war ein Mann, der aus dem Bauch heraus lebte. Voller Power, voller Dynamik, voller Lebenshunger. Ein Mann, der sich nicht einengen ließ, dem Freiheit alles bedeutete.«[1]

Miller wird folgendes Zitat zugeordnet: »Kreativität ist nicht, eine Idee zu haben. Kreativität ist: diese Idee umzusetzen.«[2] Seinen Pioniergeist kann man vielleicht am besten mit dieser Anekdote veranschaulichen: Mit gerade einmal 20 Jahren nahm er eine Hochzeitszeremonie mithilfe eines riesigen Apparats direkt in der Kirche auf Wachs auf. Er raste zurück nach Hause, wo der junge Mann in seiner Garage selbst Schellackplatten herstellen konnte. Und noch am gleichen Abend konnte man sich Orgelspiel und Ja-Wort nochmals anhören. Kurz nach dem Ende des Zweiten Weltkriegs war das.

Miller machte sein Hobby zum Beruf. 1957 gründete er nach mehreren erfolglosen Versuchen erneut eine Schallplattenfirma. Mit Somerset warf er Tanzmusik, Evergreens und Klassik zu niedrigen Preisen auf den Markt. Miller liebte massentaugliche Unterhaltungsmusik, was sich auch im Repertoire niederschlug.

Aber auch Rock'n'Roll lernte bei Somerset laufen, nämlich auf Millers Label Holiday Records: Bill Haley war eine Zeit lang bei Miller unter Vertrag. Den Welthit *Rock Around the Clock* veröffentlichte Haley wenig später aber bei der Konkurrenz. Die Wege hatten sich getrennt – leider nicht im Guten. Später sahen sich Miller und Haley wegen eines Streits um Tantiemen vor Gericht wieder. Miller unterlag. Rückschläge wie diese gab es in der Karriere von Dave Miller immer mal wieder. Aber mittel- bis langfristig zeigte seine persönliche Konjunkturkurve immer nur in eine Richtung: nach oben, steil nach oben.
Für das Thema dieses Buches ist Millers Deutschlandreise Ende der 50er Jahre von besonderer Bedeutung. In Millers Augen war die junge Bundesrepublik ein »Billigland mit aufstrebender Wirtschaft«.[3] Das kann man durchaus so stehen lassen – gerade im Vergleich zu den USA. Das nach dem Zweiten Weltkrieg eingeführte »Bretton-Woods-System«, ein Wechselkurssystem mit dem Dollar als Leitwährung, begünstigte die deutsche Wirtschaft enorm. In den 50er Jahren bekam man für einen US-Dollar 4,20 D-Mark. Das brachte Miller auf eine Idee. Er wollte seine Platten in Deutschland produzieren lassen, um sie dann in den USA zu verkaufen. Auf diese Weise konnte er dank der unterbewerteten D-Mark viel Geld sparen. Sein Weg führte ihn zum US-Konsulat in der Hansestadt Hamburg. Dort lernte Miller Dr. Andreas Beurmann kennen. Was Beurmann dort genau wollte, konnte nicht mehr rekonstruiert werden. Jedenfalls war es eine glückliche Begegnung.

Andreas Beurmann

Andreas E. – das E steht für Erich – Beurmann wurde am 12. Februar 1928 in Zoppot in der Nähe von Danzig geboren. Die Familie gehörte dem Bildungsbürgertum an. Der Vater war Jurist, die Mutter Konzertsängerin. Schon als Kind war er mit klassischer Musik vertraut. Er spielte Violine, später auch Klavier und trat bereits als Schüler beim Rundfunk in Danzig auf.

Der Krieg bedeutete gerade für die Deutschen in den Ostgebieten eine tiefe Zäsur. Die allermeisten flohen oder wurden vertrieben. Und so machte Beurmann sein Abitur in Göttingen. In der Universitätsstadt schloss er später auch sein Physikstudium und das der Musikwissenschaften ab. Er promovierte schließlich zu den Klaviersonaten von Carl Philipp Emanuel Bach. Seit 1951 arbeitete Andreas Beurmann als Entwicklungsingenieur und Tonmeister beim Nordwestdeutschen Rundfunk (NWDR) in Hamburg. Der NWDR teilte sich erst ein paar Jahre später in die bis heute bestehenden Sender NDR und WDR auf.

Von Anbeginn stimmte die Chemie zwischen Andreas Beurmann und Dave Miller. Schnell kam man ins Geschäft. Das aus den USA bewährte Geschäftsmodell wurde auf Deutschland übertragen. Beurmann sollte für Tonaufnahmen ein Orchester zusammenstellen. Aber Miller wollte nicht irgendein Orchester. Er wollte das größte Orchester der Welt. Analog zu der in seiner Heimat immer dann verwendeten Redewendung, wenn es um die perfekte oder ultimative Anzahl gehen sollte – 101 things to do / to know / to learn / to hear – sollte sein Orchester mit *101 Strings* besetzt sein. In Deutschland war das möglich. Gute Musiker waren hier nämlich deutlich günstiger zu bekommen als in den USA.

Für die Aufgabe holte Beurmann zwei Kollegen vom NWDR ins Boot: Dr. Wilhelm Wille und Dr. Hans-Peter Reineke. Das Trio war mit der Musikszene der Hansestadt bestens vernetzt. Die Aufnahmen fanden in der Regel ab 23 Uhr statt. Das war nicht anders möglich, weil die Musiker von der Hamburger Staatsoper, den Hamburger Symphonikern oder dem NWDR rekrutiert wurden. Und die konnte man erst gemeinsam vors Mikrofon bringen, wenn alle Feierabend hatten.

Die Aufnahmebedingungen waren nahezu perfekt, erinnerte sich Beurmann Jahre später: »Wir hatten die Hamburger Musikhalle mit ihrer hervorragenden Akustik als Studio entdeckt. Dort gab es zwei Proszeniumslogen. Eine hatte der NWDR gemietet, die andere ich. In diesen Logen standen unsere Aufnahmegeräte, fast zwanzig Jahre.«[4] Schon früh – deutlich früher als in anderen Studios – konnte in der Musikhalle sogar stereo aufgenommen werden.

Miller fand in Beurmann nicht nur einen hervorragenden Musiker, sondern auch einen begeisterten Techniktüftler. Das war er schon als Kind: »In meinem Elternhaus in Zoppot hatte ich beispielsweise am Gartenzaun zur Straße [hin] eine Vogelscheuche aufgestellt. Darin war ein versteckter Lautsprecher, von dem ein Kabel bis zu einem Mikrofon in meinem Kinderzimmer führte. Aus meinem Zimmer konnte ich die Straße beobachten, und wenn jemand am Haus vorbeiging, erschreckte ich die Leute, indem ich die Vogelscheuche sprechen ließ. Nette Mädchen wurden natürlich nicht verschreckt.«[5]

Für die in Deutschland produzierte Musik hatte Miller ausschließlich die USA als Absatzmarkt im Blick. Während einer Europareise, die der Plattenboss zusammen mit Beurmann unternahm, verschickte er Postkarten an DJs und andere Radioleute in seiner Heimat. Auf allen Karten wurde ohne Angabe eines Absenders lediglich von den *101 Strings* gegrüßt. Spätestens nachdem die ersten Platten unter dem gleichen Motto auf den Markt kamen, wussten alle, was es mit den mysteriösen Grüßen auf sich hatte. Beurmann: »Eine ganz neue Promotion-Idee – und eine, die typisch war für Dave: Das Nützliche mit dem Angenehmen zu verbinden.«[6] Sicherlich nicht nur, aber auch dank des innovativen Marketings wurden weit über hundert Millionen *101 Strings*-Platten in den USA verkauft.

Miller International Schallplatten GmbH

Das Miller-Repertoire wurde immer europäischer und vor allem auch deutscher. Die Idee, auch den deutschen Markt zu bedienen, lag auf der Hand. Im Jahr 1961 gründete Dave Miller zusammen mit Andreas Beurmann und Wilhelm Wille die Miller International Schallplatten GmbH, für die beide mit jeweils 250.000 D-Mark bürgten. Viel Geld. »Das haben wir unter anderem von der Commerzbank in Hamburg geliehen bekommen. Der Chef der Bank war sehr offen, weil seine Tochter Musikerin war, die wir auch schon engagiert hatten. Den Kredit haben wir recht schnell zurückzahlen können«, so Beurmann.[7] Wille gestand später: »Meine Frau wusste zwei Jahre lang nicht, dass unser Haus verpfändet war.«[8]

Der Einfachheit halber wurde für die deutsche Unternehmensgründung der gleiche Name verwendet wie in den USA: Miller International. Auch das hauseigene Label hieß dies- und jenseits des Atlantiks gleich: Somerset. Miller hatte als Namensgeber den Hut auf. Wille war als Produzent für die Sparte Musik und Beurmann für alle Wortproduktionen zuständig.

Der erste Unternehmenssitz befand sich in der Randstraße in Hamburg-Stellingen. Das Gebäude hatte etwas von einer Baracke. Als Büro diente ein alter Bauwagen. Anfangs waren bei Miller gerade einmal 20 Mitarbeiter beschäftigt. Es gab sechs Plattenpressen, von denen aber nur zwei funktionierten. Der Großteil der Ware wurde in den USA hergestellt. Zunächst warf Miller International einfach zig ursprünglich für die USA produzierte *101-Strings*-Langspielplatten auf den deutschen Markt. Im ersten Jahr betrug der Firmenumsatz aber noch mickrige 250.000 D-Mark.

1963 stieß ein Mann zum Miller-Trio, der das Unternehmen lange Zeit prägen sollte: Harald Kirsten. Mit der Musikbranche hatte er eigentlich gar nichts am Hut. Als waschechter Hamburger machte er nach dem Krieg eine Lehre zum Reedereikaufmann. Der Schifffahrt blieb er lange treu, unter anderem als Juniorchef in der Reederei seines Vaters. Als aber die Branche mehr und mehr in eine Krise schlitterte, wurde er arbeitslos.

In der Tageszeitung DIE WELT entdeckte er eine interessante Anzeige. Es wurde ein Mann »mit kaufmännischer Erfahrung und Initiative« für einen »leitenden Posten« bei einem international aufgestellten Unternehmen gesucht.[9] Vielleicht fühlte sich Kirsten angesprochen, weil er schon einiges von der Welt gesehen hatte? Wie auch immer. 38 Jahre alt und arbeitslos – das entsprach nicht ganz seinem Karriereplan. Er wollte es nochmal wissen.

Erst beim Vorstellungsgespräch erfuhr Kirsten, dass es bei seinem neuen Job um Schallplatten gehen sollte. Kirsten wurde zunächst als Geschäftsführer eingestellt, ein Jahr später stieg er bei Miller als Anteilseigner ein. Im Vergleich zur Schifffahrt war die Musikindustrie in seinen Augen eine Branche mit Zukunft. Außerdem begeisterte ihn Miller mit seiner amerikanischen Herangehensweise. »Während die deutsche Plattenbranche ihre Produkte als hehres, hohes Kulturgut betrachtet, gelten Platten bei Miller International als Konsumartikel: preiswert und volksnah; keine langüberlegte Anschaffung, sondern ein Mitnahmeartikel«, so Kirsten.[10]

Bei der Markteinführung 1961 kostete eine Schallplatte noch 15 D-Mark. Die Preise wurden sukzessive gesenkt. Die Umsätze schnellten daraufhin in die Höhe. 1964 waren es schon fast drei Millionen Mark. Eine Platte aus dem Somerset-Katalog kostete zu diesem Zeitpunkt schon nur noch 9,80 Mark. Miller International setzte mit seinen Preisen die gesamte Branche unter Druck. Doch die Konkurrenz zog mit. Wenn sich Miller auf dem Markt behaupten wollte, mussten die Preise weiter gesenkt werden.

1965. Sondersitzung bei Miller International. Harald Kirsten hielt einen Kampfpreis von 5,90 Mark für machbar. Ein großes Risiko. Nachdem sich Kettenraucher David Miller die vermutlich vierzigste Zigarette des Tages angezündet hatte, fällte der Unternehmensgründer eine folgenschwere Entscheidung: »Wenn es mit 5,90 Mark geht, dann müssen auch fünf Mark drin sein. Ein einziges Geldstück. Mit dem Konzept hat die BILD-Zeitung einst auch ihren Erfolg begründet.«[11]

Fünf D-Mark für eine Schallplatte stellten ein hohes, wenn nicht sogar sehr hohes unternehmerisches Risiko dar. Um dieses Risiko wenigstens ein bisschen einzugrenzen, fuhr Miller International fortan zweigleisig. Die Somerset-Platten kosteten weiter 9,80 D-Mark. Für den »Sensationspreis«[12] von fünf Mark sollten die Platten von einem eigens dafür gegründeten Label verkauft werden: EUROPA.

EUROPA

Andreas Beurmann hatte die Idee, das Label nach dem Kontinent zu benennen: »Ich bin ja Nachkriegskind, mir kam Europa viel zu langsam. Ich dachte: Wir müssen doch ein Europa haben endlich, alle Staaten müssen sich zusammenschließen, wie in Amerika einen Staatenbund bilden. Deswegen habe ich gedacht: Da machen wir doch wenigstens ein EUROPA auf dem Schallplatten-Sektor.«[13] Auch das charakteristische rot-weiß-schwarze EUROPA-Logo entwarf und zeichnete Beurmann in Eigenregie. Der Plan, den Niedrigpreissektor mit einer neuen Marke zu bedienen, ging auf. Die Umsätze explodierten. 1966 erfolgte die Grundsteinlegung für die neue Firmenzentrale im 20 Kilometer entfernten Quickborn, einer Landgemeinde im Nordwesten von Hamburg. In einer hauseigenen Pressemitteilung hieß es: »Der Neubau wurde durch die rasante geschäftliche Entwicklung der Miller International möglich und nötig. Dave Miller, ein erfahrener amerikanischer Produzent, der bereits den ame-

rikanischen Markt mit preiswerten Schallplatten revolutionierte (amerikanische Redensart: Was Ford für Autos, ist Miller für Schallplatten), brachte 1961 diese Idee auch nach Deutschland.«
Die Musik spielte bei EUROPA aber zunehmend bei Beurmanns Wortproduktionen. Der Produzent hatte eine Marktlücke entdeckt. Kinder hörten zwar auch gerne Schallplatten, als eigene Kundengruppe hatte sie aber noch niemand so richtig in den Fokus genommen. So etwas passte genau in Millers Philosophie. Denn angesichts der niedrigen Gewinnspanne standen EUROPA-Produktionen auch unter einem großen Innovationsdruck. Man musste besser und schneller sein als die Konkurrenz. Nur so konnte man auf dem Markt bestehen.

Bereits ab 1954 produzierte das »Urgestein des kommerziellen Hörspiels«, Sándor Ferenczy, für das Label Polydor, das der Deutschen Grammophon gehörte, Hörspiele zu Märchen und Abenteuergeschichten. Den Anfang machte er mit *Peter Pan*, der von Matthias Fuchs gesprochen wurde. Es folgten in den Jahren darauf Dutzende weitere Produktionen, zum Beispiel *Märchen aus 1001 Nacht*, aber auch eigens von Ferenczy geschriebene Geschichten wie *Am Marterpfahl*, *Peterwagen 7* oder *Die Marsrakete*.[14]

Die zuweilen kolportierte Meinung, EUROPA habe das Hörspiel als solches erfunden, stimmt also nicht. Hörspiele gibt es schon seit Beginn der 1920er Jahre.[15] Aber EUROPA vollzog die stilistische Entwicklung zum modernen Hörspiel. Denn bei den besagten Hörspielen aus den 50er Jahren fehlte noch der typische Mix aus Sprache, Musik und Geräuschen. Den Hörern wurde größtenteils eine eher eintönige Kombination aus Erzählerparts und Dialogen präsentiert.

Ähnlich wie bei Polydor lag auch bei EUROPA der Schwerpunkt zu Beginn auf gekürzten Versionen von Kinderbüchern. Der bekannte Hamburger Schauspieler Hans Paetsch las Märchen, Sagen und andere Klassiker vor. Doch schon wenig später ging man einen Schritt weiter. Die Geschichten wurden nun als Hörspiele dramatisiert. Beurmann wählte dabei immer Stoffe aus, für die keine Lizenzgebühren entrichtet werden mussten. So erschienen 1966 im EUROPA-Kinderprogramm zum Beispiel *Die Schatzinsel, Münchhausens Abenteuer* und *Das Wirtshaus im Spessart*. Und Hans Paetsch avancierte mit der Zeit zum »Märchenonkel der Nation«.

Wie die Aufnahmen mit Hans Paetsch in den Anfangstagen abliefen, davon weiß Heikedine Körting zu berichten: »Mein Mann hatte sich dafür ein Studio in sein Auto gebaut und ist damit zu Hans Paetsch an den Hamburger Stadtrand in die Garage gefahren. Dort sind dann die Aufnahmen entstanden. Aber nicht nur Garagen und Autos dienten als Studios. Mein Mann hat in der Anfangszeit auch eine in sein Wohnzimmer gestellte Telefonzelle als Sprecherkabine benutzt.«[16]

Viele Jahre später erinnerte sich Claus Wilcke schmunzelnd an die alten Zeiten: »In den frühen Jahren des Labels hatte man bei Miller [...] noch kein echtes Studio [für Wortproduktionen], sondern es wurde regelrecht improvisiert. Andreas Beurmann hatte dazu in seiner Privatwohnung in der Magdalenenstraße eine Ecke im Wohnzimmer vorbereitet. Wir Schauspieler saßen dann um einen runden Tisch versammelt, und alle anderen, die sich noch im Raum befanden, mussten mucksmäuschenstill sein, damit keine Störgeräusche bei den Aufnahmen entstanden. Das war noch echte Pionierarbeit.«[17]

Nach dem durchschlagenden Erfolg der Einzelhörspiele veröffentliche EUROPA ab 1967 mit *Tom Sawyer* den ersten Mehrteiler. Und im Jahr 1968 wurde mit Karl May-Hörspielen die erste Serie gestartet. In den 60er Jahren stürmten die Zuschauer die Kinosäle, um sich die Karl May-Verfilmungen mit Lex Barker, Pierre Briece & Co. anzusehen. 1968 ritten Winnetou und Old Shatterhand zwar das letzte Mal über die Leinwand, dafür eroberten aber jetzt die Figuren im Hörspiel die Kinderzimmer.

»Das Jugendprogramm wuchs sich zu einem stabilen Standbein für EUROPA aus«, heißt es in der *Miller-Story*.[18]

Andreas Beurmann war weiterhin Motor und Innovationstreiber. Als der Berliner Autor Eberhard Alexander-Burgh aus in Eigeninitiative ein paar seiner Konzepte bei EUROPA einreichte, ließ sich der Produzent nicht zweimal bitten. EUROPA sollte seine erste eigene Serie bekommen: »Geschichten, die man nirgendwo anders bekommen kann, als bei uns. Mit Figuren, die uns gehören.« Besonders das Konzept zu Hui Buh gefiel Beurmann. Genau solch eine Hauptfigur schwebte ihm vor: »Ein Gespenst. Kinder lieben Gespenstergeschichten und haben trotzdem Angst vor Gespenstern. Wir sollten ein nettes, liebenswürdiges Gespenst schaffen, vor dem sich kein Kind fürchtet.«[19] Und genau diese Mischung aus Grusel, Spannung und Komik machte Hui Buh, das Schlossgespenst zum Renner und zum Stammvater aller Kinder- und Jugendserien aus dem Hause EUROPA.

Die erste von insgesamt 23 Folgen erschien im Jahr 1969. Die Besetzung war damals erstklassig – und ist es auch aus heutiger Sicht noch. Als Erzähler brillierte wieder einmal Hans Paetsch, das Gespenst erfüllte Hans Clarin, der Stimme vom *Pumuckl*, mit Leben. Andreas von der Meden gab den Kastellan. Von der Produktion der ersten Folge ist eine skurrile Anekdote überliefert: Hans Clarin hatte Zweifel, dass er eine Gage für seine Sprecherleistung bekommen würde. Da im Tonstudio kein Bargeld vorhanden war, er einen Scheck aber nicht akzeptierte, beschlagnahmte er kurzerhand die Bänder und fuhr zum Flughafen. Erst als Beurmann ihm hinterher eilte und ihn ausbezahlte, rückte er die Aufnahmen heraus.

1969 erfolgte der erste tiefe Einschnitt in der noch jungen Unternehmensgeschichte: Die Miller International Schallplatten GmbH wurde an MCA Records, die spätere Universal Music Group, verkauft. »Aus einer Laune heraus«, wie es Jahre später in der Unternehmenschronik hieß.[20] Was war geschehen? Dave Miller hatte sich über einen Geschäftspartner aus den USA geärgert, der auf dessen Geschäfte in Deutschland Einfluss nehmen wollte. Da verkaufte er die Firma doch lieber an einen Branchenriesen.

MCA Records wollte Miller International entweder ganz oder gar nicht. Also traten Miller, Beurmann, Wille und Kirsten alle ihre Unternehmensanteile an die neuen Eigentümer ab. Im Gegenzug wurden die bisherigen Gesellschafter mit langjährigen Verträgen als Produzenten beziehungswiese Geschäftsführer ausgestattet. Auch nach dem Verkauf sollte Miller International wirtschaftlich und konzeptionell weitgehend unabhängig bleiben.

Miller hatte seine Firma aber nicht nur allein deshalb verkauft, um seinem Partner in den USA eins auszuwischen. Es steckte auch unternehmerisches Kalkül dahinter: Er wollte ins Filmgeschäft einsteigen. Doch an einer Ausweitung von Miller International hatte MCA gar kein Interesse. Dave Miller zog sich infolge allmählich aus dem Tagesgeschäft zurück. Er gründete in England und den USA neue Unternehmen. Nach Deutschland kehrte er nur alle paar Wochen zurück. Das Label EUROPA war inzwischen die unangefochtene Nummer eins auf dem deutschen Hörspielmarkt. Doch die richtig fetten Jahre standen dem Label erst noch bevor. Und das hatte mit einer Frau namens Heikedine Körting zu tun.

Heikedine Körting

Heikedine Körting wurde am 18. Juni 1945 in Jena geboren. Dass sie in Thüringen das Licht der Welt erblickte, war reiner Zufall. Die Körtings wohnten eigentlich in Berlin. Als das Leben in der ausgebombten Metropole immer schwieriger wurde, floh

die hochschwangere Mutter zusammen mit ihren beiden acht und elf Jahre alten Söhnen Klaus und Uwe in Richtung Schlesien. Dort lebten ihre Eltern. Doch die immer weiter nach Westen vorrückende Rote Armee durchkreuzte alle Pläne.
Die Familie fand eine Bleibe auf einem Bauernhof. Sie lebten zwar im Kuhstall, aber immerhin hatten sie ein Dach über dem Kopf. Tagsüber musste die Mutter beim Blaubeerenpflücken helfen. Und so kam in den Blaubeeren ein Kind zur Welt, das später den Namen Heikedine bekam. Das ist ein sehr seltener Name. So selten sogar, dass der Standesbeamte den Namen erst gar nicht in die Geburtsurkunde eintragen wollte. Als die Mutter dann aber mithilfe von Dokumenten aus dem 19. Jahrhundert belegen konnte, dass es unter ihren Vorfahren schon einmal eine Heikedine gegeben hatte, lenkte der Beamte zähneknirschend ein.
Als sich die Mutter von der Geburt wieder erholt hatte, machte sie sich zu Fuß mit den Kindern auf den Weg in Richtung Lübeck. Die Brüder mussten laufen, Heikedine wurde in einem kleinen Bollerwagen gezogen. Die Hansestadt wurde deshalb zur neuen Heimat der Familie Körting, weil dort der Vater in Kriegsgefangenschaft saß. Er blieb dort aber kürzer als seine Kameraden. Denn mithilfe eines selbstgeschnitzten Kartoffelstempels hatte er sich selbst die Entlassungspapiere ausgestellt. Der Familie wurde ein Zimmer in der Wohnung eines Milchmanns zugewiesen, der aber so gar nicht davon begeistert war, nun eine fünfköpfige Familie beherbergen zu müssen. Und das ließ er sie auch spüren, indem der Milchmann den Körtings zum Bespiel das Wasser abdrehte. Die Mutter entnahm es dann aus dem Spülkasten im Klo. Das Baby musste schließlich irgendwie gewickelt werden. Geschichten wie diese kennt Heikedine Körting aber nur aus Erzählungen ihrer Eltern oder Brüder.
Schon bald zog die Familie in das »Tor der Hoffnung«, eine heute unter Denkmalschutz stehenden Wohnanlage mit einem

wundervollen Panoramablick auf die beeindruckende Lübecker Stadtsilhouette mit ihren sieben Kirchtürmen. Der Gebäudekomplex lag direkt an der Wakenitz, wo sich Heikedine leider mit fünf Jahren beim Baden mit Kinderlähmung infizierte. Jahrelang konnte sie nicht richtig laufen und musste Metallstützen tragen. Glücklicherweise wurde sie wieder ganz gesund. Schon als Kind war sie eine starke Persönlichkeit. »Von meinem Vater bekam ich häufig zu hören ›Kann ich nicht, gibt es nicht!‹ Das galt für Mädchen und Jungen gleichermaßen, denn ich bin ja mit Brüdern aufgewachsen, also in einer männlich dominierten Welt. Von Kind an war ich immer ein aktiver Mensch, weniger ein verspieltes oder verträumtes Wesen, denn ich habe lieber schaffen und machen wollen«, blickt Körting zurück.[21]

Trotz der schlimmen Krankheit erinnert Heikedine Körting ihre Kindheit und Jugend als ganz wunderbar. Im Rückblick wirkt ihr Lebensweg geradezu wie vom Schicksal vorbestimmt. Denn im »Tor der Hoffnung« wohnte auch der Intendant des Lübecker Stadttheaters. Durch die Nachbarschaftskontakte hatten die Körting-Kinder freien Zugang zum Theater. Die junge Heikedine machte Bekanntschaft mit Schauspielgrößen wie Will Quadflieg, Hans Paetsch oder Horst Stark. Sie erlebte die Koryphäen ihrer Zeit nicht nur bei deren Auftritten, sondern auch bei den Proben oder in der Kantine. Bei den Proben des Sinfonieorchesters unter Leitung des berühmten Dirigenten Gerd Albrecht in der Lübecker Stadthalle durfte Heikedine ebenfalls Mäuschen spielen.

Das alles inspirierte das Kind ungemein. Wenn die Bühne leer war, spielte Heikedine dort mit ihren Freunden Theaterszenen nach. Mit acht Jahren inszenierte Heikedine selbst geschriebene Stücke für ihr Kasperltheater. Ihr Publikum waren die Nachbarskinder. Körting hörte damals auch schon liebend gerne Hörspiele. Sie erinnert sich: »Ja, als Kind war ich von Hörspielen fasziniert! Leider gab es noch nicht so furchtbar viele Hörspiele im Radio, aber sehr viele Lesungen – zum Beispiel vom berühmten Sprecher Eduard Marks. Für Kinder wurde immer abends um kurz vor sieben beim Nordwestdeutschen Rundfunk die Sendung *Husch, husch ins Körbchen* gebracht. Ich erinnere mich auch noch, dass es damals am Mittwochnachmittag, Freitagnachmittag und sonntags um zwei Uhr Wortsendungen für Kinder gab. Das waren meist Lesungen, Erzählungen und ab und zu Hörspiele, zum Beispiel *Emil und die Detektive*. Ich hab eigentlich nichts verpasst, was es damals so gab.«[22]

Hörspiele wurden damals noch vorwiegend im Radio gehört. »Die einzige hörspielähnliche Schallplatte, die ich als Kind hatte, war *Peter und der Wolf*, gesprochen von Mathias Wiemann und mit Musik von Sergej Prokofjew. Die habe ich bestimmt 2000-mal gehört. Wunderbar! Noch heute unübertroffen! Die Geschichte habe ich dann Mitte der 70er selbst noch einmal auch ganz wunderbar mit Hans Paetsch produziert«, sagt Körting.[23]

Bei aller Begeisterung für Hörspiele fiel ihr aber negativ auf, dass die meisten Kinderrollen von Erwachsenen gesprochen wurden. »Als kleines Kind dachte ich damals schon: ›Nee, das würde ich anders machen.‹«[24] In ihrer Vorstellung sollte alles lebendiger klingen, nicht so vorgelesen. Also verfasste sie eigene Geschichten. Zehn oder zwölf Jahre alt war sie da. Das Sprecherensemble war in den meisten Fällen überschaubar: sie und ihre Freundin Birgit, wobei Heikedine selbstverständlich die Regie übernahm – und alles mit dem Tonbandgerät ihrer Freundin aufzeichnete. »Wir haben dann zu zweit bis zu zehn Rollen gesprochen. Ich musste Vater, Mutter, Kind machen, sie machte den Polizisten, Hund, Katze, Maus.«[25] Auch Geräusche gab es in Heikedines Kinderhörspielen schon, zum Beispiel Türgeklapper oder Schritte.

Doch bis Heikedine Körting hauptberuflich Hörspiele produzieren sollte, war es noch ein weiter Weg. Und der verlief keineswegs geradlinig. Nach dem Abitur wollte sie eigentlich Journalistin werden. Ein wenig Erfahrung hatte sie schon dank ihrer Mitarbeit an einer Schülerzeitung. Auch in den Lübecker Nachrichten waren schon kleinere Artikel von ihr erschienen. Da ihr Vater mit der damals wohl renommiertesten Journalistin Deutschlands, Marion Gräfin Dönhoff, zur Schule gegangen war, fragte Heikedine Körting bei ihr um Rat. Dönhoff schrieb ihr zurück: »Du kannst alles machen, aber bestimmt nicht Zeitungswissenschaften studieren und denken, dann bist du Journalistin. Man muss wirklich viel schreiben, man muss Erfahrung haben durch einen speziellen Beruf.«[26] Also entschied sich Körting für Jura. Das Studium passte auch charakterlich zu ihr: »Die Leute, die angegriffen werden, muss ich verteidigen, so bin ich bis heute noch. Ich wäre gerne Verteidigerin geworden.«[27]

Eine schicksalsträchtige Begegnung

Der Besuch einer Karnevalsparty im Jahr 1963 sollte das Leben der damals 17-jährigen Schülerin entscheidend beeinflussen. Auf dem Nienstedtener Reitermarkt lernte sie den 13 Jahre älteren Andreas Beurmann kennen. Beurmann konnte sich auch fast 50 Jahre später noch haargenau an diesen Abend erinnern: »Ich sah eine bezaubernde Gymnasiastin. Die baggerte ich an. Sie tanzte in einem altgriechisch anmutenden weißen Gewand mit goldenem Mäander-Muster darauf. [...] Mäander gehörten zu meinen Lieblings-Ornamenten! Und ausgerechnet ein Mäander-Ornament hatte dieses Mädchen ausgewählt! Auf dem Faschingsball gab es einen Scherenschnitt-Künstler. Von ihm ließ ich mir einen live-Scherenschnitt von ihr machen, den ich immer noch besitze«, schrieb Beurmann 2011 über seine »Hörspielkönigin«, die fortan in seinem Herzen ein »Dauerleben« führte.[28]

Doch Beurmanns und Körtings Lebenswege trennten sich (zunächst). Er war beruflich häufig in den USA unterwegs, richtete unter anderem für Dave Miller zwei Tonstudios ein, und sie begann mit dem Jurastudium – inklusive Auslandssemester in Genf. Die Eltern unterstützten ihre Tochter zwar mit monatlich 300 Mark in der Vorlesungszeit. Um sich wirklich unabhängig zu fühlen, war die Studentin aber aufs Jobben angewiesen, so Körting: »Ich habe alles Mögliche gemacht, zum Beispiel einen kleinen Plattenladen eröffnet, mit Klimbim und Klamotten. Dann hatte ich eine kleine Galerie. Ich war Ausfahrerin und Nachhilfelehrerin. Zeitweise habe ich auch in einer Apotheke und in einer Werkstatt gearbeitet.«[29]

In dieser Zeit sammelte sie auch weiter Erfahrungen mit dem Schreiben. Schließlich wollte sie immer noch Journalistin werden. Eines Tages – es muss im Jahr 1967 gewesen sein – rief unverhofft Andreas Beurmann aus den USA bei der Studentin an. Ihm war in der NEUE REVUE zufällig ein doppelseitiger Artikel von einer »Heikedine K. aus Lübeck« ins Auge gefallen. Für Beurmann war das ein willkommener Anlass, um Körting wiederzusehen. Vielleicht wollte und konnte die junge Frau neben ihrem Studium auch ein paar Sachen für EUROPA schreiben.

Beurmann lud Körting zu sich nach Hause ein. An sein Aussehen konnte sich Körting gar nicht mehr richtig erinnern. Viel zu lange lag das Treffen auf dem Nienstedtener Reitermarkt zurück. Außerdem war Beurmann damals auch noch als Clown verkleidet gewesen. Körting wollte den Kontakt auch dazu nutzen, um bei Miller International eigene Schlager unterzubringen. Ihr damaliger Freund hatte die Musik komponiert und sie selbst die dazugehörigen Texte geschrieben. »Aber als ich ihn dann besuchte, merkte ich, der hat mit Schlagern gar nichts am Hut. Ein reiner Klassiker, Hilfe! Er spielte mir was auf dem Cembalo vor, da habe ich meine Tasche gar nicht erst aufgemacht und nichts vorgezeigt. Das Gespräch hat ziemlich lange gedauert, und hinterher fragte mein Freund, der unten wartete, wie es denn war. Ich habe es nicht gewagt, ihm zu sagen, dass ich nicht einmal meine Tasche aufgemacht hatte.«[30]

Wie viel sie ihm schon damals bedeutete, wurde Körting erst klar, als Beurmann ihr bei einem Glas Wein den Scherenschnitt von ihrem Kennenlernen präsentierte. Von da an trafen sich die beiden regelmäßig. Und arbeiten wollte die Studentin für Beurmann natürlich auch gerne. »Ich erhielt dann zunächst von Dr. Beurmann den Auftrag, ein paar Märchen in Hörspielform umzuarbeiten«, erinnert sich Körting an die Anfänge ihrer Hörspielkarriere.[31] Den Auftakt machte sie mit Märchen von Hans Christian Andersen: *Die kleine Seejungfrau* und *Die Schneekönigin*. Die Skripte gefielen Beurmann.

Irgendwann in dieser Zeit bot Beurmann Körting an, bei ihm einzuziehen – »zu einer echten Sozialmiete von fünfzig Pfennigen im Monat«.[32] Platz hatte er zu Genüge. Ende der 60er Jahre war Beurmann in eine Villa in der Agnesstraße umgezogen. Dort befand sich von nun an auch im ersten Stock das Studio. Für Körting war das Engagement bei EUROPA einfach nur »ein guter Verdienst«.[33] Besonders die ersten Aufnahmen unter der Leitung von Regisseur Konrad Halver behielt sie in warmer Erinnerung: »Als ich meine erste Produktion selbst durchführen konnte, *Die kleine Seejungfrau*. Da hatte ich zum ersten Mal die Chance, mit Hans Paetsch eine Aufnahme zu machen. Und plötzlich wurden die geschriebenen Worte wie Musik. Das war einzigartig«.[34]

Je mehr Körting in die Welt der Hörspiele eintauchte, desto weniger Zeit räumte sie ihrem Studium ein. Das wurde ihr aber erst bei einem Besuch der Eltern in Lübeck bewusst, als sie sich das Unterstützungsgeld für das 7. Semester abholen wollte. Sie hat noch genau die Worte ihres Vaters im Ohr, der damals zu ihr sagte: »Das ist ja wunderbar, das sind ja jetzt die letzten drei [Monate].«[35] Zunächst habe sie gar nicht gewusst, was er damit meinte. Doch dann erinnerte der Vater die angehende Juristin an einen gemeinsamen Vertrag. Denn wegen der Sprunghaftigkeit der Tochter, die auch schon Tierärztin oder Modezeichnerin als Berufswunsch hatte, wollte der Vater sicherstellen, dass seine Heikedine das Jurastudium auch durchzog. Und deshalb sollte die elterliche Unterstützung nach sieben Semestern beendet werden. »Da musste ich mich aber dann auf den Hosenboden setzen. Zwar arbeitete ich schon heftig an Hörspielen, ich wollte meinem Vater aber auch nicht antun, dass er in Nichts investiert hätte«, so Körting.[36]

Also machte sie ganz schnell ihr Erstes Staatsexamen, streckte ihre Fühler aber weiterhin in verschiedene Richtungen aus: Sie versuchte sich als Modeschöpferin, sang und schrieb auch Texte. Als Kleindarstellerin war sie bei Filmen wie *Ohrfeigen*, *Arabella* oder *Die Brücke von Remagen* dabei. Und das alles, ohne ihren Job bei EUROPA an den Nagel zu hängen. Dort schrieb und bearbeitete sie weiterhin fleißig Manuskripte.

Oft lauschte Körting an der Tür, wenn im Studio aufgenommen wurde. Mit der Umsetzung ihrer Arbeiten war sie dabei aber nie ganz zufrieden. Sie würde es etwas anders machen – wenn man sie denn ließe. »Ich habe daraufhin mit Dr. Beurmann gesprochen und er gab mir die Chance, es selbst einmal auszuprobieren. Am Anfang waren das Märchen für die B-Seiten, wie z. B. *Die drei kleinen Schweinchen*, *Die dicke Trine* oder *Hans und die Bohne*.«[37]

Die Neue am Regiepult

Heikedine Körting liebt Märchen: »Denn der Zauber von Märchen hat nichts mit kulturellen Veränderungen zu tun. Er beruht auf einfachen und ewigen menschlichen Bedürfnissen wie Träumen und Erkenntnis. Darum finde ich es auch sinnlos, Märchen zu ›modernisieren‹, wie es vor vielen Jahren Praxis war.«[38] Mit Absicht wählte sie eher unbekannte Stoffe wie *Der kleine Klaus und der große Klaus*, *Jack und die Wunderbohne* oder *Die golde-*

ne Gans aus.[39] Die Hörspiele aus der Anfangszeit sind ihr auch heute noch sehr wichtig. An ihnen habe Körting ohne große technische Möglichkeiten, dafür aber mit umso mehr Herzblut gearbeitet.[40] Als ihr schönstes Werk bezeichnet sie jedoch *Das verzauberte Märchen*, die B-Seite von *Schneewittchen.* »Das hatte ich seinerzeit nach einer Geschichte von Hauff gewissermaßen als Liebeserklärung an meinen Mann produziert.«[41]

Körting und Beurmann waren seit 1969 tatsächlich ein Paar. Sie erinnert sich: »Es wurde mir häufig unterstellt, dass ich als seine Lebensgefährtin von ihm besonders lanciert würde. Dabei hat mein Mann mir viel weniger beigebracht als allen anderen. Der hat mir immer sehr viel zugetraut und gesagt, wenn du willst, kannst du es ja mal probieren – und daher habe ich eigentlich immer sehr viel alleine vor mich hin gefummelt. Das war mein großes Glück.«[42]

Körtings frische B-Seiten waren schnell beliebter als die A-Seiten von Andreas Beurmann oder Konrad Halver, die bereits Ende der 60er Jahre produziert und auch schon einmal veröffentlicht worden waren. »Sie haben dem Verlag und der Öffentlichkeit so gut gefallen, den Kindern und dem Käuferkreis auch, dass ich immer mehr machen durfte«, erinnert sich Körting.[43] »Lassen Sie mich ruhig sagen, sie hat es auch am besten gemacht!«,[44] stellte Beurmann in einem Interview klar.

Dann warb die Konkurrenz mit Konrad Halver und Peter Folken zwei immens wichtige Mitarbeiter von EUROPA ab. Beide wechselten von EUROPA zum Chemiekonzern BASF. Das Unternehmen brachte damals auch Tonträger auf den Markt. Halver hatte bei etlichen Hörspielen Regie geführt. Von Folken stammten in der Regel die dazugehörigen Hörspielskripte. Beide waren ein eingespieltes Team, was sie besonders bei den Karl May-Vertonungen bewiesen. Beim neuen Arbeitgeber bekam Konrad Halver die Chance, nicht nur wie bisher Regie zu führen, sondern die gesamte Bandbreite der Hörspielproduktion zu

übernehmen. Peter Folken blieb an seiner Seite. Die beiden hinterließen bei EUROPA große Fußstapfen.
Insbesondere der Verlust von Halver konnte nicht so einfach kompensiert werden, sodass die Arbeitsbereiche des Regisseurs aufgeteilt wurden. Fortan führte Dagmar von Kurmin bei den Abenteuer-Hörspielen Regie. Die junge Theaterschauspielerin hatte bereits einige Hörspielskripte verfasst, als plötzlich die dringende Bitte kam, nicht nur eine Reihe neuer Karl May-Hörspiele zu verfassen, sondern dabei auch die Regie inklusive Sprecherauswahl zu übernehmen. In der Märchensparte führte nach Halvers Weggang Heikedine Körting Regie. Ihre erste hauptverantwortliche Produktion und gleichzeitig A-Seite war *Das Gespensterschiff*, ein Hörspiel nach Wilhelm Hauff.
Stück für Stück ging es für Heikedine Körting die Karriereleiter hinauf. Andreas Beurmann hingegen widmete sich wieder mehr seinem eigentlichen Steckenpferd – der klassischen Musik. Viel Herzblut steckte er auch in seine Sammlung historischer Musikinstrumente, später lehrte er Musikwissenschaften an der Universität in Hamburg. Er behielt zwar die künstlerische Gesamtleitung bei den Wortproduktionen. Heikedine Körting stellte aber das Sprecherensemble zusammen, führte Regie und übernahm auch weitgehend den technischen Ablauf.
1972 stand für die junge Frau der nächste große Schritt an: Heikedine Körting durfte mit Hanni und Nanni ihre erste Serie produzieren. »Die Idee, eine Fährte zu legen und darauf aufzubauen, kannte ich bereits aus meiner Kindheit von Buchreihen wie zum Beispiel Pucki oder Nesthäckchen. Früher konnte ich es gar nicht abwarten, bis der nächste Band einer dieser Serien erschien und ich endlich erfuhr, wie die Geschichte weiterging. Und so konnte ich mir vorstellen, dass es den Kindern ähnlich ging wie mir.«[45]
»Ich war so aufgeregt und fragte Andreas Beurmann, wie ich das nun genau machen sollte. Und da meinte er nur, ich soll mich

ganz und gar auf mein Bauchgefühl verlassen«, erinnert sich Körting.[46] Die Serie aus der Feder von Enid Blyton hatte Körting schon als Kind mit Begeisterung gelesen. Der große Erfolg der Reihe kam für Körting nicht überraschend: »Internatsgeschichten voller Spannung, Fröhlichkeit, lustigen Streiche und auch herrlichen Tränen – das musste ja irgendwie passen. Also, das war mir von Anfang an eigentlich klar.«[47]

Seit 1973 war Körting bei EUROPA allein verantwortliche Regisseurin im Hörspielbereich. Dagmar von Kurmin hatte EUROPA ein Jahr nach dem Weggang Konrad Halvers ebenfalls verlassen. Zusammen hatten die beiden Frauen in einem Jahr fast 40 Hörspiele produziert. Körting musste das Verfassen der Hörspielmanuskripte nun zwangsläufig mehr und mehr anderen überlassen.

Mit dem Wechsel Halvers zur Konkurrenz kehrte auch eine ganze Reihe von Sprechern EUROPA den Rücken. So etwas war normal. Jeder Regisseur hatte *seine* Leute vor dem Mikrofon. Die Sprecherensembles waren aber natürlich keine statische Größe. Selbst Halver kehrte zurück, um *Winnetou* erneut seine Stimme zu leihen.

Bei der Besetzung der Rollen profitierte Körting ungemein davon, dass sie als Kind im Theater ein- und ausgegangen war. Einige Schauspieler kannte sie sogar noch von früher, mit anderen kam sie zwar erst durch Andreas Beurmann in Kontakt, aber mit dem Menschenschlag war sie vertraut. Und das war das Wichtigste. Körting sagt: »Mit den Schauspielern kam ich immer sehr gut zurecht, obwohl ich keine gelernte Regisseurin war. Ich habe stets nach meinem eigenen Bauchgefühl gearbeitet [...]. Und das kam bei den Schauspielern gut an.«[48]

Es gab aber auch einige Schauspieler, die die junge Regisseurin nicht ganz ernst nahmen. Erst an dem Tag, als sie ihr Zweites Staatsexamen bestanden hatte, ein vorbereitetes Messingschild mit der Aufschrift *Rechtsanwalt Körting* an die Tür nagelte und einen entsprechenden Stempel auf den Schreibtisch stellte, änderte sich das schlagartig. Jetzt war sie nicht mehr *nur* die Freundin von Beurmann, sondern auch Deutschlands jüngste selbstständige Rechtsanwältin – zumindest eine der Jüngsten. »Als ich Anwältin wurde, hatte ich daran aber auch Spaß und wollte das gerne kennenlernen. Ich habe ein paar spannende Fälle gemacht«, erzählt sie.[49] Irgendwann drängte sich die Frage auf: Hörspielstudio oder Gerichtssaal? »Ich habe mich dann dafür entschieden, die Anwaltstätigkeit weniger zu betreiben, was manchmal Ärger gab, wenn über die Hörspiele berichtet wurde und Anwaltskollegen meinten, das sei ja Reklame für meine Kanzlei. Anwälte durften früher nicht für sich werben.«[50] Körting spezialisierte sich schließlich auf Urheberrecht und vertrat nur noch Schauspieler oder Autoren. »Ich kann das natürlich auch sehr gut gebrauchen für die eigenen Verträge und Firmensachen«, sagt sie.[51] »Wenn man mich fragt, was mein Beruf ist, dann sage ich, ich bin Rechtsanwältin. Alles andere ist Hobby«, betont Körting.[52] Bis heute ist sie beim Oberlandesgericht Hamburg als Anwältin zugelassen.

Als Anwältin hätte Körting in den 70er Jahren viel mehr Geld verdienen können als mit Hörspielen. Aber um Geld allein ging es Körting nicht. Sie widerstand auch den Lockrufen der Konkurrenz, wie sie erzählt: »Ich habe einmal ein Angebot von Ravensburger bekommen, eine neue Serie aufzuziehen. Das war ein sehr interessantes Angebot mit mindestens den doppelten Lizenz- und Verdienstmöglichkeiten.«[53] Sie blieb aber EUROPA treu.

Nachdem die Regisseurin Hui Buh, das Schlossgespenst erfolgreich fortgeführt hatte, kam 1973 eine weitere hauseigene EUROPA-Serie in die Läden: Die Hexe Schrumpeldei. Die Geschichten wurden ebenfalls von Eberhard Alexander-Burgh geschrieben. Als Erzähler fungierte wieder einmal Hans Paetsch. Die Hexe und ihre Tochter Schrumpelmei wurden von Marga Maasberg beziehungsweise Reinhilt Schneider gesprochen.

Wenn Heikedine Körting über das Phänomen der Hörspielserien redet, gerät sie regelrecht ins Schwärmen: »Das Tolle an einer Serie ist, dass man die Geschichte und ihre einzelnen Figuren in kleinen Schritten aufbauen kann. Der Hörer erfährt sukzessive immer mehr über die Welt, in der diese Geschichten und ihre Charaktere spielen. Das liebe ich sehr.«[54] Seit Mitte der 1970er Jahre erschienen bei EUROPA nur noch wenige in sich abgeschlossene Einzelhörspiele. Das Label brachte nun eine ganze Reihe neuer Serien in die Regale der Kaufhäuser. 1976 starteten Black Beauty sowie Commander Perkins. 1978 ging es mit Sindbad der Seefahrer, Die Jungen von Burg Schreckenstein sowie Tina und Tini weiter. Und am 1. November 1978 kamen die Fünf Freunde auf den Markt.

Mit den Fünf Freunden nach Enid Blyton knüpfte EUROPA – wie auch bei Sindbad – an die erfolgreiche ZDF-Fernsehserie an. Heikedine Körting konnte für ihre Hörspielumsetzung mit Oliver Rohrbeck und Oliver Mink als Julian und Dick sowie Ute Rohrbeck und Maud Ackermann als Anne und George sogar die originalen Synchronsprecher gewinnen. Auf den Covern hieß es: »In den Hauptrollen die Originalsprecher der deutschen TV-Serie.« Das Konkurrenzlabel Poly brachte ebenfalls Fünf Freunde-Hörspiele heraus. Diese basierten jedoch auf einer stark gekürzten Synchronspur der TV-Serie. Es gab bei den Poly-Hörspielen also keinen Erzähler, der bei EUROPA von Lutz Mackensy bis heute so einzigartig verkörpert wird.

Zwei Wochen, nachdem der Startschuss für die Fünf Freunde gefallen war, verließ am 15. November 1978 in Anwesenheit des damaligen Wirtschaftsministers von Schleswig-Holstein, Dr. Jürgen Westphal, der 100millionste Tonträger das Werk in Quickborn. Miller International war mittlerweile der zweitgrößte Arbeitgeber der Stadt. Der Unternehmenssitz musste mehrfach erweitert werden. Dabei war der mit Abstand größte Erfolg der Unternehmensgeschichte gerade erst in der Mache: Die drei ???.

Die drei ???
Die Zeit der Kassettenkinder

Heikedine Körting war immer sehr an neuen Stoffen interessiert. Während einer Aufnahmesession wurde die Regisseurin von einem siebenjährigen Jungen auf Die drei ??? aufmerksam gemacht: Jan Krause, ein Freund ihres Neffen Nicolas. Jan gehörte seit 1975 zum Sprecherensemble. »Ich hatte immer einen ganzen Stall von Kindern im Studio und mit denen habe ich mich natürlich auch gerne darüber unterhalten, was sie denn so lesen«, erinnert sich Körting an das Gespräch auf dem Balkon des damaligen Hörspielstudios in der Hamburger Agnesstraße.[55] Der kleine Jan sei ganz erstaunt gewesen, dass Körting Die drei ??? nicht kannte.

Körting besorgte sie sich sogleich *Die drei ??? und der seltsame Wecker*, das ihr Jan Krause empfohlen hatte. Das Buch sei der beste Kinderkrimi gewesen, den sie bis dato gelesen hatte. Auch von *Die drei ??? und der Super-Papagei* war die Regisseurin begeistert. »Das Buch hatte gegenüber dem, was ich sonst so für jüngere Leser gesehen hatte, viel mehr Substanz. Es war ein spannendes Abenteuer, zugleich gescheit geschrieben und regte zum Mitdenken an. Und vor allem: Es eignete sich zum Hörspiel. Der Stoff war so gut, dass man ihn auch vertont zehn-, zwanzigmal hören und bei jedem Mal etwas Neues entdecken konnte«, sagt sie über den Fall.[56]

Die drei ???-Bücher erschienen seit 1968 in der Franckh'schen Verlagshandlung, dem heutigen KOSMOS Verlag. Doch in Stuttgart konnte man nur bedingt weiterhelfen. KOSMOS hatte zum damaligen Zeitpunkt nicht die Audiorechte an der Reihe, sondern nur die Buchrechte erworben. Deshalb verwies man Andreas Beurmann und Heikedine Körting an den Verlag Random House in den USA, der seit 1964 The Three Investigators im Programm hatte.

Zwei Jahre dauerten die Verhandlungen mit Random House. »Es war schon sehr kompliziert, in den USA überhaupt jemanden zu finden, der über die Vergabe der Hörspielrechte entscheiden durfte«, erinnert sich Körting.[57] Viele mussten damals ihr Einverständnis geben. Auch Alfred Hitchcock hatte ein Wörtchen mitzureden. »Und dann waren die anfangs geforderten Lizenzgebühren so hoch wie bei Filmrechten!«, erzählt Körting.[58] Die übertrieben hohen Forderungen hingen vermutlich damit zusammen, dass in den USA Kinder- und Jugendhörspiele eher unbekannt waren. Es gab dort zwar auch Hörspiele – aber nicht speziell für Kinder. Hohe Forderungen einerseits, latentes Desinteresse der Amerikaner andererseits – aber dann konnte es endlich losgehen.

Heikedine Körting hatte schon parallel zu den Verhandlungen damit begonnen, die Besetzung für die neue Serie zusammenzustellen. Für die Hauptrollen benötigte Körting drei Jungen, deren Stimmen sich deutlich voneinander unterschieden. An das Casting von Kinderstimmen ging Körting seit jeher unkonventionell heran. Denn der Besuch von Schulen oder Vorlesewettbewerben lohnte sich ihrer Meinung nach nicht. »Oh Gott, das sind eigentlich eher die Unbegabtesten, die besonders gut lesen können«, erklärt Körting.[59] »Manchmal hat man das Problem, dass eine sehr ehrgeizige Mutter schon mit dem Kind geübt hat. Das hört man. Oft hilft es, die Eltern wegzuschicken und die Dialoge vorzusprechen, statt die Kinder lesen zu lassen.«[60] Die Kinder sollten eher eine gewisse Lockerheit mitbringen. Besonders von Berlinern und deren freier Schnauze zeigte sich die Regisseurin angetan.

Gleichzeitig war aber auch eine gepflegte Aussprache notwendig, denn in den Hörspielen sollte Hochdeutsch geredet werden.

Wegen der erfahrungsgemäß von Anfang an besseren Aussprache besetzte Körting gerne Rollen mit Kindern von Schauspielern. Letzteres traf zwar auf Oliver Rohrbeck, Jens Wawrczeck und Andreas Fröhlich nicht zu, dafür kamen zwei von ihnen tatsächlich aus Berlin.

Justus Jonas: Oliver Rohrbeck

Auf Oliver Rohrbeck wurde Körting schon 1976 beim Fernsehen aufmerksam, als dieser einen Auftritt bei den *Montagsmalern* mit Frank Elstner hatte. »Mein Gott, ist das ein begabtes Kind«, habe sie damals vor dem Bildschirm sitzend gedacht.[61] »So was von bezaubernd, da habe ich gleich beim Sender angerufen und gesagt, den brauche ich.«[62] Sein Sprecherdebüt bei EUROPA feierte Rohrbeck 1978. Als Erstes besetzte sie ihn als Sindbad in der gleichnamigen Serie. Auch in *Der kleine Muck* bekam Oliver die Hauptrolle. Und so ging es weiter. In der Erfolgsserie Fünf Freunde verkörperte er Julian Kirrin. Gerade in dieser Rolle fand ihn die Regisseurin »ausnehmend gut«.[63] Die guten Erfahrungen ließen für Körting keinen anderen Schluss zu: »Für mich war von Anfang an klar, dass Oliver der Boss sein sollte, also Justus.«[64]

Oliver Rohrbeck wurde am 21. März 1965 in Berlin geboren. Er wuchs in Charlottenburg auf, einem Bezirk im Westen der damals noch geteilten Hauptstadt. Er liebte die Karl May-Verfilmungen der 60er Jahre; insbesondere *Winnetou* hatte es ihm angetan. »Ich hatte auch Indianer-Figuren, mit denen ich gespielt habe. Aber ich bin nicht der Typ, der etwas heroisiert. Wir waren eher draußen spielen«, blickt Rohrbeck zurück.[65] Zusammen mit seinem Vater besuchte Oliver in den 70er Jahren oft die Heimspiele von Hertha BSC im Berliner Olympiastadion. Damals wäre er selbst gerne Profi-Fußballer geworden. Doch es kam anders. Seine Mutter hatte Freunde in der Fernsehbranche, die Olivers Talent erkannten. Der Startschuss für seine Karriere fiel, als diese ihn 1971 fragten, ob er nicht bei der *Sesamstraße* mitspielen wollte.

Die *Sesame Street* lief seit November 1969 im US-Fernsehen und erfreute sich großer Beliebtheit. Bevor der NDR ab Januar 1978 eine komplett deutsche Version der Sesamstraße ausstrahlte, durchlief die Serie hier mehrere Stationen. Zunächst wurden im Frühjahr 1971 eine Hand voll Folgen in Originalvertonung – also auf Englisch – ausgestrahlt. Ab Januar 1973 gab es eine deutsche Synchronfassung der US-Kinderserie. Die Folgen wurden mit kurzen, selbstproduzierten Beiträgen ergänzt. Oliver Rohrbeck erinnert sich noch ganz genau: »Ich war ein Junge, der Kirschkerne auf den Boden spuckt. Dann kommt eine Frau vorbei und sagt: ›Das kannst du doch nicht machen!‹ Und der Junge sagt: ›Du hast mir gar nichts zu sagen.‹ Am Ende hatte der Junge dann gelernt, was er falsch gemacht hat.«[66]

Neben der Sesamstraße spielte Oliver Rohrbeck auch in der ZDF-Fernsehserie *Peter ist der Boss* mit, bei der seine drei Jahre ältere Schwester Ute zur Hauptbesetzung gehörte. »Damals gab es ja im Prinzip nur drei Sender. Da hat sich das dann also sehr schnell in dieser kleinen Fernsehszene herumgesprochen, dass da ein Junge ist, der schauspielern kann. Und da wurde man im Prinzip weiterempfohlen und weitergereicht«, erinnert sich Rohrbeck an die Zeit, als seine junge Karriere an Fahrt aufnahm.[67]

Wer mit Kindern drehen wollte, war – und ist auch heute noch – gemäß dem Jugendschutzgesetz dazu verpflichtet, eine professionelle Kinderbetreuung am Set zu gewährleisten. Bei den ersten Engagements ihres Sohnes übernahm Rohrbecks Mutter die Betreuung. Das brachte sie auf die Idee, eine eigene Agentur zur Vermittlung und Betreuung von Kinderschauspielern ins Leben zu rufen. In Deutschland gab es nur drei dieser Agenturen, die das Gütesiegel *Im Auftrag der Bundesanstalt für Arbeit* besaßen.

Rohrbecks Mutter veranstaltete regelmäßig eigene Castings und verhalf auf diese Weise einer ganzen Reihe von Kindern zu ihrer Schauspielkarriere: Julia Biedermann, Simon Jäger, Oliver Korittke, Christina Plate und vielen mehr.

»Synchronrollen kamen dazu, weil sich schnell rumgesprochen hatte, dass da ein Junge ist, der das kann«, blickt Rohrbeck in seine Kindheit zurück.[68] Und so synchronisierte er bereits mit sieben Jahren seinen ersten Film: *Pinocchio*. Der Disney-Zeichentrickfilm aus dem Jahr 1940 wurde 1973 in einer neuen Sprachfassung veröffentlicht. Oliver bekam die Hauptrolle. Weitere Rollen wurden von Stars wie Harald Juhnke und Georg Thomalla gesprochen. Gerade Juhnke nahm sich seines jungen Kollegen an. Denn der siebenjährige Oliver konnte damals noch gar nicht richtig lesen.

Rohrbeck weiß noch genau, wie er bei den Aufnahmen in einem großen Kinoatelier auf einem Barhocker neben der Schauspiellegende saß: »Juhnke hat mir immer den nächsten Satz vorgelesen. Das ging dann so: ›Pass up! Den Satz, den ick dir jetzt jesacht hab, den sachste, wenn ick dir tippe!‹ Dann habe ich das gemacht, und es hat funktioniert. Ich wusste damals noch gar nicht, wie berühmt Harald Juhnke war, aber das war vielleicht auch ganz gut so. Er war der totale Kumpeltyp und hat mich total nett behandelt.«[69]

Rohrbeck etablierte sich. Bei der Neusynchronisation von *Bambi* sprach er 1973 den kleinen Hasen Klopfer. Auch dank der Agentur seiner Mutter bekam er wieder und wieder neue Aufträge. »Eine spannende Zeit: Für mich war das Studio, wie mit Freunden nachmittags auf den Spielplatz zu gehen oder sich zu verkleiden. Ich durfte ja auch in verschiedene Rollen schlüpfen, das war nicht Arbeit, sondern Freizeit.«[70]

Die Anfragen häuften sich. In der 1974 ausgestrahlten TV-Serie *Karlsson auf dem Dach* nach Astrid Lindgren sprach er wieder eine der Hauptrollen: den achtjährigen Svante Svantesson, genannt Lillebor. Auch Ute Rohrbeck war mit von der Partie. Sie synchronisierte Lillebrors ältere Schwester Betty. In der Zeichentrickserie *Grisu, der kleine Drache* wurde die Hauptrolle ebenfalls mit Olivers Stimme besetzt.

Die Tätigkeit bei Funk und Fernsehen brachte viele Privilegien mit sich. So durfte Oliver auf Einladung der Schauspielerin Brigitte Grothum im Winter 1976 an der Weihnachtsfeier von Hertha BSC Berlin teilnehmen. »Ihr Mann war damals Mannschaftsarzt, sie sollte auf der Feier Sketche aufführen. Dafür brauchte sie aber noch einen kleinen Jungen als Stichwortgeber. Die Wahl fiel auf mich, weil sie mich von meinen Schauspielauftritten kannte«, sagt Rohrbeck.«[71] An dem Abend durfte Oliver Rohrbeck sogar mit der Hertha-Legende Erich Beer an einem Tisch sitzen und bekam dazu noch ein Trikot geschenkt. Dieser Tag war nachvollziehbarerweise ein »Schlüsselmoment« in seinem Fan-Dasein. Bis heute hält er dem Hauptstadtclub die Treue – als stolzer Besitzer einer Dauerkarte.

An seine erste Hörspielrolle kann sich Oliver Rohrbeck heute nicht mehr so genau entsinnen: »Weiß nicht mehr. Ich glaube *Michel in der Konservenbüchse*.«[72] Jedenfalls waren Hörspiele genau sein Ding: »Ich habe es geliebt, Hörspiele zu hören und bin damit groß geworden.«[73] Jetzt spielte er selber bei Hörspielen mit: »Für mich war das als Kind sehr spannend und cool. Ich konnte mich in verschiedene Rollen hineinversetzen und fand das sehr abwechslungsreich und nie langweilig. Das hat meinen natürlichen Spieltrieb gefördert.«[74] In einem Interview mit dem RIAS (Rundfunk im amerikanischen Sektor) sagte Rohrbeck einmal als 12-Jähriger, dass er später einmal Vorleser werden wolle. Und das wurde er gewissermaßen auch. Dass er einst auch Bundessieger im Vorlesewettbewerb wurde, stand seiner späteren Karriere als Hörspieler nicht im Wege. Ob Heikedine Körting damals davon wusste, als sie ihn für Justus Jonas besetzte? Heute jedenfalls weiß sie es.

Zweiter Detektiv: Jens Wawrczeck

Auf Jens Wawrczeck stieß Heikedine Körting beim Radiohören. Der NDR hatte damals Kinderhörspiele im Programm. Besonders Wawrczecks Rolle in *Emil und die Detektive* blieb Körting in Erinnerung.[75] Sie erinnert sich: »Er hatte so ein entzückendes Stimmchen. Er machte sehr viel im Rundfunk und hatte bereits bei mir in Märchenstücken mitgespielt. Jens wurde mir von Herrn Lamster empfohlen, einem NDR-Mitarbeiter und Vater von Regine Lamster, meiner Hanni aus Hanni und Nanni.«[76]
Bei EUROPA spielte er zunächst bei kleineren Märchen wie *Rumpelstilzchen* mit. Das erste Hörspiel mit seiner Beteiligung kam 1977 heraus. Zwar besetzte Körting immer wieder größere Rollen mit ihm, zum Beispiel bei den Fünf Freunden. Die erste richtige Hauptrolle sah die Regisseurin aber erst bei Die drei ??? für ihn vor.

Jens Andreas Wawrczeck wurde am 12. Juli 1963 in Dänemark geboren. Der Geburtsort war reiner Zufall, weil seine Eltern gerade dort waren. Eigentlich erwarteten sie das Kind erst zwei Monate später. Und so hat Wawrczeck zwar eine dänische Geburtsurkunde, aber keine dänische Staatsbürgerschaft. Der Nachname von Jens Wawrczeck wurde jahrzehntelang falsch ausgesprochen, nämlich »Wa-wer-czeck«. Er selbst wurde erst bei einem Besuch in Prag eines Besseren belehrt. Denn der Name kommt eigentlich aus Tschechien und bedeutet entweder »Zimmermann« oder »kleiner Vogel«. Ausgesprochen wird der Name richtigerweise »Wa-wre-czeck«. Das hat sich aber noch nicht überall herumgesprochen. »Es gab auch Situationen, in denen es so danebenging, dass ich mich ein bisschen geschämt habe, weil ich wusste, dass vor dem Fernseher jemand von der Familie zusieht und ich werde als Wareck vorgestellt oder ganz anders«, ärgert sich Wawrczeck.[77] Später spielte Wawrczeck sogar kurz mit dem Gedanken, sich Jens Ellieson zu nennen. Diese skandinavische Variante brachte sein norwegischer Schwager ins Spiel, weil Jens' Mutter mit Vornamen Ellie hieß.

Jens wuchs zusammen mit drei älteren Schwestern in bescheidenen Verhältnissen auf. Bis zu seinem fünften Lebensjahr wohnte die Familie Wawrczeck in Altona, zog dann aber um ins Generalsviertel in Eimsbüttel. Dort eröffnete seine Mutter 1973 ein kleines Lebensmittelgeschäft mit hochwertigen regionalen Produkten. Der Vater war damals arbeitslos und half der Mutter beim Aufbau der neuen Existenz. Die beiden kamen oft spät nach Hause.

Jens lebte in seinen Träumen: »Ich war ein merkwürdiges Kind, ich hörte weder die Musik der anderen, noch las ich deren Bücher oder sah die Filme, die den anderen gefielen.«[78] Jens Wawrczeck wollte Sänger werden, am liebsten in der Oper oder im Musical. Bereits mit sieben oder acht Jahren stellte er sich in den Hof und gab lauthals Operettenlieder zum Besten. Aber aus Angst vor Heiserkeit und dem sprichwörtlichen Frosch im Hals sattelte er später auf einen neuen Traumberuf um: Schauspieler. Er schrieb auch eigene Theaterstücke. Das erste trug den Titel *Die gestohlene Schönheit*. Wawrczeck vertonte das Stück damals sogar mit einigen Freunden. Die Aufnahme besitzt er noch heute.

Als in der fünften Klasse sein Deutschlehrer erzählte, dass der NDR Kinder für den Aufsatzfunk suchte, packte er die Gelegenheit beim Schopf. »Ich spazierte, damals noch ohne das Wissen meiner Eltern, am Nachmittag zum Vorsprechen«,[79] erinnert sich Wawrczeck. »Ich habe einen Aufsatz vorgelesen, im Hamburger Dialekt, und sie haben mich wirklich genommen.«[80] Wawrczeck beschreibt sich selbst als schüchternes, gar ängstliches Kind, das aber in dieser wegweisenden Situation völlig atypisch über sich hinauswuchs. »Das finde ich auch erstaunlich. Aber ich hatte den sehr klaren Wunsch, Schauspieler zu werden, Sänger eigentlich. Und ich bin jemand, der an die Macht des Wünschens glaubt. Ich glaube, dass Gedanken, dass Wünsche etwas manifestieren können. Zumindest in der Theorie und in Lebensumständen, die den Raum dafür lassen.«[81]

Zunächst wussten die Eltern gar nichts von der Nebentätigkeit ihres Sohnes. Als nach etwa zwei Wochen sonntags die erste Sendung mit Jens ausgestrahlt wurde, saß Familie Wawrczeck gerade am Mittagstisch. Jens schaltete das Radio an. Die Mutter war völlig entgeistert, als auf einmal dessen Stimme aus dem Gerät erklang. Jetzt war es an der Zeit, seinen Eltern alles zu erzählen. »Erst als ich bereits einige Sendungen gemacht hatte, lagen die Unterlagen des NDR im Briefkasten. Die Eltern mussten natürlich ihre Zustimmung geben«, erinnert sich Wawrczeck.«[82]

Pro Sendung bekam Jens 25 Mark. Von seiner ersten Gage kaufte er sich ein Buch. Damit Jens nicht das ganze Geld auf den Kopf haute, richteten die Eltern für ihn ein Sparkonto ein. Die Leidenschaft ihres Sohnes blieb den Eltern aber immer fremd.

Zu Wawrczecks ersten Hörspielen gehörte *Die Brüder Löwenherz* nach Astrid Lindgren. Er übernahm die Rolle des jüngeren, todkranken Bruders Karl, den aber alle nur Krümel nannten. Im *Dschungelbuch* sprach er ebenfalls eine Hauptrolle – nämlich Mogli. Nach den Aufnahmen machte ihn die Regisseurin auf den starken Hamburger Dialekt aufmerksam. Wenn er wirklich einmal Schauspieler werden wolle, sei so ein sprachlicher Einschlag ein großes Problem – bei aller Begabung. Was dann folgte, war glückliche Fügung: Die Mutter der Regisseurin war einst Schauspiellehrerin. Ihr bereitete es große Freude, dem zwölfjährigen Jens Hochdeutsch beizubringen. Ein Jahr lang bekam er ein- bis zweimal in der Woche unentgeltlich Phonetikunterricht. Es gab zwar immer ein Stück Kuchen und eine Tasse heiße Schokolade, aber »sie war sehr, sehr streng. Sie war wie so eine russische Balletttänzerin. [...] Aber irgendwann war dieser Hamburger Dialekt weg«, erzählt Wawrczeck voll Dankbarkeit.[83]

»Die darauffolgenden Jahre habe ich mehr oder weniger hinter dem Mikrofon zugebracht«, sagt er.[84] Und auf der Bühne, muss man ergänzen. Denn im Jahr 1976 gab er sein Debüt beim Theater. »Ich war 13 und spielte an den Hamburger Kammerspielen in einer Gesellschaftskomödie von Graham Greene *Der verbindliche Liebhaber*. Ich war […] fasziniert vom Theater, von der Energie hinter den Kulissen, von dem Geruch, der Atmosphäre. Hier wollte ich für immer bleiben«, schwärmt Wawrczeck von den alten Zeiten.[85]

Jens Wawrczeck wohnte zwar immer noch daheim und ging auch weiterhin aufs Bismarck-Gymnasium an der Bogenstraße, aber er lebte ein ganz anderes Leben als seine Mitschüler. Seine eher ungewöhnliche Freizeitgestaltung behielt er für sich: »Ich wollte nicht als arrogant gelten. […] Einmal saß ein Mitschüler im Publikum und johlte. Ich wäre am liebsten im Erdboden versunken. Ich hatte einerseits diesen Drang, auf der Bühne zu stehen, andererseits war ich wirklich schüchtern. Das hat sicher auch etwas mit familiärer Prägung zu tun, bei uns tanzte man nicht aus der Reihe.«[86]

Jens Wawrczeck war keinesfalls ein Einzelgänger, sondern bei den Mitschülern sogar recht beliebt. Aber manchmal wünschte er sich, einfach so zu sein wie die anderen – nicht so unangepasst und aus der Zeit gefallen. Bei all dieser inneren Zerrissenheit gab ihm seine Leidenschaft für die amerikanische Sängerin Barbara Streisand unglaublich viel Halt und Sicherheit. »In pubertären Verzweiflungszuständen hat es mir gut getan, Barbara Streisand zu hören. Ihre Platten aus den 60er Jahren, wo man spürt, wie sie ihre ganze Wut über ihr Nicht-Hineinpassen in die Gesellschaft in ihrem Gesang, ihrer Kunst ausdrückt. Das hat mir damals Mut gemacht«, sagt Jens Wawrczeck.[87] »Später habe ich dann erfahren, dass das, was mich unterschieden hat, durchaus ein Vorteil sein kann. Zumindest als Sprecher und Schauspieler.«[88] Das spiegelte sich auch auf seinem Gagenkonto wider. Das Sparbuch war inzwischen so gut gefüllt, dass Jens sich 1978 einen Traum erfüllen konnte: Zusammen mit seiner

Mutter besuchte er ein Konzert von Shirley MacLaine, die mit ihrer Las Vegas Show in Hamburg gastierte.

1978 erlebte Jens Wawrczeck nicht nur das eindrucksvollste Konzert seines Lebens. In diesem Jahr begann auch seine eindrucksvolle Karriere als Peter Shaw bei Die drei ???. Für viele sind die drei Detektive die Helden ihrer Kindheit. Jens Wawrczeck konnte sich hingegen nie mit dem Zweiten Detektiv identifizieren. »Ich war ein Junge, der überhaupt nicht so funktioniert hat wie Peter Shaw. Ich hatte nicht so eine Freundesgruppe, war sehr schüchtern«, sagt er.[89] Vielmehr verlieh Jens dem Peter in den Geschichten Züge von sich selbst: »Peter in den Hörspielen hat schon etwas mit mir zu tun, weil ich als Kind so ungefiltert meine Emotionen in diese Rolle gepackt habe.«[90]

Bob Andrews: Andreas Fröhlich

Der Dritte im Bunde war Andreas Fröhlich. Während Heikedine Körting mit Oliver Rohrbeck und Jens Wawrczeck schon einige Erfahrungen gesammelt hatte, gab es mit ihm bislang noch gar keine Zusammenarbeit. Den Tipp, einen der drei Detektive mit Andreas Fröhlich zu besetzen, bekam sie von Rohrbecks Mutter. »Sie hat mir Vorschläge gemacht und da fand ich, dass Andreas Fröhlich ideal zu den beiden anderen passt«, erläutert Heikedine Körting.[91] Die Stimme war markant und unterschied sich deutlich von denen der beiden anderen.

Andreas Fröhlich wurde am 11. Juli 1965 in West-Berlin geboren. Er wuchs in Kladow auf – eigentlich ein eigenes Dorf ganz im Süden von Spandau. Kladow lag wie eine Enklave zwischen der Havel und der Mauer, die nicht nur West- und Ost-Berlin voneinander trennte, sondern auch um den freien Teil der Stadt herumlief. »Es gab Straßen, die irgendwann endeten, dahinter war Niemandsland«, erinnert sich Fröhlich.[92] Oft ging er im nahe gelegenen Groß Glienicker See baden. »Die Grenze verlief genau in der Mitte des Sees. Natürlich nicht in Form einer Mauer, es gab weiße Bojen. Die Westler durften auf der Westseite baden. [...] Es gab zwei kleine Inseln auf dem See und da war es für uns natürlich immer ein Spaß, als West-Berliner über die Grenze [...], also bis zur Mitte des Sees, über die Bojen hinaus zu schwimmen, kurz mal auf die Insel zu springen, ins Wasser und wieder zurück. Irgendwann patrouillierten DDR-Grenzer auf diesen Inseln. Sie beobachteten die Badenden mit Ferngläsern und versteckten sich hinter den Bäumen. Wenn jemand ans Ufer kam, entsicherten sie ihre Maschinenpistolen und sagten: ›Du schwimmst jetzt sofort wieder zurück, oder wir nehmen dich mit.‹ Eines Tages wurde sogar richtig ins Wasser geschossen.«[93]

Über ein Kind aus der Nachbarschaft landete er beim Kinderchor vom Sender Freies Berlin (SFB). »Es hat sich aber sehr schnell herausgestellt, dass ich überhaupt nicht singen kann«, erinnert sich Fröhlich.[94] Aber der sieben Jahre alte Junge hatte doch Talent, wenn er auch nicht für den Chor zu gebrauchen war. Man schickte ihn in die Hörspielabteilung des Senders. Fröhlich erzählt: »Dort habe ich bei den ersten Aufklärungshörspielen mitgemacht. Ich fand das alles lustig. Nur dass ich über Geschlechtsteile reden musste, dafür habe ich mich geschämt. Das kannte ich von zu Hause nicht. Mein Vater, Jahrgang 1915, ein alter, harter Knochen, der hat sich aufgeregt. Ich erzählte ihm, dass ich ›Ich habe einen Pimmel‹ sagen musste. Da hat er beim Sender angerufen und gesagt, ich käme da nie wieder hin. Er hielt den SFB ohnehin für einen Sender voller roter Socken und linker Bazillen. Damit war meine Karriere erst mal beendet.«[95]

Nachdem sich der väterliche Zorn ein wenig gelegt hatte, ging es weiter. Aber mit den Aufklärungshörspielen war Schluss. Andreas fand sie ohnehin furchtbar. »Ich habe dann Kindernachrichten gemacht, das hielt mein Vater für seriös. Da gab's damals 15 Mark pro Sendung. Ich fand das toll.«[96] Bei der Sesamstraße sowie deren bayerischen Konkurrenzserie Das feuerrote Spielmobil sammelte Fröhlich in dieser Zeit auch erste Schauspielerfahrungen.

Über die Anfänge seiner Karriere im Jahr 1972 als Hörspiel- und Synchronsprecher hat Fröhlich längst den Überblick verloren. Seinen ersten Einsatz als Synchronsprecher hatte er bei *Die kleinen Strolche.* »Meine allererste Hörspielrolle war, glaube ich, *Caius ist ein Dummkopf.* Das war irgendwas bei Kurt Vethake.«[97] Von den 20 Mark, die er für seine erste Hörspielbeteiligung bekam, kaufte sich ein Schlauchboot. Weiter ging es mit *Die schwarze Sieben*, einer ebenfalls von Vethake produzierten Serie beim Label Karussell.

Seine Stimme würde Andreas Fröhlich selbst nicht als außergewöhnlich beschreiben. »Die haben händeringend nach Kindersprechern gesucht damals. Ich klang naiv, unschuldig. Und ich spielte gern Sachen nach.«[98] Druck verspürte Andreas überhaupt keinen, ganz im Gegenteil. »Ich hatte jetzt keine Eislaufeltern, die sagten, du musst. Ich hatte wirklich Lust. Ich war selbst ein großer Hörspielhörer, damit bin ich aufgewachsen. Ich fand es natürlich toll, im Studio genau die zu treffen, die ich von den Hörspielen kannte. Günter Pfitzmann, Hans Clarin und solche Leute. Stimmen spielten schon damals eine große Rolle für mich.« [99] Gerade von den EUROPA-Produktionen war Fröhlich angetan: »Ich habe auch ganz viele EUROPA-Schallplatten gehabt. Ich habe zum Beispiel *Odysseus* oder die ganzen Karl-May-Schallplatten gehört. Das ist mein Ding, mein Kult. Meine Idole waren Hans Paetsch, Konrad Halver usw.«[100] Die Schule ließ er indes schleifen. In der siebten Klasse blieb er sogar sitzen.

Die ersten gemeinsamen Aufnahmen

Obwohl Oliver, Jens und Andreas trotz ihres jungen Alters schon einige Hörspielproduktionen auf dem Buckel hatten, waren sie vor Die drei ??? nirgendwo gemeinsam zu hören – geschweige denn gemeinsam im Studio gewesen. Oliver Rohrbeck kannte Andreas Fröhlich schon lange. Die beiden gingen auf das Wald-Gymnasium in Charlottenburg. Mit Jens Wawrczeck stand Rohrbeck zwar schon gemeinsam bei den *Montagsmalern* vor der Kamera, sie lernten sich dabei aber nicht bewusst kennen. Oliver war in der Berliner Kindermannschaft, die aus den Synchronsprechern von *Karlsson vom Dach* bestand, und Jens gehörte der Mannschaft des NDR-Schulfunks an.

Zusammen im Hörspielstudio waren Oliver Rohrbeck und Jens Wawrczeck nie. Zwar spielte Jens auch bei zwei frühen *Fünf Freunde*-Folgen (2, 3) mit, nahm seine Sequenzen aber an einem anderen Tag auf als Oliver mit der Hauptbesetzung. Bei *Die Schwarze Sieben* spielten Rohrbeck, Wawrczeck und Fröhlich immerhin schon in der gleichen Serie mit. Sie kamen aber nie gemeinsam in einer Folge vor. Als Rohrbeck und Fröhlich nach vier Folgen ausstiegen, stieß Wawrczeck hinzu – und übernahm dabei sogar Fröhlichs Rolle als George.

Als Heikedine Körting Andreas Fröhlich für Die drei ??? anfragte, kannte er die Serie noch gar nicht: »Ich wusste nur, wer Alfred Hitchcock ist, aber ich wusste eigentlich nicht so ganz genau, was Die drei ??? sind.«[101] Auch Rohrbeck lernte Die drei ??? erst durch die eigene Arbeit kennen. Nur bei Jens Wawrczeck war das anders. Schon als Kind guckte er begeistert Hitchcock-Filme. »Im Jahr 1976 lag das Buch *Die drei ??? und das Gespensterschloss* für mich unter dem Weihnachtsbaum. Ich habe es verschlungen, fand es unglaublich spannend. […] Als ich das Angebot bekam, war ich natürlich unglaublich aufgeregt. Alfred Hitchcock […] war eine Art Gott für mich.«[102]

Als symbolträchtige erste Folge wählte Heikedine Körting *Die drei ??? und der Super-Papagei* (1) aus. Damals konnte die Regisseurin nicht ahnen, dass der KOSMOS Verlag auch 40 Jahre später noch Die drei ???-Bücher herausbringen und sie selbst einmal den 200. Fall von Justus, Peter und Bob vertonen würde. Ende der 70er Jahre dachte die Regisseurin ganz pragmatisch: »Anfangs war noch nicht klar, dass aus den Büchern eine Hörspiel-Serie entstehen würde. Wir hatten aus den USA auch noch nicht die Rechte für alle bisher erschienen Geschichten. Ich habe für die erste Hörspielproduktion einfach die Buchgeschichte ausgesucht, die mir am besten gefiel und von der ich meinte, sie sei für eine Hörspiel-Bearbeitung am besten geeignet. Das mit den Papageien konnte man ja sehr schön akustisch umsetzen. Die erste Folge mussten wir dann vorstellen und danach konnten wir Schritt für Schritt die Rechte an weiteren Geschichten erwerben.«[103] Auf diese Weise kam die unterschiedliche Veröffentlichungsreihenfolge von Büchern und Hörspielen in der Klassikerzeit zustande.

Die ersten Aufnahmen für Die drei ??? fanden an einem Wochenende im Jahr 1978 im Studio in der Hamburger Agnesstraße statt. »Die Atmosphäre bei Frau Körting in der Villa war unglaublich. Es fühlte sich fast wie in einem Setting von Alfred Hitchcock an. Eine Villa in den USA, in der mysteriöse Dinge passieren. Sie hatte sogar einen kleinen Affen«, erzählt Andreas Fröhlich, der im Gegensatz zu seinen beiden Kollegen noch nie zuvor bei Heikedine Körting im Studio gewesen war.[104]

Die Regisseurin wies die drei Jungsprecher zunächst kurz ein und ging dann in medias res. Zunächst sollte die Eingangsszene aus *Die drei ??? und der Super-Papagei* (1) aufgenommen werden, in der Justus und Peter dem Haus von Mr Fentriss entgegenschleichen. Die Regisseurin hatte die Rollen so verteilt, dass Andreas Fröhlich Peter Shaw sprechen sollte. »Als ich Oliver gegenüber saß, merkte man relativ schnell, dass ich der Rolle von Peter Shaw überhaupt nicht gewachsen war. Ich habe den

Text eher abgehackt vorgelesen«, sagt Fröhlich.[105] In dieser Situation entschloss sich Heikedine Körting spontan zu einem Rollentausch. Jens Wawrczeck sollte es einmal probieren. Die neue Besetzung harmonisierte deutlich besser miteinander. »Ich [...] habe völlig unbedarft und naiv die erste Folge eingelesen«, erinnert sich Wawrczeck.[106] Genau diese Lockerheit wollte Körting. »Im Gegensatz zu mir waren Oliver und Jens damals schon versierte Sprecher. Über den Rollentausch war ich gar nicht traurig. Dann war ich eben Bob. Das war mir eigentlich total egal«, sagt Fröhlich.[107] Die neue Rollenverteilung kam ihm auch insoweit entgegen, dass Bob deutlich weniger Text als Peter hatte. Im fertigen Hörspiel tauchte er das erste Mal nach über 15 Minuten Spielzeit auf.

»An dem ersten Wochenende haben wir zwei oder drei Folgen aufgenommen«, erzählt Fröhlich. Es könnte auch eine Folge mehr gewesen sein. Während noch alle relativ gut die ersten Aufnahmen im Gedächtnis haben, verschwimmen danach die Erinnerungen. »Heute sind nicht selten fünf oder sechs Leute zusätzlich zu uns in dem kleinen Atelier. Das war früher nicht der Fall. Als Kinder wurden wir drei eher alleine aufgenommen«, erklärt Fröhlich.[108]

Die ersten neun Die drei ???-Folgen produzierte Heikedine Körting an einem Stück. Die Sprecher nahm sie querbeet auf. »Die Schauspieler kamen in der Regel nicht nur für eine einzelne Produktion ins Studio. Die einzelnen Rollen, die sie in unterschiedlichen Hörspielen hatten, wurden separat aufgenommen und später in das jeweilige Hörspiel eingeschnitten«, sagt Andreas Fröhlich.[109] Oft sprachen die Schauspieler noch eine oder mehrere kleine Rollen ein, wenn sie sowieso schon einmal im Studio waren. So war Gerlach Fiedler nicht nur der cholerische Kunsthändler Claude Claudius im *Super-Papagei* (1), sondern auch Charles Niedland im *Karpatenhund* (3) und der Auktionator zu Beginn vom *Sprechenden Totenkopf* (6).

Oliver Rohrbeck kann sich zwar an die Begebenheiten im EUROPA-Tonstudio in der Agnesstraße erinnern, nicht aber bewusst an die Aufnahmen einzelner Folgen. »Das war herrlich, wir haben doch nur Unfug gebaut da im Studio. Mir hat das Spaß gemacht. Das war ja nicht wie Arbeit, das war Spielen, das war absolutes Freizeitvergnügen«, sagt er.[110]

Bei den beiden Berlinern hinterließ gerade das Pendeln zwischen Berlin und Hamburg bleibenden Eindruck. »Das war überhaupt aufregend, bereits mit 13 Jahren zum Arbeiten nach Hamburg geholt zu werden«, erzählt Oliver Rohrbeck.[111] »Andreas [...] und ich flogen immer mit dem Flugzeug von Berlin nach Hamburg. Die Mauer stand ja noch, alles andere wäre unheimlich schwierig und zeitaufwändig gewesen.«[112] Fünf Stunden hätte die Zugfahrt auf der Transitstrecke durch das Territorium der DDR gedauert – und wäre dabei noch mit einigen bürokratischen Unannehmlichkeiten und Schikanen bei der Grenzkontrolle verbunden gewesen. »Wir als Berliner waren weder Wessis noch Ossis, wir waren West-Berliner, denn wir hatten ja auch keinen westdeutschen Personalausweis, sondern einen behelfsmäßigen Personalausweis, weil die Stadt unter der Regierung der Alliierten, Amerika, England und Frankreich, war«, erklärt Rohrbeck die damaligen Begebenheiten.[113]

Peter Fox, Frontmann der Berliner Band Seeed, kann ein Lied davon singen, was einem an der Grenze zur DDR widerfahren konnte: »Mein Vater hat häufig an der Grenze irgendwelche provozierenden Sprüche gemacht, sodass die Grenzbeamten uns daraufhin extra lange untersucht haben. Sie nahmen unser Auto auseinander und untersuchten genau die Mitbringsel. Zum Beispiel haben sie einmal einen IKEA-Katalog oder unsere Kinderhörspiele wie Die drei ??? einkassiert. Das wäre angeblich Westpropaganda.«[114]

Dann stiegen Oliver Rohrbeck und Andreas Fröhlich doch lieber kurz und schmerzlos ins Flugzeug – und zwar grundsätzlich ohne Begleitung eines Erwachsenen, betont Rohrbeck: »Darauf habe ich bestanden. Nur Andreas und ich. Ich war sehr selbstständig, hatte ja vorher schon die Fünf Freunde bei Frau Körting gemacht und war das gewohnt. Das ging schon mit elf los – sonntags allein mit dem Taxi zum Flughafen und einchecken. Ich fand's immer schrecklich, wenn Kinder mit Brustbeutel abgegeben wurden und die Helikoptereltern bibberten, dass der Junge auch gut ankommt, ihn die Stewardess am besten noch in die erste Reihe setzt. Peinlich.«[115] Rohrbeck weiter: »Dieser Prozess, man nimmt sich ein Taxi, lässt sich eine Quittung geben, checkt ein, fliegt die halbe Stunde mit der Pan Am [US-amerikanische Fluggesellschaft; Anm. d. Verf.] trinkt einen Tomatensaft und dann ist man schon in Hamburg: Das war ein Ritual.«[116]

Logistisch war die An- und Abreise überhaupt kein Problem. »Wir sind meistens am Freitagnachmittag hin und am Sonntagabend zurückgeflogen. Oliver und ich haben eigentlich immer bei Frau Körting im Gästezimmer übernachtet. Jens hat als Hamburger natürlich zu Hause geschlafen. Die Aufnahmen fanden dann samstags und sonntags statt«, erzählt Andreas Fröhlich.[117] Obwohl Heikedine Körting gerade in der Anfangszeit sehr viele Folgen produzierte, konnte die Regisseurin nicht wie mit Erwachsenen von morgens bis abends aufnehmen: »Dann haben wir dazwischen auch gespielt, […] sind […] segeln gegangen, dann haben wir wieder ein bisschen gearbeitet. Und wenn was nicht gefallen hat, […] haben wir das weggeschmissen, dann haben wir's neu probiert«.[118] »Als wir die ersten Folgen gemacht haben […] haben wir auch schon mal fünf, sechs bis zehn Versionen [einer Szene] gemacht.«[119]

Das Verhältnis der drei zueinander war damals mitnichten so gut wie das der drei Detektive. »Am Anfang waren wir so unterschiedlich, dass es schwer war, privat einen gemeinsamen Nenner zu finden. Andreas und Oliver waren die frechen Berliner und ich der schüchterne Hamburger. Wir brauchten ein bisschen Zeit, um uns anzunähern«, erinnert sich Jens Wawrczeck.[120] Zeitweise gab es sogar Gerüchte, dass die drei untereinander total zerstritten waren. Andreas Fröhlich stellte bereits 2002 in einem Interview klar: »Das ist ein infames Gerücht! Das [...] stimmt überhaupt nicht. Es war einfach so, dass Jens zwei Jahre älter war als wir und [...] wir waren die frechen Berliner, obwohl wir ja noch so richtig grün hinter den Ohren waren.«[121] Trotz aller Unterschiede gab es nie einen richtigen Streit, sagt Oliver Rohrbeck: »Alleine schon aus dem Grund [nicht], weil wir nie für einen sehr langen Zeitraum zusammen waren.«[122] Wirklich kennen lernten sich Oliver Rohrbeck, Jens Wawrczeck und Andreas Fröhlich erst viel später. »Ich weiß, dass wir irgendwann nach, sagen wir mal fünfzehn Jahren, das erste Mal [alleine] zusammen essen gegangen sind, und da haben wir dann auch wirklich ganz viele Sachen voneinander erfahren. Und das war ganz toll«, erzählt Wawrczeck.[123] »Inzwischen sind wir sehr innig miteinander. Das ist für Außenstehende manchmal ein bisschen beängstigend. Die merken schnell, dass sie gegen diese Phalanx nicht ankommen. Die drei halten zusammen. Aber wir sind keine Freunde, die sich ständig anrufen und erzählen, was gerade so passiert«, sagt Wawrczeck.[124] Es sei eher eine Art Verwandtschaftsgefühl zwischen den dreien, meint der Sprecher: »Wir haben ein sehr enges Verhältnis, fast brüderlich.«[125]

Der Cast, Teil 1

Heikedine Körting gelang es immer wieder, hochkarätige Sprecherinnen und Sprecher für ihre Hörspielproduktionen zu gewinnen. Das war oftmals kein leichtes Unterfangen. »Da konnte ich aber wunderbar hartnäckig sein«, erzählt Körting.[126] »Ich musste mit ebenso viel Freundlichkeit wie Beharrlichkeit arbeiten, die Skripte erst einmal verschicken und viel Überzeugungsarbeit leisten.«[127] So lange keine definitive Absage kam, blieb sie am Ball.

»Hinter manchen Stars bin ich ein bis zwei Jahre hinterhergelaufen. Und wenn man die dann mal hatte, hat ihnen die Hörspielarbeit für EUROPA gut gefallen. Wir hatten immer eine herzliche Atmosphäre. Wer schon [einmal] bei uns im Studio war, kommt eigentlich immer wieder«, so die Regisseurin.[128] Die Absagen kann man an einer Hand abzählen. Klaus Löwitsch ließ sich nicht überreden und sagte: »Für Kinder? Um Gottes willen! Vergessen Sie's. Dazu habe ich keine Lust!«[129] Die Absage bedauert Heikedine Körting heute noch. »Er war ein wunderbarer Schauspieler mit herrlicher, dunkler Stimme«, betont die Regisseurin. »Schade, dass es nicht geklappt hat.«[130]

Auch von Gert Fröbe holte sich Körting eine Abfuhr, obwohl dieser »furchtbar nett war«. Nachdem Fröbe das Skript gelesen hatte, sagte er zu Körting: »Ich bin fürchterlich, ich habe die schlimmste Stimme, die man sich vorstellen kann.«[131] Dabei hatte der Schauspieler nicht nur *Goldfinger* im gleichnamigen James Bond-Film gespielt, sondern auch den *Räuber Hotzenplotz* – in einem Kinderfilm! Doch Fröbe blieb hart: Film ja, Hörspiel nein. Die Stimme allein ohne Bild vor Augen sei für Kinder viel zu schrecklich. »Den hätte ich so gerne gehabt«, trauerte Körting noch viele Jahre später.[132]

Dabei gibt sie grundsätzlich zu bedenken: »Eine gute Stimme muss nicht schön sein. Die kann schrill oder hässlich sein. Wichtig ist nur, dass man von vornherein die richtige Stimme für die richtige Rolle nimmt. Es hat überhaupt keinen Sinn, jemanden zu verbiegen. Der Schauspieler Pinkas Braun zum Beispiel war toll in Krimis. Mit ihm als Erzähler wollte ich auch ein paar Märchen produzieren. Aber als ich mir dann die Aufnahmen anhörte, merkte ich schnell, dass das mit seiner Stimme nicht funktionierte. Als später einmal die Rede darauf kam, wollte er alles sogar unentgeltlich noch einmal einsprechen. Aber es lag ja gar nicht daran, dass er schlechte Arbeit abgeliefert hätte, sondern seine Stimme passte einfach nicht als Märchenerzähler.«[133] Als Shelby Tuckerman in *Narbengesicht* (31) und ganz besonders als Charles Barron in *Die bedrohte Ranch* (33) passte er hingegen wie die Faust aufs Auge.

Alfred Hitchcock: Peter Pasetti

Als Erzähler und somit für die Rolle von Alfred Hitchcock konnte Heikedine Körting den Schauspieler Peter Pasetti gewinnen. Genau genommen verkörperte Pasetti gleich drei Rollen. Denn in den Buchvorlagen gab Hitchcock den Lesern zwar Hinweise und trat hin und wieder als handelnde Person auf, war aber nicht der Erzähler. Diese Verschmelzung ergab sich erst bei der Hörspielproduktion. Die charakteristischen Fingerzeige wurden jedoch lediglich in die ersten 15 Hörspiele eingebaut, obwohl sie der KOSMOS Verlag in seinen Buchvorlagen noch viele Jahre beibehielt.

Pasetti wurde am 8. Juli 1916 in München geboren. Kunst spielte in der Familie eine große Rolle. Der Vater war Bühnenbildner an der Staatsoper, die Mutter Malerin. Auch die Großväter waren Maler. Der Opa väterlicherseits sogar Hoffotograf des russischen Zaren. Pasetti selbst malte zwar nicht, erhielt aber dennoch eine musische Bildung. Er bekam Schauspiel- und Gesangsunterricht. Dazu lernte er Klavier und Cello. Ab 1936 spielte er am Theater. Sein Spielfilmdebüt gab er 1940 in *Das Fräulein von Barnhelm*, einem Historienfilm, der in der Zeit des Siebenjährigen Krieges im 18. Jahrhundert spielte. Der Einzug zur Wehrmacht bedeutete auch für Pasettis Schauspiellaufbahn eine Zäsur. Doch nach dem Krieg nahm seine Karriere schnell wieder Fahrt auf. Von 1947 bis 1979 gehörte Pasetti durchgehend zum Ensemble der Münchner Kammerspiele, war parallel

aber auch in weit über hundert Kino- und Fernsehfilmen zu sehen.[134]
Die Süddeutsche Zeitung schrieb einmal über Pasetti: »Im Gesicht hatte er immer etwas von Don Quixote, so als irrlichterten in ihm ständig Lust und Eifer, Melancholie und Wahnwitz, strenge Disziplin und genialische Schlamperei. In seiner Stimme schwang immer auch ein wunderlich knarzender, brüchiger Ton mit, der ihr so etwas Besonderes, fast englisch Snobistisches gab.«[135] Zwischen 1962 und 1968 produzierte der Bayerische Rundfunk 19 Sherlock Holmes-Hörspiele, bei denen Peter Pasetti den Meisterdetektiv sprach.
An den ersten Arbeitstag mit Peter Pasetti erinnert sich Körting mit einem lachenden und einem weinenden Auge. Während der Aufnahmen ging auf einmal das Mikrofon kaputt – oder das Mischpult. Die Erinnerungen variieren. Hilfe gab es in dieser misslichen Situation jedenfalls keine. Körting war mit Pasetti alleine im Studio. Keine leichte Situation. Gerade wenn man bedenkt, dass Körting den Schauspieler zwar als sehr sympathisch, gleichzeitig aber auch als eitel und verwöhnt beschreibt. Pasetti war extra aus München angereist und musste am Abend auch genau dorthin wieder zurück.
Die Aufnahmen konnten nach einigen Telefonaten schließlich im Studio Hamburg fortgesetzt werden. »Als wir im Taxi dorthin fuhren, war er schon etwas angesäuert. Im anderen Studio wurde es dann problematisch«, erzählt Körting.[136] Denn dort ließ man die Regisseurin nicht hinters Mischpult. Die Kommunikation mit Pasetti musste über einen Tontechniker laufen. Körting konnte nun überhaupt nicht mehr ihren Charme ausspielen. »Wenn ich um andere Betonungen oder Wiederholungen bat, gab der Tontechniker meine Bitten meist wenig galant übers Mikrofon weiter. Pasetti konnte diese Korrekturen nur schwer ertragen, wollte wissen, warum sie nötig seien, und wurde saurer und saurer. Es entwickelte sich ein richtiger kleiner

Disput«, so Körting.[137] »Herr Pasetti war dann natürlich ganz schön genervt und überhaupt nicht mehr witzig. Es war eine schwierige Arbeit. Ich merkte, dass er einfach in seiner Eitelkeit getroffen war, dass man an ihm rummeckerte«, erinnert sich Körting an diesen »Unglückstag«.[138] Pasetti war aber überhaupt nicht nachtragend und entschuldigte sich später sogar mit einem Strauß roter Rosen. Und als der Schauspieler zum ersten Mal das fertige Hörspiel angehört hatte, sei er voller Respekt für Körtings Arbeit gewesen.

»Bevor wir das nächste Mal aufgenommen haben, [...] hat er mich noch so richtig schön eingeladen. [...] Er war ein ganz toller Mann«, schwärmt die Regisseurin über ihren anfänglichen Problemfall.[139] »Die weitere Zusammenarbeit wurde dann sehr freundschaftlich.«[140] Und schien schöne Rituale zu haben: »Peter Pasetti hat mich grundsätzlich noch auf einen Cocktail eingeladen und er brachte mir immer rote Rosen mit.«[141]

Die Aufnahmen mit Peter Pasetti fanden nie im Ensemble statt. Als Erzähler wurde mit ihm immer allein gearbeitet, manchmal sogar in seiner Heimatstadt München. Dann flog Heikedine Körting in die bayerische Landeshauptstadt. Dort trafen sich die beiden im Trixi Studio. Der Schauspieler sprach nicht nur den Erzähler bei Die drei ???, sondern lieh auch Skeletor bei Masters of the Universe seine Stimme. Dabei handelte es sich ursprünglich um Action-Spielfiguren des US-Spielzeugherstellers Mattel. Der Hype darum war in den 80er Jahren so groß, dass sich Heikedine Körting erfolgreich um eine Lizenz zur Produktion von Hörspielen bemühte. Die Geschichten handeln von dem Kampf der namensgebenden Serienhelden rund um He-Man gegen den bösen Skeletor. »Er war [...] so ein guter Schauspieler, dass er in diese Rollen auch super reinschlüpfte«, erinnert sich Körting.[142]»Da bekamen die anderen regelrecht Furcht. Peter Pasetti hatte ja auch diese ›Fratzenaugen‹ mit den riesigen Augenbrauen.«[143] Und auch wenn Pasetti »dieses Diabolische« in Skeletor so authentisch verkörperte, habe er die Rolle mit großer Freude gesprochen.

Die großen Erfolge, die EUROPA mit seinen Hörspielserien feierte, schmeichelten auch Pasetti. »Was war das toll, als er mich einst aus München anrief und sagte: ›Frau Heikedine, ich bin heute durch die Kaufinger Straße gegangen, und da standen acht Meter lang Racks: Pasetti, Pasetti, Pasetti!‹ Er war darauf richtig stolz«, erzählt Körting.[144] »Denn für die Schauspieler, es waren ja alle große Schauspieler, war das Finanzielle nicht so wichtig, sondern es war eigentlich mehr die Anerkennung.«[145] Anfang der 80er Jahre waren die wenigsten Haushalte mit einem Videorekorder ausgestattet, und im Fernsehen wurde ein Film nach der Erstausstrahlung vielleicht noch ein- bis zweimal wiederholt. Die Hörspiele hingegen wurden wieder und wieder gehört. Peter Pasetti verstarb am 23. Mai 1996 kurz vor seinem achtzigsten Geburtstag an einem Krebsleiden. Als Erzähler bei Die drei ??? war er zum letzten Mal in *Geisterstadt* (64) zu hören. »Er war ein großer Schauspieler, ein fantastischer Erzähler«, schwärmt Jens Wawrczeck.[146] Und auch Heikedine Körting ist auch nach Jahren immer noch von der Sprecherleistung des Schauspielers begeistert: »Peter Pasetti, hatte auch eine Form der Betonung, die *kann* man sich gar nicht ausdenken.«[147]

Tante Mathilda: Karin Lieneweg

Die Rolle von Tante Mathilda besetzte Heikedine Körting mit Karin Lieneweg. Die Schauspielerin und Synchronsprecherin erblickte am 6. Mai 1937 in Hannover das Licht der Welt. Der Vater kam nicht aus dem Krieg heim. Mit Mühe und Not brachte die Mutter die Familie über die Runden. Um ein bisschen Geld zu verdienen, bewarb sich Lieneweg als Statistin beim Theater und wurde prompt genommen. Nach mehreren Umzügen

landete die Familie 1956 in Hamburg, wo Lieneweg eine Ausbildung an der Hochschule für Musik und Theater begann. »Das Thalia Theater suchte damals für ein Stück ein hübsches Mädchen«, erzählt Lieneweg.[148] »Da ich allerdings erst ein Jahr zuvor mit der Ausbildung begonnen hatte, konnte ich noch relativ wenig anbieten und so präsentierte ich eine mimische Übung. Das fand man wohl ganz köstlich, und so wurde ich engagiert.«[149]
Bei den Proben bemängelte eine Kollegin Lienewegs Defizite beim Sprechen, wovon die junge Schauspielerin panisch ihrem Lehrer von der Schauspielschule, Eduard Marks, erzählte. »Von seiner Frau Anne, die eine super Sprachlehrerin war, erhielt ich daraufhin einen dreiwöchigen Intensivkurs, so dass ich bis zur Premiere halbwegs gut sprechen konnte«, lacht Lieneweg.[150]
Die Karriere kam ins Rollen. »Neben weiteren Engagements am Thalia Theater sprach ich auch viel Werbung für den NDR oder übernahm Rollen in Hörspielen. Eine Sache, die mir immer besonderen Spaß machte, war das Synchronisieren«, so Lieneweg.[151] 1958 stand sie erstmals vor der Kamera. Als ihr eine Rolle für den Film *Die Abiturientin* angeboten wurde, hatte sie aber zunächst gründlich nachdenken müssen. Denn damals war es unter den Theaterleuten noch verpönt, für das Fernsehen zu arbeiten. »Aber da man als junge Schauspielerin nur sehr wenig Geld verdiente, sagte ich letztendlich zu, denn beim Fernsehen wurde sehr gut bezahlt.«[152] Der Schwerpunkt ihrer künstlerischen Tätigkeit lag jedoch weiterhin beim Theater. Erst ab Mitte der 60er Jahre änderte sich das wieder. Lieneweg spielte zum Beispiel bei der sehr erfolgreichen TV-Serie *Polizeifunk ruft* mit. Dennoch hängte Lieneweg ihre Schauspielkarriere an den Nagel. Und das kam so: »In den 70er Jahren gab es in der damaligen Agentur für Arbeit eine Abteilung, die sich um die Vermittlung von künstlerisch Schaffenden kümmerte. Von den Schauspielern, die schon einmal dort waren, hörte ich stets, dass die verantwortlichen Vermittler dieser Abteilung leider überhaupt

keinen blassen Schimmer von künstlerischer Arbeit hatten und entsprechend auch keine wirkliche Hilfestellung bei der Jobsuche boten. [...] Da ich schon immer eine Kämpfernatur war und zuvor auch eine eigene Gewerkschaft gegründet hatte, lud ich zu einer großen Versammlung in Hamburg ein, deren Teilnehmer aus wichtigen Persönlichkeiten der Bundesanstalt für Arbeit bestanden, inklusive dem damaligen Präsidenten Josef Stingl«, erzählt Lieneweg.[153] Einige Monate später erhielt die Schauspielerin von Stingl das Angebot, in Hamburg die ZAV-Künstlervermittlung, eine Agentur speziell für Künstler, aufzubauen – und sagte zu.

Seitdem besuchte Lieneweg zwar jährlich Hunderte Theatervorstellungen landauf, landab, war aber selbst nur noch äußerst selten künstlerisch tätig. Ab und an zog es sie hinter das Mikrofon. Das Synchronisieren lag ihr schließlich immer am Herzen. Seit 1974 war Lieneweg bei etlichen EUROPA-Produktionen dabei, hatte aber keine feste Rolle. Das änderte sich mit *Die drei ??? und der Phantomsee* (2), als sie erstmals Tante Mathilda ihre wortgewaltige Stimme lieh. »Als das damals losging, waren die Jungs ja Kinder. Wir haben uns nur alle paar Monate mal gesehen, für einen halben Tag im Studio«, erzählt Lieneweg.[154] Oft nahm Lieneweg ihre Sätze aber auch alleine mit Heikedine Körting auf. »Ich habe die Jungs oft über Jahre gar nicht gesehen«, erzählt sie.[155] »Heute sind die drei gestandene Männer – und jetzt wo wir älter sind und uns austauschen können, haben wir zueinander gefunden. Damals war ich für sie eine ältere Dame«, sagt Lieneweg.[156] »Mein privates und berufliches Leben hat sich innerhalb dieser 40 Jahre total verändert. [...] [Das Hörspielsprechen] lief immer so ein bisschen nebenher, und ich habe das weitergemacht, weil es dazugehörte.«[157] Backen kann sie übrigens überhaupt nicht, auch keinen Kirschkuchen.

Ans Aufhören verschwendet Karin Lieneweg keinen Gedanken. »Viele Leute haben zu mir gesagt: ›Meine Güte, Sie sind so alt, wollen Sie nicht aufhören?‹ Aber ich denke, wenn ich aufhöre, würde das bedeuten, einen Teil meines Lebens zu verändern. Aber ich kann doch nicht aufhören und sagen, das war jetzt mein Leben, und dann setze ich mich aufs Sofa und warte, was passiert. Ich müsste dann ja versuchen, etwas anderes anzufangen, sonst wäre das Leben ja vorbei. Denn zu leben bedeutet, dass man sein Leben lebt. Und das Leben, das ich führe, ist etwas, das ich mir ausgesucht habe und das mir unendlichen Spaß macht. Und dazu gehört die Sprecherei. Ich versuche, das zu machen, was mich künstlerisch interessiert. Theater, sprechen und alles, was damit zusammenhängt und immer mein Leben war, seit meinem 18. Lebensjahr. Etwas anderes kann ich mir gar nicht vorstellen«, sagte Karin Lieneweg im Herbst 2019 in einem Interview.[158]

Morton und Skinny Norris: Andreas von der Meden

Andreas von der Meden wurde am 10. Januar 1943 in Hamburg geboren. Sein Schauspieldebüt feierte er bereits mit fünf Jahren am renommierten Thalia Theater der Hansestadt. Unter der Regie von Gustav Fröhlich spielte er 1949 als kleiner Junge in dem Abenteuerfilm *Der Bagnosträfling* mit und übernahm 1951 auch eine Synchronrolle. »So eine Begabung spricht sich herum. Danach kam alles Weitere zusammen: Theater, Hörfunk, Fernsehen, Schallplatten und dann auch die Arbeit für das EUROPA-Studio«, erinnert sich von der Meden an seine Zeit als Kinderstar.[159] Nachdem er bereits seit 1951 beim NWDR zahlreiche Hörspielrollen (zum Beispiel als Jim Hawkins in *Die Schatzinsel*) übernommen hatte, wurde Ende der 60er Jahre auch EUROPA auf den vielseitigen Schauspieler aufmerksam.

In Die drei ???-Hörspielen begegnet uns Andreas von der Meden als Morton – und Skinny Norris. Wie kam es dazu, dass zwei so wichtige Nebenrollen mit ein und demselben Sprecher besetzt wurden? »Das war reiner Zufall. Er war [...] Skinny und die erste Rolle, die Morton hatte, war ganz klein, und Andreas hatte immer Spaß am Verstellen der Stimme. Er meinte: ›Die drei Sätze von Morton kann ich auch noch sprechen!‹«, erinnert sich Körting an die Aufnahmen der allerersten Die drei ???-Folgen.[160]»Am Anfang dachten wir nicht, dass die Rolle des Chauffeurs noch einmal auftauchen würde. [...] Als er dann beide Rollen längerfristig ausfüllen musste, war das aber auch kein Problem, denn Herr von der Meden ist ja ein fabelhafter Schauspieler, dem es keine Mühe macht, zwei Rollen total unterschiedlich zu sprechen. So haben wir ihm beide Rollen gelassen.«[161]

»Frau Körting hatte damals wohl ein wenig den Überblick verloren«, schildert Andreas von der Meden seine Sicht der Dinge.[162] Die Doppelrolle war für ihn aber nie ein Problem: »Nein, ganz und gar nicht, das macht sehr viel Freude. Die Fähigkeit, sich in verschiedene Rolle hineinzudenken, muss man von jedem Schauspieler erwarten können!«[163] Mitunter war er auch mit beiden Rollen im gleichen Hörspiel vertreten, zum Beispiel im *Gespensterschloss* (11) oder bei *Der lachende Schatten* (13). In *Die drei ??? und der Höhlenmensch* (35) übernahm Andreas von der Meden ebenfalls eine Doppelrolle. Aber es sind weder Morton noch Skinny Norris, denen er in diesem Fall seine Stimme leiht, sondern Stefano und einem LKW-Fahrer.

Auch außerhalb der Die drei ??? war Andreas von der Meden ein begehrter Sprecher. »Bei der Masse an Hörspielen ist es unmöglich, sich alle zu merken oder hieraus eine besonders schöne Rolle herauszupicken«, so der Sprecher.[164] Jahrzehntelang war er Kermit der Frosch bei der Sesamstraße und später auch bei der Muppet Show. Viele Jahre war er die deutsche Stimme von David Hasselhoff.

Andreas von der Meden war nicht nur ein begnadeter Synchronsprecher, sondern auch Jazz-Musiker. Schon mit zwölf

Jahren spielte er Schlagzeug bei den Oimel Jazz Youngsters, wechselte dann aber das Instrument. Mit gerade einmal 16 Jahren beauftragte ihn der Leiter der Jazz-Abteilung im NDR mit der Zusammenstellung einer All Star Formation zur Begleitung von Gastsolisten. Auf diese Weise lernte er schon als Jugendlicher die Jazzgrößen seiner Zeit kennen. Bis zuletzt spielte »Andy« Banjo und Gitarre bei der bekannten Dixieland-Band Old Merry Tale Jazzband. Erst kurz vor seinem 70. Geburtstag verabschiedete sich der Jazz-Musiker aus gesundheitlichen Gründen von der Bühne.

Am 26. April 2017 verstarb er im Alter von 74 Jahren. »Mit Andreas von der Meden habe ich endlos viel zusammengearbeitet, meistens im Synchronstudio. Ich liebte seinen Humor. Er war ein hervorragender, sehr markanter Sprecher. Und wir waren befreundet. Ich vermisse ihn«, sagt Jens Wawrczeck.[165] »Ohne Übertreibung halte ich Andreas von der Medens frappierend glaubwürdige akustische Verkörperung der Charakter-Antipoden Morton und Skinny für eine der größten Glanzleistungen in der gesamten, knapp vierzigjährigen Sprecher-Historie der drei ???«, sagt Die drei ???-Autor Henrik Buchna. »Wahrlich ein Meister seines Fachs, der ungemein fehlen wird. Umso dankbarer bin ich im Rückblick, dass er bei der Hörspielfassung meines Erstlings *Im Zeichen der Schlangen* (157) ein letztes Mal den legendären Erzfeind Skinny Norris verkörperte.«[166] In seiner zweiten Paraderolle als Chauffeur Morton in *Nacht der Tiger* (159) hatte Andreas von der Meden seinen letzten Auftritt bei Die drei ???.

Kommissar Reynolds: Horst Frank

Horst Frank wurde am 28. Mai 1929 in Lübeck geboren. Seine Eltern trennten sich früh. Der Stiefvater war ein beinharter Nationalsozialist, was sich auch in dessen Erziehungsmethoden widerspiegelte. Die NS-Ideologie hinterfragte Frank wie die allermeisten nicht. Der Junge trat der Flieger-HJ bei. »Zum Ende des Krieges […] stellte man uns die Frage, ob wir freiwillig geschlossen in die Waffen-SS eintreten wollten. Freiwillig geschlossen traten wir vor und ein. Unsere Pupillen spiegelten Stolz«, erzählte Frank Jahre später, wie er als 15jähriger Junge in die Mühlen des Zweiten Weltkriegs genötigt wurde.[167] In der Nähe von Bremen hatte der Trupp seinen ersten Feindkontakt. Als die britischen Soldaten »Hands up!« brüllten, tat Frank wie alle anderen – inklusive Obersturmführer – wie ihm befohlen wurde. Mit einem »Go home, fucking Germans!« schickten die Briten diejenigen, die offensichtlich noch grün hinter den Ohren waren, wieder nach Hause. Wenig später war der Junge wieder in Ahrensburg bei Hamburg, wo die Familie mittlerweile wohnte.[168]

Trotz der Ausbildung zum Handelskaufmann zog es Horst Frank ans Theater. In Hamburg hatte er mit 19 Jahren einen Auftritt des berühmten Schauspielers Will Quadflieg gesehen. »Als ich die Vorstellung verließ, wusste ich – arrogant wie ich damals war – das kannst du auch«, so Frank.[169] Bei der Aufnahmeprüfung zur Schauspielschule gab er eine Kostprobe seines Könnens und seiner Vielseitigkeit. Er hüpfte zwischen Faust und Mephisto hin und her – und wurde genommen. Bei der Abschlussprüfung fiel Frank allerdings durch – als Einziger. Den Prüfern gefiel seine Stimme nicht. Tief deprimiert wollte sich der Schauspielschüler daraufhin in der Alster ertränken. Aber der Fausthieb eines Freundes brachte ihn zur Besinnung. »Ich bewarb mich [dann] um ein Engagement in Lübeck und bekam es«, erzählt er.[170] Als Schauspieler verdiente er – auch für damalige Verhältnisse – mickrige 106,80 Mark im Monat. Frank: »Da war die Armbanduhr schnell im Pfandhaus, und auch bei dem Zigarettenladen gegenüber stand ich bald in der Kreide.«[171]

Bald hatte er auch noch einen Berg voll Schulden beim Schneider. »Also verließ ich bei Nacht und Nebel Lübeck und ging nach Bonn, wo ich neben dem Theater für den Westdeutschen Rundfunk arbeitete. Nach einem halben Jahr hatte ich meine Schulden beglichen und kehrte bei hellem Sonnenschein wieder nach Lübeck zurück.«[172] Es ging aufwärts. Über ein Engagement in Basel kam er zum Fernsehen. Und im Jahr 1956 spielte Horst Frank erstmals in einem Kinofilm mit: *Der Stern von Afrika*. Anfangs versuchte er noch, Theater, Fernsehen und Film unter einen Hut zu bringen, legte den Schwerpunkt seiner Arbeit dann aber aufs Kino. Ähnlich wie Klaus Kinski hatte Frank ein Abo auf unsympathische Figuren und Antihelden. »Ich habe eine ganz merkwürdige Karriere gemacht. In meinem ersten Film wurde ich getötet. Dann habe ich mich selber umgebracht. Im dritten habe ich dann schon getötet. Dann hatte ich viele, viele Jahre meine Leute, die das für mich taten. Und jetzt mache ich es eigentlich wieder selber, nach dem Motto Handwerk hat goldenen Boden«, sagte Frank Jahrzehnte später mit einem Augenzwinkern.[173]

In der Film-Revue hieß es 1959: »Nicht weniger als neunmal ging Schauspieler Horst Frank in zehn Filmen als Mörder, Selbstmörder, Pathologe oder Opfer von Gewalttätigkeiten über die Leinwand. Er hat so gut wie überhaupt noch keinen normalen Menschen oder Menschen mit normalem Schicksal gespielt. Sein schauspielerisches Talent und sein fraglos unalltäglicher Kopf scheinen für den Film nur zur Darstellung zwielichtiger, hintergründiger, labiler, oft eindeutig böser Charaktere zu existieren.«[174]

Ende der 50er Jahre wanderte Horst Frank nach Afrika aus, um in Tansania eine Kaffeeplantage zu betreiben. Dort war der Schauspieler auch sozial engagiert. Er baute Straßen, eine Schule und unterstützte das örtliche Krankenhaus. »Als die politische Lage für uns Weiße dann immer gefährlicher wurde, musste ich

alles stehen und liegen lassen. Dabei habe ich sehr viel Geld verloren!«, ärgerte sich Frank noch viele Jahre später.[175]
Heikedine Körting indes freute sich über die Rückkehr des Kinostars in seine Heimat. »Ich wollte Horst Frank immer so gerne als Sprecher haben. [...] Dann las ich in der Zeitung, dass er wieder nach Deutschland zurückgekehrt war, weil er hier seine spätere Frau Brigitte Kollecker kennengelernt hatte.«[176] Als sie den beiden eine Rolle in der Serie Kung Fu anbot, hatte sie den entscheidenden Köder gefunden. Und in der Gruselserie traten Horst Frank und Brigitte Kollecker in einigen Folgen als kongeniales Reporter-Duo Tom Fawley und Eireen Fox auf.
Bis Mitte der 80er Jahre spielte Horst Frank in etlichen EUROPA-Serien und Einzelhörspielen mit – nicht nur bei Die drei ???. Als Kommissar Reynolds ist er in den Folgen *Die schwarze Katze* (4), *Der sprechende Totenkopf* (6), *Der grüne Geist* (8), *Die rätselhaften Bilder* (9), *Der seltsame Wecker* (12), *Der lachende Schatten* (13), *Die gefährliche Erbschaft* (17), *Die flammende Spur* (20), *Der Doppelgänger* (28), *Der Ameisenmensch* (32), *Die bedrohte Ranch* (33) und zuletzt in *Der Super-Wal* (36) zu hören. »Horst Frank war für mich definitiv eine Respektsperson. Er war ein spannender Charakter, aber auch sehr eigen. Mit Horst Frank waren wir nie gemeinsam im Studio. Aber wir haben ihn einmal bei einer PR-Aktion für Die drei ??? in Baden-Baden kennengelernt. Da wurde damals eine Schnitzeljagd veranstaltet, bei der er als Kommissar Reynolds auch mit dabei war«, erinnert sich Andreas Fröhlich.
In späteren Folgen konnte Horst Frank Kommissar Reynolds nicht mehr sprechen – aufgrund von Terminschwierigkeiten hieß es offiziell. Vielleicht nannte man Reynolds in *Der heimliche Hehler* (37) deshalb nicht beim Namen, sondern sprach von einem Freund, der den drei Detektiven schon oft geholfen hatte, weil man auf eine Rückkehr von Frank setzte. Doch auch in *Der Automarder* (40) war Frank nicht dabei. In beiden Folgen be-

setzte Heikedine Körting die Rolle des obersten Gesetzeshüters von Rocky Beach mit Günther Flesch. Dieser hatte bereits zuvor ein paar Nebenrollen gesprochen: Bill Ballinger in *Die Geisterinsel*, Ben Jackson in *Der Teufelsberg*, Dr. Radulescu in *Die Flammende Spur* und William Tremayne in *Der magische Kreis*.

Es fällt Heikedine Körting nicht leicht, über das Ende ihres langjährigen Freunds Horst Frank als Hörspielsprecher zu reden. Da aber gerade über Frank diverse Gerüchte im Umlauf sind, möchte die Regisseurin klarstellen: »Horst Frank hatte damals leider eine ganz schlimme Zahn-OP, bei der ihm nicht nur mehrere Zähne gezogen, sondern auch Teile seines Zahnfleisches entfernt wurden. Er konnte danach ganz lange nicht mehr richtig sprechen. Zweimal hatten wir es mit ihm versucht, aber es ging einfach nicht. Solange er sprechen konnte, haben wir immer sehr gerne mit ihm zusammengearbeitet. Und später ging es leider auch insgesamt mit ihm gesundheitlich bergab.«[177]

Seit *Der höllische Werwolf* (43) ist Wolfgang Draeger Stammsprecher von Kommissar Reynolds. Zuvor hatte er nur eine Hand voll kleinere Rollen bei Die drei ???, zum Beispiel die des US-Präsidenten in *Die bedrohte Ranch* (33). Wolfgang Draeger war aber bereits darin geübt, Gesetzeshüter zu sprechen. In der Konkurrenzserie TKKG war – und ist er heute wieder – Kommissar Glockner. Nach seinem Auftritt bei *Gekaufte Spieler* (55) war von Wolfgang Draeger bei Die drei ??? viele Jahre nichts mehr zu hören. Die Autoren hatten Kommissar Reynolds in Pension geschickt.

In den Büchern tauchte er erst kurz wieder in *Wolfsgesicht* (87) auf. In einem Chat auf rocky-beach.com vom 27. März 1999 machte André Minninger aber allen Hoffnungen auf ein Comeback von Horst Frank in dieser Folge den Garaus: »Auf Reynolds müssen wir leider verzichten, da er [in *Wolfsgesicht*] keine tragende Rolle spielt. Horst Frank für zwei Sätze ins Studio zu bestellen, wäre irgendwie nicht fair.«[178] Knapp zwei Monate später verstarb Horst Frank am 25. Mai 1999 drei Tage vor seinem 70. Geburtstag. Der exzessive Lebensstil hatte seinen Tribut gefordert. Es gab Zeiten, da trank Frank täglich eine Flasche Whiskey und rauchte bis zu 80 Zigaretten. Als er sich während eines Kuraufenthaltes zum Mittagsschlaf hinlegte, fiel er ins Koma. Frank wollte nie dahinsiechen. Seine Frau Brigitte Kollecker erfüllte ihm diesen letzten Wunsch und ließ die Geräte abstellen, die ihren Mann am Leben hielten.

In einem Nachruf des NDR auf Horst Frank hieß es: »Sein Leben – ein Exzess. Horst Frank säuft, raucht, fährt alle Beziehungen an die Wand und verwüstet im Streit schon mal eine Wohnung. Seine vierte Ehefrau erträgt er nur, weil sie in getrennten Wohnungen leben. Und dennoch gibt es keinen aus seinem nahen Umfeld, der sich nicht liebevoll über diesen sensiblen Menschen und außergewöhnlichen Schauspieler äußert.«[179]

Über sich selbst sagte der Schauspieler einmal: »Man kann mich hassen, verdammen. Mit Fingern zeigen auf mich. Die Faust in den Magen mir rammen. Nur vergessen, das kann man mich nicht.«[180]

Als in *Auf tödlichem Kurs* (115) Kommissar Reynolds nach vielen Jahren wieder eine tragende Rolle spielte, war man bei EUROPA alles andere als glücklich darüber. Wie sollte die Rolle nun besetzt werden? Zunächst gab es Gedankenspiele, einen Stimmenimitator ins Studio zu bestellen. Denn in den 90er Jahren wurde Horst Frank regelmäßig im NDR 2 parodiert. Die Sendung war so beliebt, dass 1998 sogar eine CD mit den Sketchen herauskam. Aber mit einem Stimmenimitator lief man Gefahr, dass die Figur ins Lächerliche abdriftete. Und das sollte keinesfalls passieren. Seitdem wird der großväterliche Freund der drei Detektive wieder von Wolfgang Draeger gesprochen.

Und wer war außerdem in Rocky Beach?

Seit Anbeginn zeichnet Die drei ???-Hörspiele ein hochkarätiges Sprecherensemble aus. In diesem Buch werden immer wieder einzelne Sprecherinnen und Sprecher vorgestellt. Ein Anspruch auf Vollständigkeit aber besteht nicht. Hierzu empfehle ich die Homepage der Hörspielforscher.[181]

In den Klappentexten wurden die Sprecher in vielen Fällen nur unter Pseudonymen aufgeführt. Das hatte ganz unterschiedliche Gründe. »Manchmal gab es Veröffentlichungen, deren Drucksachen schon vor den Aufnahmen fertig sein mussten. [...] Manchmal war es auch eine Vorsichtsmaßnahme, weil wir nicht genau wussten, ob derjenige Sprecher tatsächlich auch zu den Aufnahmen kommen konnte. Damals wurden ja bestimmt 50.000 Kartons vorab gedruckt, was wäre das für ein Aufwand gewesen, diese nochmals drucken zu lassen«, erklärt Körting.[182]

Es gab aber noch weitere Gründe. Über die Besetzungsliste im Inlay konnte gegebenenfalls der Inhalt gespoilert werden. »Wenn jemand in einer Folge zwei verschiedene Rollen so schön unterschiedlich sprach, konnte da sein Name nicht doppelt stehen.«[183] Oft ließ man aber auch einfach eine Rolle unerwähnt. Anhand der Sprecherangaben von *Die drei ??? und der Phantomsee* (2) kann man beispielsweise nicht erkennen, dass Professor Shay und Java Jim ein- und dieselbe Person sind. Über den Sprecher von Java Jim werden keine Angaben gemacht. Als Sprecher von Professor Shay wurde Heinz Überreiter, ein Pseudonym, genannt. Beide Figuren wurden von Gottfried Kramer gesprochen. Der Hamburger erblickte am 3. Mai 1925 das Licht der Welt. Heikedine Körting besetzte gerne zwielichtige Gestalten mit ihm – nicht nur im *Phantomsee*. Kramer war Rhandur in *Der Fluch des Rubins* (5), Dillon in *Die gefährliche Erbschaft* (17), Farraday in *Die Geisterinsel* (18) und Farrier in *Die flammende Spur* (20). In *Die Silbermine* (26) mimte er den Sheriff. Noch mehr aus der Reihe fiel sein letzter Auftritt: im *Automarder* (40) sprach er aushilfsweise Onkel Titus.

Der Stammsprecher von Onkel Titus war eigentlich EUROPA-Gründer Andreas Beurmann höchstpersönlich. Auf dem Klappentext war als Sprecher jedoch ein gewisser Hans Meinhardt verzeichnet – in manchen Fällen sogar mit Beurmanns Porträt daneben. Dabei war Hans Meinhardt ein Sammelpseudonym, das gemäß der Datenbank der Hörspielforscher von insgesamt 40 verschiedenen Sprechern verwendet wurde.

Heikedine Körting wählte für ihre Gastauftritte ebenfalls gerne ein Pseudonym: Pamela Punti. »Für mich ist der Stabreim etwas ganz Wunderbares. Und ich wollte immer gern einen Künstlernamen haben, obwohl ich meinen eigenen sehr seltenen Namen auch wunderbar finde. Ich bin meinen Eltern heute noch dafür dankbar! Ich liebe die beiden Namen. Punti [ist] eine Abwandlung von dem großen Regisseur Ponti, den ich verehre bzw. verehrt habe!«, so die Regisseurin über die Hintergründe ihres Pseudonyms.[184] In *Die drei ??? und die gefährliche Erbschaft* (17) spricht Körting Nelly Towne, häufig auch Peters Mutter.

Aber warum wählten Körting und ihr Mann überhaupt Künstlernamen? War ihnen ihre Tätigkeit etwa unangenehm? Körting: »Ach was, aber wir fanden es doof, wenn da immer nur unsere zwei Namen gestanden hätten. Wir wollten den Hörern nicht die Illusion nehmen. Bei den großen Radioproduktionen waren Dutzende Leute beteiligt. Bei den Kindern habe ich später oft die Nachnamen weggelassen, damit die Konkurrenz mir die nicht gleich wegschnappen konnte.«[185]

»Früher wurden in der Tat Namen verschleiert, wenn Sprecher in mehreren hintereinander folgenden Hörspielen mitwirkten. Das war aber vor meiner Zeit«, sagt André Minninger.[186] Es gab aber auch Sprecher, die gar nicht mit ihrem richtigen Namen genannt werden wollten – und auf einem Pseudonym bestanden. Heikedine Körting erinnert sich zum Beispiel daran, wie der Schauspieler Franz-Josef Steffens zu ihr sagte: »Heikedine, ich mach das für dich, aber ich möchte jetzt nicht unbedingt als Matschmonster mit meinem Namen da im Booklet stehen. Da nehmen wir mal Oskar Kluge.« [187] Später habe der Schauspieler dann zu Körting gemeint: »Kannst du dir das vorstellen? Ich werde jetzt berühmt unter Oskar Kluge, nicht aber unter Franz-Josef Steffens!«[188] In *Die drei ??? und das Aztekenschwert* (23) ist Steffens gleich in drei Rollen zu hören. Er spricht Peters Vater, den Sheriff und Pike. Im Klappentext wurde Steffens hier einmal mit seinem richtigen Namen, einmal mit seinem Pseudonym Philip Mehringer und einmal gar nicht aufgeführt. Steffens spielte schon früh bei Die drei ??? mit. In *Der unheimliche Drache* (7) war er Leonard Carter, bei *Die silberne Spinne* (24) Staffan Forsberg und in *Der weinende Sarg* (42) Edward Brackman.

Wolfgang Kubach war unter seinem Pseudonym Albert Giro Stammgast in Die drei ???-Hörspielen der Klassikerzeit. Neben diversen anderen Nebenrollen sprach er wahlweise Patrick oder Kenneth, aber auch zweimal den Meisterdieb Victor Hugenay. Heikedine Körting sagt über ihn: »Der Sprecher von Hugenay war früher ein großer Schlagersänger. Kubach machte viel Musik und war kein Schauspieler. Er hatte diese ganz besondere Stimme.«[189] Als Hugenay in *Poltergeist* (73) wieder einmal in Rocky Beach aufkreuzte, sprach Hans Irle die Rolle. Minninger wusste bei der Rollenbesetzung nicht, dass einst Kubach Victor Hugenay seine Stimme geliehen hatte. »In der Tat, Wolfgang Kubach und nicht Hans Irle hat in den 80er Jahren Hugenay gesprochen. Als wir vor Jahren den *Poltergeist* produziert haben, wusste ich das jedoch noch nicht. Ich hatte mich damals umgehorcht, und man sagte mir, es sei Hans Irle gewesen. Aber ich finde, gerade damals klangen die Stimmen sehr ähnlich, von daher war es eine gute Wahl.«[190] Der Fehler wurde insoweit wieder korrigiert, als Victor Hugenay in *Das Erbe des Meisterdiebs*

(103) und *Feuermond* (125) wieder von seinem eigentlichen Stammsprecher Wolfgang Kubach intoniert wurde.

H. G. Francis

Damit all diese Sprecher überhaupt ihre Rollen einnehmen konnten, musste zunächst ein Hörspielskript – auch Dialogbuch genannt – geschrieben werden. Die Buchvorlagen aus dem KOSMOS Verlag waren mit ihren weit über 100 Seiten zu umfangreich, um eins zu eins umgesetzt zu werden. Die Kürzungen mussten so ausfallen, dass aus einem spannenden Buch später auch ein spannendes Hörspiel wurde. Einem guten Skriptautoren kann es unter Umständen sogar gelingen, trotz einer mäßigen Buchvorlage ein gutes Hörspiel zu ermöglichen. Genauso kann aber auch das Gegenteil eintreten. Die Beurteilung obliegt aber den Lesern und Hörern. Über Geschmack lässt sich bekanntlich schlecht streiten. Viele Jahre lang wurden die Dialogbücher für Die drei ???-Hörspiele von H. G. Francis verfasst. Für die (Erfolgs-)Geschichte des Labels EUROPA ist der Autor von zentraler Bedeutung.

H. G. Francis wurde am 14. Januar 1936 als Hans Gerhard Franciskowsky in Itzehoe geboren. Seine große Leidenschaft war der Wassersport. Er war als Jugendlicher mehrere Male Landesmeister im Schwimmen und Mitglied der mit Abstand besten Wasserballmannschaft Schleswig-Holsteins. Zunächst deutete wenig darauf hin, dass er einmal hauptberuflich Schriftsteller werden würde, auch wenn er schon als Schüler mit dem Schreiben begonnen hatte. Nach dem Abitur studierte er Wirtschafts- und Sozialwissenschaften in Hamburg. Gegen Ende seines Studiums war Franciskowsky aber zunehmend knapp bei Kasse. Seine Eltern konnten ihn nicht unterstützen. Irgendwann konnte er kaum noch die Studiengebühren bezahlen – und zog

Konsequenzen. Nachts verdiente er Geld mit Kohlenschleppen oder am Hafen, tagsüber studierte er.

Nach dem Studium arbeitete er schließlich als Gebietsleiter eines Pharmaunternehmens, bei dem er seit 1963 angestellt war. Das Schreiben war zunächst nur ein Hobby, das aber mehr und mehr in den Vordergrund rückte. Gerade Science Fiction hatte es ihm angetan – schon in Kindheitstagen. »Mein knapp bemessenes Taschengeld ging fast immer für Bücher und Science-Fiction-Hefte drauf. Irgendwann habe ich mich über eine schlechte Story, die mein letztes Geld gekostet hatte, so geärgert, dass ich gesagt habe: ›Das kann ich besser!‹«[191] Das war noch während seines Studiums.

»Als ich anfing zu schreiben – das war 1960 – wollte ich meinen ersten SF-Roman unter ›Hans G. Franciskowsky‹ veröffentlichen. Dagegen aber sprach sich der Pabel-Verlag aus. Er hatte fast nur englische und amerikanische Autoren im Programm und war der Ansicht, dass sich unter *Franciskowsky* kaum etwas verkaufen lasse. Der Autorenname musste englisch klingen«, erzählt der Autor, wie es zu seinem Pseudonym H. G. Francis kam.[192] Womöglich hätte man den Autor noch für einen Polen gehalten – damals ein No-Go für den Verlag.

1962 kam schließlich H. G. Francis' erster Roman *Die fünf Oligos* heraus. Viele Jahre blieb er seinem Genre treu. Für den Bastei-Verlag schrieb er zum Beispiel viele Folgen der Science-Fiction-Serie Rex Corda – Der Retter der Erde, von denen in den Jahren 1966 und 1967 insgesamt 38 Hefte herauskamen. Seit 1970 schrieb H. G. Francis bei der Atlan-Heftserie mit, bevor ein Jahr später der Einstieg ins Autorenteam von Perry Rhodan, der mit Abstand größten deutschen Science Fiction Romanheftserie, folgte. Im Jahr 1972 hängte Franciskowsky den Job in der Pharmabranche an den Nagel und machte sein Hobby zum Beruf. Im Nachhinein bereute er sogar, dass er den Schritt in die Selbstständigkeit nicht viel früher gewagt hatte.

Die Titelbilder vieler Heftromane von H. G. Francis wurden von Hans Möller gestaltet. Der renommierte Maler, Illustrator und Grafiker arbeitete auch für EUROPA. »Dr. Andreas Beurmann hatte eine Zeitungsanzeige geschaltet, in der wir Autoren und Illustratoren suchten. Dadurch fanden wir dann den Maler Hans Möller«, erzählt Heikedine Körting.[193] Für das Label gestaltete er zum Beispiel die Cover von Hui Buh, Hexe Schrumpeldei, Karl May sowie von vielen Märchen und Abenteuergeschichten.

Franciskowsky schätzte »Hänschen«, wie er Hans Möller manchmal liebevoll nannte, sehr: »Er war ein unheimlich netter, humorvoller, bodenständiger Mann.«[194] Und es war schließlich auch Möller, der den Kontakt zwischen EUROPA und dem Schriftsteller herstellte. Das Label war auf der Suche nach Hörspielautoren. »Er [Hans Möller; Anm. d. Verf.] fragte, ob ich kurzfristig in der Lage sei, nach freier Gestaltung drei Hörspiele in Anlehnung an die damals sehr erfolgreiche TV-Serie *Kung-Fu* zu schreiben, ohne dabei die Rechte der TV-Serie zu verletztzen. Das war zugleich meine Bewerbung für diesen für mich neuen Weg des Schreibens«, sagt Franciskowsky.[195]

Heikedine Körting erinnert sich so an die ersten Kontakte zum Science-Fiction-Autor: »Er hatte zu dieser Zeit unter anderem auch kleine Geschichten für *Schauma-Shampoo* verfasst, aber noch nie zuvor ein Hörspiel. Wir haben ihm dann Skripte von bereits fertigen Produktionen mitgegeben, wie die von Peter Folken […] geschriebenen Karl May-Hörspiele. Wir trafen uns alle privat und hatten viele gute Gespräche, um herauszufinden, ob er Spaß daran haben könnte.«[196] Franciskowsky hatte. Und die Chemie stimmte offensichtlich auch.

Doch es war etwas anderes, Dialogbücher für Hörspiele zu schreiben als Romane. Zu Beginn der Zusammenarbeit gab es ein paar kleinere Anpassungsschwierigkeiten. »Aber hilfreich war natürlich die Zusammenarbeit mit der Regisseurin bei EUROPA. Es gab viele Diskussionen und Anregungen«, erzählte

Franciskowsky 1983 in einem Interview über die Anfänge seiner Zusammenarbeit mit Heikedine Körting.[197] Und sie ließ sich gerne auf die Arbeit mit dem Autor ein: »Natürlich wurden aus fehlender Erfahrung anfangs die Texte mehrmals umgeschrieben. Er musste erst lernen, wie die Handlung über den Erzähler oder über die Sprecher vermittelt werden konnte. Mir war es immer besonders wichtig, prosaische Situationen in Action umzusetzen. Und so haben wir uns Stück für Stück dem angenähert, was wir haben wollten.«[198]

Franciskowsky hatte hingegen überhaupt keine Zweifel an seinem Können: »Die drei Folgen Kung-Fu sind wirklich ausgezeichnet geworden«, sagte der Autor selbstbewusst über seine Arbeit.[199] »Da habe ich wahrscheinlich eine Sternstunde gehabt. Es ist eine Talentsache. Das Problem ist, das aus einem Buch herauszuholen, was wirklich wichtig ist. Viele hochkarätige Autoren schaffen das ganz einfach nicht.«[200] Heikedine Körting erklärt: »Wir haben sehr auf einen spannenden Beginn geachtet. Am Anfang des Hörspiels sollte zwar immer auch eine kleine Auflösung kommen, der Spannungsbogen insgesamt aber bis zum Höhepunkt gehalten werden. Die einzelnen Szenen wollten wir je nach Altersgruppe nicht länger als fünf bis sieben Minuten haben. Das Hörspiel sollte in etwa so wie ein klassisches Drama aufgebaut sein. Das war uns ganz wichtig. Und mit H. G. Francis hat das wunderbar funktioniert.«[201]

Im Jahr 1976 brachte das Label H. G. Francis‘ erste eigene Serie als Hörspiel heraus: Commander Perkins. Die gleichnamige Buchreihe hatte Franciskowsky im Schneider-Verlag unter einem anderem Pseudonym, nämlich H. G. Francisco, veröffentlicht. Von der Science Fiction-Serie erschienen zwischen 1976 und 1978 neun Hörspiele. Dann wurde die Serie eingestellt – sehr zum Bedauern von H. G. Francis: »Commander Perkins hatte glänzende Verkaufszahlen – aber andere Serien liefen noch besser.« [202] Zu den »anderen Serien« gehörten die Fünf

Freunde, Die drei ??? und TKKG – die drei absoluten Zugpferde bei EUROPA, deren Dialogbücher allesamt von H. G. Francis stammten.

Franciskowsky adaptierte aber nicht nur Buchvorlagen. Er schrieb auch eigene Sachen, zum Beispiel Master of the Universe oder die nach ihm benannte H.G. Francis' Gruselserie. Dieses schier unglaubliche Arbeitspensum konnte er nur dank einer Mischung aus Disziplin und Schreibfreude bewerkstelligen. »Er nannte sich selbst einen Arbeiterschriftsteller, setzte sich morgens an den Schreibtisch, pünktlich um 6 Uhr, und wartete nicht auf eine Intuition«, schwärmt Heikedine Körting für ihren Autor. »Er machte eine normale Mittagspause und setzte sich anschließend wieder an den Text. Kam er irgendwo mal nicht voran, hat er die Arbeit nicht zur Seite gelegt, etwa um eine Woche später weiterzumachen. Nein, er kämpfte sich dann da durch. Hatte er eine Vorlage, benötigte er nur ca. eine Woche zur Fertigstellung des Hörspielmanuskriptes.«[203]

Mit einer Mischung aus Lob und Bewunderung hieß es in einer Festschrift von EUROPA aus dem Jahr 1985: »Dabei verbirgt sich hinter dem Autoren-Kürzel H. G. Francis nicht etwa ein exzentrischer, menschenscheuer, kontaktarmer und schreibwütiger Besessener, der – ähnlich wie Balzac – seinen ›Zeilenausstoß‹ nur mit Litern von Kaffee und Stangen von Zigaretten bewirken kann. Im Gegenteil: Der Mensch Hans Gerhard Franciskowsky ist ein grundsolider, beinahe ›stinknormaler‹ Familienvater, der seit 18 Jahren eine glückliche Ehe führt, im Vorstand eines Tennisclubs sitzt, gerne gut isst und trinkt (was man ihm ansieht), ab und zu zum Forellenangeln nach Norwegen fährt und alljährlich mit seiner Frau und den beiden Kindern irgendwo zwischen Griechenland, Portugal oder der Bretagne in der Sonne liegt. Das Geheimnis seines Erfolges ist ohne Zweifel ein geregelter, wie am Schnürchen funktionierender Tagesablauf, zu dessen Gelingen die Ehefrau nicht unwesentlich beiträgt.«[204]

In der *Miller-Story* hieß es: »H. G. Francis arbeitet mit eiserner Disziplin – oft von morgens vier bis zur Tagesschau.«[205] »Manchmal war es so, dass wir einen ganzen Rattenschwanz von Hörspielen in Auftrag hatten, dann musste alle drei bis vier Tage ein Hörspiel fertig sein. Das ist dann natürlich eine Knochenarbeit, bei der ich also jeden Tag 14 bis 18 Stunden gearbeitet habe«, sagt Franciskowsky.[206] »Er war dies ja auch von seinen anderen Arbeiten als Heftchen-Schreiber gewohnt. Wenn es hoch kam, bekam man damals pro Heft 500 Mark. Um seine Familie zu versorgen, musste er da schon viele Manuskripte am Stück fertigstellen«, erzählt Körting.[207]

Anfangs tippte er die Manuskripte noch auf einer Schreibmaschine. »Da durften im Manuskript keine Tippfehler sein, denn die Sprecher wären dann beim Lesen ins Stocken geraten«, erklärt der Autor.[208] Das wäre während der Aufnahme womöglich gar nicht aufgefallen, dafür später aber umso deutlicher beim Hören. Die Anschaffung einer elektrischen Schreibmaschine – für unvorstellbare 15.000 D-Mark – bedeutete für den Vielschreiber eine immense Arbeitserleichterung. Dank eines Magnetbands konnte er zwei Seiten abspeichern. »Es ging ohne einen einzigen Tippfehler. Es war für mich wie ein Sonnenschein«, erzählt Franciskowsky.[209]

Die Regisseurin wusste die Belastbarkeit und Zuverlässigkeit ihres Autors sehr zu schätzen. Und auch wenn es unkonventionell gehen musste, war er der richtige Mann. »An einem Heiligabend rief mich Heikedine Körting an und sagte, ›Du, ich habe ganz kurzfristig den Peter Pasetti hier sitzen, aber ich habe keine Texte mehr für ihn. Kannst du mir helfen?‹« Das besagte Telefonat fand abends um 22 Uhr statt, erzählt Franciskowsky. »Ich bin dann gleich an den Schreibtisch gegangen und habe bis vier Uhr morgens geschrieben und habe das Skript um halb sechs in der Frühe bei Heikedine Körting in den Briefkasten geschmissen. Und das, obwohl ich die Geschichte gar nicht kannte und das

Buch erstmal diagonal lesen musste, um zu sehen, welche Verbindungstexte Pasetti als Erzähler lesen musste. Die Dialoge habe ich dann später hinzugefügt.«[210]

Für Franciskowsky war so etwas kein Problem. »Die Schriftstellerei ist für mich der schönste Beruf, den ich ausfüllen kann. Für mich war es immer ein Vergnügen, mich an die Schreibmaschine oder später an den Computer zu setzen und an einem Stoff zu arbeiten, den ich erzählen möchte. [...] Stress war das Schreiben für mich niemals und zu keiner einzigen Sekunde! Im Gegenteil: Beim Schreiben entspanne ich mich.«[211]

»Die Zusammenarbeit mit EUROPA war grundsätzlich gut. Unstimmigkeiten ergaben sich so gut wie nie. So wurde nie ein Manuskript abgelehnt oder musste neu geschrieben werden«, sagt Franciskowsky.[212] Heikedine Körting sieht das ganz genauso: »Die Arbeit mit ihm und Hans Möller war so schön, dass wir gut befreundet waren und uns auch abends gerne mal trafen. H. G. war zuverlässig und nach ein paar Jahren wusste er genau, was wir benötigten.«[213] Außerdem sei er bei Veränderungswünschen eher unempfindlich gewesen. »Ich habe den Sprecherinnen und Sprechern stets Spielraum gegeben, so konnten sie sich innerhalb des Skriptes freier bewegen. Es musste nicht alles wortwörtlich gesagt werden. Wenn mir ein Autor so etwas dann übelnahm, war das natürlich nicht so schön. H. G. Francis war das zwar nicht gleichgültig, doch er gab seine Arbeit ab, und damit war es dann auch gut.«[214] Körting weiß, wovon sie spricht. Denn die Regisseurin hatte auch mit anderen Vertretern der Autorenzunft zu tun: »Ich erinnere mich an Eberhard Alexander-Burgh, der mit uns die Hui Buh-Geschichten produzierte. Wollten wir da an den Texten etwas ändern, mussten wir das alles mit ihm durchsprechen. Er fand das nicht so toll. Bis ich dann irgendwann mal die Nase voll hatte und sagte: ›Jetzt lasse ich Ihre Manuskripte so wie sie sind. Aber dann spricht diese auch kein Hans Clarin mehr!‹«[215] Heute kann sie darüber lachen.

Franciskowsky hatte – nicht nur bei EUROPA – einen derart guten Ruf, dass er sich vor Aufträgen kaum noch retten konnte. »Für einen freiberuflichen Schriftsteller ist es immer schwierig, einen Auftrag abzulehnen. Eigentlich geht das gar nicht.«[216] Heikedine Körting nutzte es gern aus, dass ihr Autor nur in den seltensten Fällen *Nein* sagte. Eine Weile griff die Regisseurin nur auf Franciskowskys Dienste zurück. »Es wurde schon fast ein bisschen zu viel, sodass er selbst zum Beispiel für Mädchengeschichten auch mal ein weibliches Pseudonym annahm. Man wollte nicht einen ›Oh, das ist schon wieder von Francis?‹-Effekt haben«, erklärt Körting.[217]

Franciskowsky hatte etliche Pseudonyme. Viele Gruselgeschichten schrieb Franciskowsky als Frank Sky. Unter dem Pseudonym Dick Farlow verfasste er die ersten sechs Drehbücher für Jan Tenner. Weitere Pseudonyme waren H. G. Francisco, Hans G. Francis, Peter Bars, Gunther Frank, Cade C. Merrit, R. C. Quoos-Raabe (als Hommage an seinen früheren Mathematiklehrer) und Hans G. Stelling.[218] Unter letzterem Namen veröffentlichte Franciskowsky seine historischen Romane, weil der Verleger der Meinung war, solche Buchtitel müssten von einem Autor mit deutsch klingendem Namen sein. Stelling leitete der Autor von Stellau, einem Ortsteil von Barsbüttel ab – dort war er zu Hause.

Seine Drehbücher für Die drei ??? schrieb er immer als H. G. Francis. Das Schreiben der Skripte war gar nicht so einfach, wie es sich am Ende auf Schallplatte, Kassette oder CD anhörte, erzählt der Autor: »Sie müssen ein sehr genaues und sehr gutes Gefühl für die Geschichte haben. Sie müssen aus dem Buch die Essenz herausholen, das Wichtigste, was in der Geschichte erzählt wird, aber gleichzeitig auf die Charaktere Rücksicht nehmen. Und Sie müssen eine Atmosphäre schaffen, die ganz anders und [trotzdem] zu dem Buch stimmig ist. Das ist eine schwierige Geschichte. Da braucht man sehr viel Fingerspitzengefühl dafür. Aber das habe ich offensichtlich gehabt.«[219]

»Wenn er dann zum Beispiel von uns ein Buch [...] bekam, setzte er sich erst einmal hin zum Lesen und Recherchieren. Was ihm gefiel, wurde gehighlighted. Somit musste er später nicht nochmal alles durchlesen, sondern nur diese für ihn wichtigen Stellen verarbeiten«, beschreibt Heikedine Körting die Arbeitsweise des Autors. »Wenn er Skripte umgearbeitet hat, wurden ebenfalls die Dinge markiert, die ihm gefielen sowie wichtig und stimmig waren. Drum herum hat er dann freier geschrieben als vielleicht später andere Autoren.«[220]

Das Schwierige dabei war: Ein Buch mit einem Umfang von 128 bis 160 Seiten musste für ein Hörspiel mit 35 bis 50 Minuten stark komprimiert werden. Da die ersten 30 Die drei ???-Folgen auf Schallplatte veröffentlicht wurden, war die Spielzeit von vorneherein begrenzt. Die Spieldauer einer Langspielplatte betrug pro Seite etwa 20 bis 25 Minuten. In kurzen, knackigen Dialogen trieb H. G. Francis die Handlung voran. Viele Szenen aus den Büchern mussten stark gekürzt werden – oder fielen ganz weg. Dann musste auch manchmal die Handlung umgekrempelt werden. In vielen Fällen wurden Nebenfiguren im Hörspiel aus der Handlung gestrichen.

Mit der Neuaufnahme vom *Super-Papagei* können sich auch reine Hörspielhörer einen Eindruck von den vielen Kürzungen im Original machen, ohne zum Buch greifen zu müssen. Aus vormals etwa 50 Minuten Laufzeit sind 88 Minuten geworden. Gerade die Eingangsszene ist viel ausführlicher. Und diesmal ist auch Skinny Norris dabei. Von der *schwarzen Katze* (4) gibt es ebenfalls eine Neuaufnahme, deren Laufzeit mehr als doppelt so lang ist. Die Handlung baut sich in der neuen Version viel langsamer auf. Und am Ende fehlt diesmal auch nicht die Szene, in der Justus und Peter – ohne es zu ahnen – in einem Boot aufs offene Meer hinaustreiben.

Die Dialogbücher versuchte H. G. Francis immer so detailliert zu verfassen, dass es später im Studio kein Rätselraten gab. Der

Autor gibt einen Einblick in seine Arbeit: »Im Drehbuch steht alles [...] genau und exakt beschrieben, welche Geräusche ich an welcher Stelle haben will. Wie laut die Geräusche sind, wie dezent die sind, ob die im Hintergrund sind, ob die im Vordergrund sind. Genauso wie ich bei den Sprechern sage, das möchte ich laut und aggressiv oder intensiv oder witzig haben. Ich gebe in den Drehbüchern so viele Hinweise wie nur irgendwie möglich, weil ich lebe in der Geschichte, wenn ich sie erzähle. Und dann muss ich das auch ganz so präzise geben, damit ich das auch hinterher, wenn ich es höre, wiedererkenne und sage: ›Ja, das ist das, was ich wollte.‹«[221] Das gelang oft, aber nicht immer, sagt Franciskowsky: »Kleine Missverständnisse blieben jedoch nicht aus. So wurden humorvolle Szenen nicht immer als solche verstanden, oder es gelang den Sprechern nicht, sie entsprechend humorvoll umzusetzen. Schnitzer blieben bei der Fülle der Arbeitsstoffe nicht aus.«[222]

Gerade in den Klassikerfolgen wimmelt es geradezu von Aussprachefehlern. Teilweise wurden in einem Hörspiel auch gleiche Namen unterschiedlich ausgesprochen. »Betonungsfehler sind immer blöd. Die gehen aber auf das Konto der Regie, denn die muss das hören, wenn nicht alle Sprecher gleichzeitig anwesend sind«, sagt Oliver Rohrbeck.[223]

Fehler passierten aber nicht nur im Studio. Auch H. G. Francis lieferte Anschauungsmaterial. So sagt Justus an einer Stelle in *Die drei ??? und der Super-Papagei* (1): »Es war meine Mutter, sie sagt, Mr Claudius und eine Frau sind am Tor. Sie wollen mit uns reden.« Dabei konnte Justus' Mutter gar nicht am Telefon gewesen sein. Denn der Erste Detektiv ist bekanntlich Vollwaise und lebt bei Onkel Titus und Tante Mathilda. Im Buch ruft Mathilda ihren Neffen. In der Zentrale kann sie gar nicht anrufen, sie ahnt von dem Versteck der Detektive nichts und hält Die drei ??? für einen Knobelclub. Im gleichen Skript erwähnt der Erste Detektiv sogar noch seinen Vater. Als es darum geht, welchen Preis neben einer Fahrt im Rolls-Royce für Hinweise auf das gesuchte Ranger-Sportcoupé ausgelobt werden könnte, schlägt Justus vor: »Wir haben noch ein Guthaben bei meinem Vater. Das setzen wir als zusätzliche Belohnung aus.« Das besagte Guthaben können die drei Detektive aber nur bei Onkel Titus haben, auf dessen Schrottplatz sie gerade in den Klassikerfolgen oft mit anpacken. Denn Justus' Vater ist tot.

Bei *Die drei ??? und der seltsame Wecker* (12) wurde so stark gekürzt, dass einige Hinweise gar keinen Sinn mehr ergeben oder letztendlich überhaupt keine Rolle mehr spielen. Wer sich für das gesamte Rätsel und dessen Lösung interessiert, dem sei gesagt: »Nimm dir das Buch vor!«

Wer noch mehr über Fehler bei Die drei ??? erfahren möchte, dem sei die Fehlerseite auf rocky-beach.com wärmstens ans Herz gelegt. Dort haben Fans über viele Jahre Fehler, Ungereimtheiten und Kuriositäten zusammengetragen. Die Macher unterscheiden dabei zwischen Fehlern in den Kategorien Umsetzung, Regie, Schnitt, Buch, Geräusch, Landeskunde und Sonstiges. Der oben angeführte Anruf von Justus' Mutter fällt demnach in die Kategorie Umsetzung, weil er aufgrund einer fehlerhaften Umsetzung der Buchvorlage ins Hörspiel gelangte. Das Gleiche gilt für einen anderen Schnitzer. Der mexikanische Junge Carlos spricht immer von einem Autokennzeichen, das auf »3-1« endet. Es endet aber auf »1-3« im Buch – auch für Carlos. Auch das stand schon falsch im Skript. »Fehler suchen und finden ist eines der schönsten Hobbys unserer Fans. Heute finden wir sie meist schon selber, bevor sie öffentlich werden. Schnitzer wie in der ersten Folge, wo die Zahlen 13 und 31 vertauscht wurden, kommen kaum noch vor. Schade eigentlich, denn das sind später oft die größten Lacher«, stellt Körting fest.[224] »Wahnsinnig, wie die Kinder das anregt, mitzudenken, Fehler zu suchen! Viele Fehler sind ja drin! Dann muss ich immer sagen: ›Das haben wir extra gemacht!‹«[225] Mindestens tausend Kinder hatten sie per Fanpost damals auf den Nummernschild-Fehler hingewiesen.

Wenn bei den Aufnahmen Fehler passierten, bemerkte Franciskowsky diese in der Regel erst beim Hören des Endprodukts. Im Studio war der Autor nur selten dabei. »Ich bin natürlich hin und wieder mal im Studio gewesen, wenn ich zufälligerweise ankam mit einem Manuskript unterm Arm [...] und es liefen die Aufnahmen – da [...] hab [ich] zugehört, wie die [...] Sprecher den Text vorbringen, und hab mir erlaubt hin und wieder einen kleinen Hinweis zu geben, wenn ich das irgendwie anders sah.«[226]

»Ich durfte durchaus Einfluss über die Drehbücher hinaus üben, habe von dieser Möglichkeit jedoch kaum Gebrauch gemacht«, erzählt Franciskowsky.[227] Deshalb war der Autor auch selten an der Sprecherauswahl beteiligt. Ab und an fragte Heikedine Körting mal nach, ob er für eine bestimmte Rolle schon eine Stimme im Kopf gehabt habe. Aber das kam selten vor. Die Regisseurin hatte auch einen viel besseren Überblick über den Sprechermarkt als ihr Autor, der während des Schreibens kaum dazu kam, aus dem Fenster zu blicken. Dennoch hinterließ sein Tun Spuren in den Hörspielen – auch wenn diese nicht so leicht zu finden sind. So ist H. G. Francis beispielsweise der Erfinder des Haschimitenfürsten – und nicht etwa Robert Arthur oder die KOSMOS-Übersetzerin Leonore Puschert. In *Die drei ??? und die silberne Spinne* (24) stürzt Bob auf der Flucht vor dem Werkschutz der Magnuswerke in Magnusstad. Infolge sagt der dritte Detektiv: »Ich glaub, ich hab 'nen Haschimitenfürst im Gehirn.« Und er kann sich wenig später auch nicht mehr daran erinnern, wo er die silberne Spinne versteckt hat: »Tut mir leid, nein. Du weißt ja, der Haschimitenfürst hindert mich daran.«

In der Buchvorlage steht nichts von einem Haschimitenfürsten. H. G. Francis schrieb ihn ins Skript. Doch was ist das überhaupt? Im Brockhaus heißt es: »Haschimiten, Haschemiten, arabisches

Geschlecht in Jordanien und Irak; es führt seinen Ursprung auf Haschim (gestorben um 540) zurück, der als Urgroßvater Mohammeds gilt.« Der Begriff sollte nicht überinterpretiert werden, erklärt H. G. Francis: »Das war ein Scherz aus meiner Familie. Wenn es irgendetwas zwischen meinen Kindern und mir gab, was nicht so ganz meinen Vorstellungen entsprach, bekam der ›Einfluss des Haschemiten‹ die Schuld. Das wurde für uns für eine gewisse Zeit zu einem stehenden Wort, das bei jeder sich bietenden Gelegenheit für Albernheit sorgte und irgendwann in meine Drehbücher einfloss. Nicht so ernst nehmen!«[228]
Es gibt noch viele weitere solcher Kuriositäten. In *Die drei ??? und der Zauberspiegel* (16) bezeichnet Bob Catherine Darnley als Rokokokokotte. Der Begriff steht schon im Hörspielskript, stammte aber nicht aus der Buchvorlage. Rokoko war gerade im 18. Jahrhundert eine in der Oberschicht beliebte Stilrichtung. Bob wollte damit zum Ausdruck bringen, dass Mrs Danley einerseits sehr wohlhabend, aber auch altertümlich gekleidet war. Aber was ist eine Kokotte? Laut Duden kommt der Begriff ursprünglich aus Frankreich und bedeutet so viel wie Henne oder Hühnchen. Hierzulande bezeichnet man als Kokotte auch einen Topf, in dem selbiges geschmort wird. Im 19. Jahrhundert wurde der Begriff in gebildeten Kreisen als Synonym für Prostituierte verwendet. Was es mit dem Begriff Rokokokokotte genau auf sich hat, konnte im Rahmen der Recherchen leider nicht geklärt werden. Wie auch immer: Der von H. G. Francis geprägte Begriff hat heute Kultstatus.
In jedem Fall war Bob in der Buchvorlage nicht so direkt wie im Hörspiel *Die drei ??? und der höllische Werwolf* (43), als er über Lucille sagte: »Das ist vielleicht eine Schlampe.« Fairerweise muss man aber hier festhalten, dass sich die Beleidigung auf die Unordnung in der Wohnung des verschwundenen Mädchens bezog. In der Buchvorlage von *Die drei ??? und der Höhlenmensch* (35) gibt es keinen reimenden Frank DiStefano. Dessen Sprüche wie

»Ob-La-Di, Ob-La-Da McGee« oder »Tri-tra-trum, die Detektive gehen um« hat sich allesamt H. G. Francis ausgedacht.

Die Hörspielmusik der Klassiker: Carsten Bohn

Die Musik spielte in den EUROPA-Hörspielen seit eh und je eine wichtige Rolle. »Musik ist [...] mindestens so wichtig wie die Stimme des Hauptsprechers. Das sieht man ja auch bei den Fragezeichen«, erklärt Heikedine Körting.[229] Die Musik strukturiert das Hörspiel und ermöglicht Verschnaufpausen, was besonders für die jüngeren Hörer wichtig ist. »Zwei Musiken hintereinander bauen wir ein, wenn es in eine ganz andere Szene geht [...]. Wenn es zum Beispiel spannend zu Ende geht und am nächsten Tag ist ein ganz normaler, sonniger Tag, dann ist es ganz schön, wenn dafür eine andere Musik verwendet wird«, erklärt Heikedine Körting.[230]

Ein Großteil der Hörspielmusik aus der Ära der Klassiker stammte von Carsten Bohn. Er erblickte am 18. August 1948 in Hamburg das Licht der Welt. Musik war in Bohns Familie allgegenwärtig. Mit seiner klassikbegeisterten Großmutter hörte Carsten immer Beethoven. Der Funk-affine Vater spielte Bandoneon und Schlagzeug, die Mutter Klavier. Bereits mit fünf Jahren bekam Carsten professionellen Klavierunterricht. Sein Lehrer quälte ihn aber nicht mit Mozart oder Czerny, sondern ließ seinen Schüler Kompositionen von Béla Bartók üben. Seine erste Eigenkomposition nannte der Junge *102 Gespensterchen*. Mit 15 Jahren sattelte er dann auf das Schlagzeug um.

Seitdem Bohn 16 Jahre alt ist, trommelt er in verschiedenen Bands. Seine professionelle Laufbahn als Musiker begann 1969 mit einem Engagement bei den City Preachers. Dort hatte bis dato Udo Lindenberg Schlagzeug gespielt. Bohn kündigte seinen Job und ging mit der Band auf Tour. Doch schon nach

20 Auftritten stieg er wieder aus. Die Stimme von einer der beiden Sängerinnen gefiel dem Schlagzeuger nicht. Als Bohn das offen aussprach, äußerten auch andere Bandmitglieder ihr Missfallen. Sie gründeten dann Frumpy. Mit der neuen Band brachte er in drei Jahren drei reguläre und ein Live-Album heraus. Danach verlief sich die Band wieder. Bohn probierte sich in diversen anderen Projekten aus.
1977 gründete Bohn schließlich mit Carsten Bohn's Bandstand seine erste eigene Band, deren Besetzung ständig im Fluss war. Die Band spielte Fusion, eine Mischung aus Jazz und Rock. Bohn wohnte damals zusammen mit Mitmusikern in einer Wohnung in der Hamburger Schlüterstraße. Und das war wieder einer dieser wunderbaren Zufälle. Denn das Haus gehörte Andreas Beurmann. Als sich irgendwann Mietschulden angehäuft hatten, bekamen die Musiker die Möglichkeit, für EUROPA zu arbeiten. Am Anfang war Bohn hierbei eher eine Randfigur. Denn die ersten Musikstücke für EUROPA machte Bohns Bandkollege Manne Rürup, weil Bohn gerade keine Zeit hatte. Er plante eine Tour mit Carsten Bohn's Bandstand. Rürup spielte damals nicht nur Keyboard in Bohns Band, sondern auch beim Release Music Orchestra. Musik aus dieser Session von 1978 landete später in diversen EUROPA-Hörspielen. Vor allem bei den Fünf Freunden wurde sie verwendet, aber auch bei einigen Die drei ???-Folgen.
Im Januar 1979 wurde Carsten Bohn schließlich mit seiner Band beauftragt, für zehn Hörspiele jeweils eine Titelmusik, eine Zwischenmusik und noch eine weitere Zwischenmusik beizusteuern. Es handelte sich dabei um Musik für *Die Arnoldskinder* (drei Folgen), *Frankenstein*, *Stahlelefant*, *Notlandung in Bali*, *Jenseits*, *Momme der Kobold*, *Perry Rhodan* und *Pete der Cowboy*. Zur Einstimmung bekam Bohn die jeweiligen Dialogbücher. Die Stücke benannte er nach den Hörspielen und versah sie mit dem Zusatz Teil 1, 2 oder 3. Die 30 Musiken wurden allesamt am 17. März 1979 im Rüssl-Tonstudio in Hamburg auf-

genommen. Nachdem Bohn die Titel abgemischt hatte, stellte er sie am 17. Mai 1979 Andreas Beurmann vor.

Teilweise wurden die Musiken aber gar nicht für die vorgesehenen Hörspiele verwendet. So avancierten gleich mehrere Titel aus dieser Session zur Titelmelodie bei Die drei ???. Anfangs hatte die Serie nämlich im Gegensatz zu heute keine feste Erkennungsmelodie. *Die drei ??? und der Super-Papagei* (1) startete mit einer kurzen Schlagzeug-Abmischung des Titels *Perry Rhodan, Teil 3*. *Die drei ??? und der Phantomsee* (2) begann mit einem Thema, das Bohn eigentlich für fünf bis sieben Jahre alte Kinder vorgesehen hatte: *Momme der Kobold, Teil 2*. Das Stück fällt daher etwas aus der Reihe. In den Folgen danach verwendete Heikedine Körting wahlweise *Perry Rhodan, Teil 1* oder *Perry Rhodan, Teil 3* als Titelthema. Die charakteristische Pfeifmelodie kam das erste Mal bei *Die drei ??? und die flüsternde Mumie* (10) zum Einsatz. Offiziell heißt sie *Die Arnoldskinder reißen aus, Teil 1*. Für viele Folgen kam ab *Die drei ??? und der Zauberspiegel* (16) dann wieder *Perry Rhodan, Teil 1* zum Einsatz. Erst ab *Die drei ??? und der Super-Wal* (36) wurde wieder auf die Pfeifmelodie zurückgegriffen. Letztmalig fand ein Thema von Carsten Bohn in *Die drei ??? und die Perlenvögel* (39) Verwendung.

Auf die Frage, was denn das Besondere an seinen Titelmelodien sei, antwortete der Musiker einmal: »Das ist eine schwierige Frage, denn: Jede Melodie ist auf ihre Art einzigartig, aber nicht jede erreicht die Seele! Ich hatte das große Glück, dass dieses Thema [Perry Rhodan, Teil 1] durch die Verbreitung auf den Hörspielcassetten so viele Menschen erreicht und jahrelang begleitet hat und offensichtlich ›den Nerv getroffen‹ hat, genau wie die auch oft benutzte ›Pfeifmelodie‹. Übrigens beide Themen gehören zu den ›einfachsten‹ die ich bisher geschrieben habe, wahrscheinlich ist das der Schlüssel zum Erfolg.«[231]

Bohns Melodien gefielen auch den Sprechern. »Ich bin wirklich ein Fan der alten Musik, das muss ich sagen. Ich fand dieses ›ba-

bababa dadadada‹, das war natürlich wirklich ein Knüller. Das fand ich sehr, sehr schön und damit bringt man Die drei ??? natürlich auch in Verbindung«, schwärmte Andreas Fröhlich 2002 in einem Interview.[232]

Carsten Bohns Hörspielmusik kam so gut an, dass Andreas Beurmann die Zusammenarbeit mit dem Künstler mehrfach verlängerte. Im Jahr 1980 fand die Produktion der neuen Musiken vom 7. bis 9. April in Berlin statt. Bohn spielte mit seiner Band erneut an einem Tag 30 Stücke ein. An den anderen Tagen nahm Bohn noch ein paar Overdubs auf. Im Anschluss wurden die Aufnahmen gemixt und gemastert.

Musik von Carsten Bohn wurde nicht nur für die ersten 39 Folgen der Die drei ??? verwendet, sondern bei insgesamt 173 EUROPA-Produktionen. Auch wenn die Stücke manchmal nur für einige Sekunden im Hörspiel eingespielt wurden, dauerten die von ihm gelieferten Versionen in der Regel etwa zwei Minuten. Oft spielte Bohn Titel ein, die er ohnehin gerade mit seiner Band live im Repertoire hatte. Einige Themen finden sich auch auf Alben von Frumpy oder Carsten Bohn's Bandstand wieder.

»Sicherlich gibt es einige Themen, die mir näher sind als andere, aber im Großen und Ganzen mag ich alle meine Kompositionen. Besonders am Herzen liegt mir auf jeden Fall *Brandnew Oldie* und *Watchout On Purpose*, aber auch *Soundtrack* und *Miles Ahead* sind mir besonders lieb«, sagt Bohn.[233] »Die meisten der Titel kommen direkt vom Herzen, es gab einige, die waren eine ›schwere Geburt‹, aber nichtsdestotrotz ›Wunschkinder‹.«[234]

Auf welchem Hörspiel sich welches Musikstück befindet, kann man am besten bei den Hörspielforschern und den Pizza-Füchsen erkunden.[235] Nachdem Carsten Bohn 1979 für einige Jahre nach New York auswanderte, lernte er dort den aus Berlin in die USA emigrierten Elektro-Pionier Peter Baumann kennen. Auf dessen 81er Solo-Album *Repeat Repeat* wirkte Bohn bei einigen Stücken als Drummer und Keyboarder mit. Die guten Kontakte ermöglichten es Bohn, in den Jahren 1982 und 1983 Hörspielmusik in Baumanns Studio zu produzieren. Erstmals nahm er dort die Stücke ganz allein ohne seine Band auf. Während der Aufnahmen im Jahr 1983 verstarb Bohns Mutter. Mit den bereits fertigen Bändern im Gepäck flog er zurück nach Hamburg, wo er die Aufnahmen dann im EUROPA-Tonstudio abschloss.

Bohns Hörspielmusik hatte einen ganz speziellen Sound mit hohem Wiedererkennungswert. Er kombinierte in der Regel zwei Keyboards, zwei Gitarren, einen Bass sowie Schlagzeug und Percussion miteinander. Schlaginstrumente spielten bei Bohns Stücken naturgemäß eine große Rolle. Wenn der Schlagzeuger aber komponierte, tat er dies in der Regel am Klavier. Noten lesen oder schreiben kann er allerdings nach eigener Aussage bis heute nicht.[236]

Die Hörspielmusik von EUROPA war so beliebt, dass das Label sogar zwei Soundtracks herausbrachte. Neben *Horror Pop Sounds* mit Musik von der Gruselserie war dies die *Originalmusik* (29) von Die drei ???. Auf der Kompilation sind auch drei Gesangstitel enthalten. »Die Gesangsaufnahmen waren ein peinlicher Mitschnitt«, sagte Oliver Rohrbeck Jahre später.[237] Das Cover der Originalmusik wurde nicht von Aiga Rasch gezeichnet, sondern wurde über Nacht von einem EUROPA-Mitarbeiter auf Grundlage von Fotos der drei Sprecher gefertigt. »Das Coverbild war grausam. Wir wurden gar nicht gefragt. Das war ein Schnappschuss«, ärgerte sich Rohrbeck noch 2002 in einem Interview.[238]

Charakteristisch für die EUROPA-Hörspiele war und ist aber auch der hohe Anteil klassischer Musik. Hier schlug sich die Klassikbegeisterung von Andreas Beurmann nieder. Von Anfang an wollte der Musikwissenschaftler Kinder an diese Art Musik heranführen. »Wir versuchten Musik – sprich klassische, romantische Musik – von höchster Qualität einzusetzen. Ich habe ein Riesen-Archiv dafür, alles selbst aufgenommen mit großen

Orchestern, eigentlich in der ganzen Welt«, erzählte Beurmann 2002.[239] Während sich moderne Musiken als Zwischenmusiken gut eigneten, sind sie zur Sprachunterlegung eher schlecht zu gebrauchen. »Kontrabässe, Celli, Bratschen – die passen wunderbar zu jeder Sprache«, so Beurmann.[240]

»Wir haben große Orchester engagiert, die London Philharmoniker, für Kindermusiken, für Hörspielmusik – das hat keine Firma gemacht. Wir haben Musik schreiben lassen und dann spielen lassen – in wahnsinnig teuren Aufnahmesitzungen. Sie können sich vorstellen, was das kostet – ein 100-150 Mann Orchester«, erzählt Beurmann.[241] Die Kompositionen, die das London Philharmonic Orchestra in mehreren Sessions einspielte, stammten übrigens von Wilford L. Holcombe, einem Freund Dave Millers, von dem in der Datenbank der Hörspielforscher etwa 200 Einträge in Miller- bzw. EUROPA-Produktionen vermerkt sind. Neben der Musik von Carsten Bohn gehören die Stücke des US-amerikanischen Komponisten zum Markenkern insbesondere der Die drei ???-Folgen aus der Klassikerzeit.

Die Cover von Aiga Rasch

Auch Aiga Raschs Cover waren große und großartige Kunst. Die Tochter eines Architekten und einer Modegrafikerin wurde am 9. Juli 1941 in Stuttgart geboren. Eigentlich wollte sie nach dem Abitur Schriftstellerin werden und gewann sogar mit einer selbst illustrierten Kurzgeschichte einen Romanwettbewerb des KOSMOS Verlags. Folgerichtig studierte sie zunächst Germanistik, brach das Studium aber nach nur einem Semester aus familiären Gründen ab.

Seit 1963 war Rasch als selbstständige Grafikerin tätig. Zeit ihres Lebens arbeitete sie für 49 Verlage. 1964 erhielt sie erstmals einen Auftrag vom KOSMOS Verlag, für den sie seit 1970 auch die Cover der Die drei ???-Bücher gestaltete. Sie hatte sich dafür selbst ins Spiel gebracht, denn die Serie verkaufte sich zu Beginn schleppend. Ihrer Meinung nach waren die Cover für Kinderaugen nicht ansprechend genug, denn *Die drei ??? und das Gespensterschloss* sowie *Die drei ??? und die flüsternde Mumie* konnten schließlich mit Alfred Hitchcock als Schirmherr punkten, der allein mit seinem Namen Spannung garantierte. Frei Haus machte Aiga Rasch ein paar Gegenentwürfe. Für ihre plakativen Pop Art-Bilder im schwarzen Rahmen erntete die Künstlerin zunächst einmal ungläubige Blicke vom Verlag. So sah doch kein Kinderbuch aus! Aber einen Versuch war die Sache wert. Erstmals zierte ein Werk von Aiga Rasch bei *Die drei ??? und der Fluch des Rubins* das Cover eines Die drei ???-Buchs. Und in der Tat verkauften sich die Bücher mit Raschs Titelbildern wie warme Semmeln. Von Aiga Rasch wurde auch das einprägsame Logo mit dem weißen, roten und blauen Fragezeichen entworfen.

Nach einiger Zeit brachte der KOSMOS Verlag von den ersten zehn Die drei ???-Büchern Neuauflagen mit neuen Coverbildern von Aiga Rasch heraus. Das passierte auch danach hin und wieder. Bei den Hörspielen wurde nie ein Titelbild ersetzt. Dennoch gibt es Unterschiede zwischen Büchern und Hörspielen, zum Beispiel bei *Die drei ??? und der Karpatenhund*. Als Aiga Rasch gerade an dem dazugehörigen Cover saß, erhielt sie Besuch von Harald Kirsten in ihrem Atelier. Die Künstlerin zeigte dem Geschäftsführer von Miller International einen Zwischenstand ihrer Arbeit. Dieser war sofort Feuer und Flamme für den unfertigen Entwurf. »Stopp! So will ich es haben. Keine weiteren Schattierungen und Details. So wirkt der Hund richtig schön unheimlich«, erinnerte sich Aiga Rasch in einem Interview an die Worte von Kirsten, der das Bild gleich mitnahm.[242] Bis 1999 gestaltete sie Die drei ???-Cover. Auf einen bestimmten Stil war sie nie festgelegt. Letztmals erstellte Aiga Rasch ein Cover für die Reihe bei *Tödliche Spur* (88). Danach übernahm die Berliner Illustratorin Silvia Christoph. Aiga Rasch verstarb am Heiligabend 2009 im Alter von nur 68 Jahren.[243]

Die drei ??? starten durch

Am 12. Oktober 1979 wurden auf einen Schlag die ersten sechs Die drei ???-Hörspiele veröffentlicht. Knapp drei Wochen später, am 31. Oktober 1979, warf EUROPA drei weitere Folgen auf den Markt. Damit sollte üblicherweise von Anfang an eine ausreichende Präsenz der neuen Serie in den Kaufhausregalen sichergestellt werden. Die nächsten sechs Folgen erschienen dann erst im März 1980. Die drei ???-Hörspiele verkauften sich aber derart gut, dass EUROPA bis 1981 – also innerhalb von fast genau zwei Jahren – sage und schreibe 27 Die drei ???-Hörspiele herausbrachte. Das waren alle bis dahin auf dem deutschen Markt befindlichen Die drei ???-Bücher aus dem Stuttgarter KOSMOS Verlag. Nachdem die Detektivgeschichten bereits seit über zehn Jahren ihre Leserschaft gefunden hatten, eroberten die Hörspiele der drei Detektive aus Rocky Beach nun eine ganze Generation junger Krimifans.

Heikedine Körting war von Anfang an überzeugt, mit Die drei ??? eine ganz außergewöhnliche Serie am Start zu haben: »Ich wusste zwar nicht, dass wir 40 Jahre lang mit meinen entzückenden Kindern weiterproduzieren würden, aber dass das etwas besonders Erfolgreiches werden würde, das habe ich eigentlich geahnt«, so die Regisseurin.[244] Erst ab 1982 verringerte sich die Schlagzahl an Neuerscheinungen, orientierte sich an dem Erscheinen der Buchvorlagen und pendelte sich bei zwei bis drei neuen Hörspielen pro Jahr ein. Für Heikedine Körting war es an der Zeit, sich vermehrt einer anderen Serie zu widmen, die EUROPA seit 1981 im Programm hatte: Ein Fall für TKKG.

Aber keine Serie liebten die Kinder so sehr wie Die drei ???! In der *Miller-Story* wurden die erfolgreichsten EUROPA-Hörspiele präsentiert. Mit einer Auflage von 12,3 Millionen hatte sich keine weitere Serie bis zum 1. Juli 1986 so gut verkauft wie Die drei ???. Von den bis dahin erschienen 39 Folgen hatten bereits 32 Goldstatus erreicht. Für drei Hörspiele gab es sogar Platin. Und dabei mussten für eine Goldene Schallplatte damals noch 250.000 Tonträger über die Ladentische gehen, doppelt so viel für Platin. Von TKKG verkaufte das Label bis zum damaligen Zeitpunkt 8,4 Millionen Einheiten bei zwölf Goldenen Schallplatten. Auf Platz 3 folgten die Fünf Freunde mit 7,3 Millionen Hörspielen.

Auf den Plätzen vier bis acht kamen Hanni und Nanni (3,6 Millionen verkaufte Einheiten mit zwölf Goldenen Schallplatten), die Märchen-Box (3,5 Millionen, acht Goldene), Hui Buh (2,7 Millionen, vier Goldene, einmal Platin), Flitze Feuerzahn (2,7 Millionen) und Masters of the Universe (2,5 Millionen). Von den etwa 200 Millionen Tonträgern, die Miller International seit seiner Gründung bis Mitte 1986 verkauft hatte, entfielen somit fast ein Viertel auf diese acht Kinder- und Jugendserien. Aus dem Bereich Musik waren nur wenige Veröffentlichungen erfolgreicher als die Wortproduktionen. *Die allerschönsten Kinderlieder* erhielt zum Beispiel Doppelplatin.

Am 12. April 1984 wurden Heikedine Körting auf einen Schlag 53 Goldene Schallplatten verliehen. Einmal Platin war auch dabei. Zugleich wurde Körting mit dem von der Miller International Schallplatten GmbH gestifteten Regiepreis bedacht. Der Preis wurde erstmals verliehen. Die Regisseurin bekam eine goldene EUROPA-Statuette und 10.000 D-Mark Preisgeld obendrauf. Zu den Laudatoren gehörten Horst Frank und Claus Wilcke. Im Publikum saßen hochrangige Vertreter aus den Bereichen Politik, Wirtschaft und Kultur. Die Verleihung fand auf Gut Hasselburg statt. Das Gut hatten Andreas Beurmann und

Heikedine Körting 1977 gepachtet und mithilfe öffentlicher Mittel vor dem Verfall bewahrt. Die große Gutsscheune, in der heute regelmäßig Record Release Partys stattfinden, stand damals noch nicht unter Denkmalschutz und sollte sogar abgerissen werden.

Carsten Bohn lebte damals immer noch in den USA. Von der Wirkung, die seine Hörspielmusik auf die Kinder entfaltete, hatte der Musiker nach eigener Aussage nicht den blassesten Schimmer. Er kannte die einzelnen Hörspiele noch nicht einmal. Als Carsten Bohn nach der Lektüre einer EUROPA-Broschüre registrierte, wie groß der Kuchen tatsächlich war, wollte er auch ein größeres Stück davon abhaben. Doch die EUROPA-Hörspiele waren nach wie vor knapp kalkuliert. Die Schallplattenfirma sah sich nicht in der Lage, dem Musiker mehr zu bezahlen. Es kam zum Bruch.[245]

Carsten Bohn forderte im November 1984 eine Nachzahlung von 10.000 Mark für jedes Hörspiel mit seiner Musik, das eine Goldene Schallplatte erhalten hatte. Insgesamt wollte der Musiker einen Nachschlag in Höhe von 350.000 Mark. Bohn habe bei Abschluss der Verträge nicht mit dem überragenden Erfolg gerechnet, sodass für ihn die Geschäftsgrundlage entfallen sei. Doch Miller International ließ sich auf keine Nachverhandlung längst unterschriebener Verträge ein und zeigte dem Musiker die kalte Schulter.[246] An diesem Punkt hätten sich beide Seiten vielleicht noch einigen können. Denn die jeweiligen Interessen waren subjektiv nachvollziehbar. Doch es kam leider anders.

Zunächst sah alles nach einem Kampf David gegen Goliath aus, bis die GEMA in den Streit zwischen Musiker und Schallplattenfirma eingriff. EUROPA hatte die Stücke bei der Verwertungsgesellschaft als GEMA-freie Musiktitel registriert. Um die Lizenzfreiheit der Musik zu unterstreichen, ordnete EUROPA diese den Pseudonymen Bert Brac, Phil Moss und Betty George zu. Damit sollte aber nicht zum Ausdruck gebracht werden, dass die Menschen hinter diesen Pseudonymen die Musik komponiert hatten. Da das Label aus Kostengründen nur GEMA-freie Musik in seinen Hörspielen verwendete, wollte EUROPA mit diesem Verfahren auch verhindern, dass die Verwertungsgesellschaft Musiker als neue Mitglieder anwarb. Damit EUROPA seine Hörspiele zu Kampfpreisen anbieten konnte, mussten die Produktionskosten klein gehalten werden. Bei der Fülle an Zwischen- und Hintergrundmusik in den Hörspielen, sollten die verwendeten Stücke aber nicht von GEMA-Mitgliedern komponiert werden.

Doch Carsten Bohn war seit 1974 GEMA-Mitglied und machte seine daraus resultierenden Rechte jetzt geltend. Über einen Verlag meldete der Musiker seine Hörspielmusik nachträglich bei der GEMA. Über die Hälfte der insgesamt 99 Werkanmeldungen nahm Bohn Ende 1985 vor. Im Januar 1986 unterrichtete Bohn die GEMA darüber, dass diese Musiktitel auf insgesamt 173 Tonträgerproduktionen von EUROPA enthalten waren. Lediglich für drei Tracks auf *Die drei ??? – Die Originalmusik der EUROPA-Jugend-Serie* (29) hatte Bohn Credits erhalten.

Zu den Hörspielen selbst hatte Bohn gar keine Beziehung. »Ich muss zu meiner Schande gestehen, dass ich erst im Rahmen der Recherchen des Prozesses, also 1986 das erste Mal die Gelegenheit hatte, mir die Kassetten anzuhören […]. Ich hatte dann bei den Recherchen aufgrund der großen Menge an Kassetten aus diversen Serien […] und der Aufgabe, alle diese Kassetten sehr präzise nach meinen Kompositionen durchzuhören, nicht wirklich die Zeit, mich den Geschichten zu widmen, geschweige denn einzelne Serien der Reihe nach anzuhören. Insofern kann ich auch keine Lieblingscharaktere nennen.«[247]

Im März 1986 forderte die GEMA die Offenlegung der Pseudonyme. Dieser Aufforderung kam die Schallplattenfirma Anfang April 1986 nach. Bei Bert Brac handelte es sich um ein Pseudonym von Dr. Wilhelm Wille. Später verselbstständigte sich das Pseudonym als Sammelbezeichnung für GEMA-freie Musiktitel

bei EUROPA. Hinter Betty George stand ein gewisser Dave Teig. Beides war der GEMA eigentlich schon bekannt. Nur dass sich hinter Phil Moss Heikedine Körting verbarg, war neu.
Die GEMA teilte Anfang Juni 1986 formal mit, dass die besagten Musiktitel nicht von den unter dem Pseudonym genannten Personen stammten, sondern von ihrem Mitglied Carsten Bohn. Da sich Miller International und die GEMA infolge nicht verständigen konnten, wurde die Sache gerichtsanhängig.

Schlechte Presse für EUROPA

Der Streit zwischen Carsten Bohn und der Schallplattenfirma wurde natürlich auch von der Presse aufgenommen. Doch die hatte zu dem Zeitpunkt noch ganz andere Probleme mit den Hörspielen. Hörspiele wären die »subtilste und geläufigste Form von Kindesmisshandlung«, urteilte DIE ZEIT-Kritikerin Ute Blaich.[248] Der Vorwurf war schnell konstruiert. Wegen der Hörspiele würden die Kinder kaum noch zum Buch greifen und verlernten das Lesen.
Im August 1986 knöpfte sich DER SPIEGEL die von der »blondeste[n] Märchentante der Nation«[249] dominierte Hörspielbranche vor. »Es ist ein Markt, auf dem fünf ›Figuren‹ (Branchenjargon) wie der sprechende Elefant *Benjamin Blümchen* rund drei Viertel des gesamten Umsatzes erzielen, der nach einer Schätzung des Nürnberger Marktforschungsinstituts G & I zwischen 150 und 200 Millionen Mark im Jahr liegt. Die Werbung für Kinderkassetten, seien sie mit Volksliedern bestückt oder dem Langzeit-Renner *Pumuckl*, von dessen 49 Folgen in 18 Jahren insgesamt 10 Millionen Tonträger verkauft wurden, ist inzwischen ebenso massiv wie die für Waschmittel und Deodorants. [...] Über drei Millionen Kinderköpfe können im Kleinen-Markt zwischen vier und neun Jahren, nochmals rund dreieinhalb Mil-

lionen im ›Abenteuermarkt‹ von neun bis dreizehn beschallt werden, bevor die Ausgebuffteren unter den Kassettenkonsumenten sanft ins Poplager gleiten. So führt der Bildungsweg von Märchen und Tralala über TKKG und Die drei ??? zu Modern Talking.«[250]
Stand beim SPIEGEL noch die (vermeintliche) Verdummung der Kinder durch Billighörspiele im Fokus, wurde Heikedine Körting im STERN auf ganzen vier Seiten sogar persönlich angegriffen. »Miller International ist der McDonald's unter den Tonträgerfabrikanten, und Heikedine Körting ist die erste Fachkraft der Firma für Rillen-Fast-Food«, hieß es dort.[251] »Die Crème deutscher Schauspielkunst von Ingrid Andree über Will Quadflieg bis Donata Höffer verkauft – für eine schnelle Mark am Nachmittag – der Umsatzfee der Cassettenbranche immer wieder gern die Stimmbänder und den Anschein von Qualität. Heikedines Kulturschmiede, das Studio an der Hamburger Außenalster, ist kreativ wie eine Legebatterie.« An anderer Stelle wurde die Regisseurin als »fleißige[s] Lieschen« verspottet. *Masters of the Universe* waren in den Augen der beiden STERN-Journalisten Günther Handlögten und Henning Venske eine »akustische Kindesmisshandlung schwersten Ausmaßes«.[252]
Handlögten und Venske waren ein eingespieltes Duo mit fragwürdigen Recherche- und Interviewmethoden. Interessanterweise hatte Venske zunächst eine ganz andere berufliche Laufbahn eingeschlagen. Nachdem er einige Jahre an Theatern in Berlin und Hamburg aktiv war, arbeitete er seit 1968 für den Rundfunk. Beim öffentlich-rechtlichen Rundfunk wurde der Satiriker jedoch zur Persona non grata und mit einem Haus- und Sendeverbot belegt. Laut dem Hessischen Rundfunk stand Venske »weit außerhalb des demokratischen Spektrums«! In den 70er Jahren verfasste Venske mehrere Kinderbücher, die später auch als Hörspiel umgesetzt – und ausgezeichnet – wurden, zum Beispiel *Als die Autos rückwärts fuhren*. Erst danach widmete er sich zunehmend der journalistischen Tätigkeit.[253]

Körting belastete die Berichterstattung sehr. »Heute nenne ich es Erfahrung, früher hat es sehr weh getan«, gibt Körting zu, ist aber auch selbstkritisch. »Es war [...] eine schreckliche Glanz-Zeit, in der ich eigentlich lieber fleißig im Studio werkelte, als mich ›zur Schau zu stellen‹. Es kann schon fatal sein, wenn man nicht lieber still vor sich hin lebt, sondern seine ›Erfolge‹ präsentieren läßt. Denn nach ersten fröhlichen Erfahrungen kommen Neider, Erpresser etc... Die ganze Bandbreite habe ich durch.«[254]
Nach den ganzen Negativerfahrungen zog sich Körting für viele Jahre fast vollkommen aus der Öffentlichkeit zurück.

Kein Starschnitt für die BRAVO

Oliver Rohrbeck, Jens Wawrczeck und Andreas Fröhlich hatten nie das Rampenlicht gesucht. »Ich musste mit 18 der BILD-Zeitung ein Interview geben, weil wir eine goldene Schallplatte bekommen hatten. Der Artikel trug die Überschrift: ›18-jähriger Plattenmillionär schwärmt nur für Audrey Hepburn‹. Die Leute in meiner Umgebung dachten plötzlich, ich sei Millionär.«[255] Die drei Sprecher wollten partout nicht zu Teenie-Stars aufgebaut werden. »So Anfang der 80er [...] da meldete sich schon mal die *Bravo*, um ein Interview zu machen. Doch wir haben damals als Kinder gesagt, nööh, kein Bock! [...] Das wär' mir peinlich gewesen! [...] Und die anderen beiden Jungs haben auch sofort gesagt, wollen wir nicht! Wir haben das immer abgeblockt«, betont Oliver Rohrbeck.[256] Dabei wollte die Jugendzeitschrift sogar einen Starschnitt mit den Dreien machen.
Die Abneigung gegenüber der BRAVO hatte speziell bei Oliver Rohrbeck noch einen weiteren Grund: Aus dem braven Kind mit einer Ponyfrisur war in den 80er Jahren ein Punk geworden, Irokesenschnitt inklusive. »Ich hatte gefärbte Haare, schwarz, rot, manchmal grün, und eine Lederjacke«, erinnert

Oliver Rohrbeck.[257] »Das muss man sich mal vorstellen: Justus Jonas, der Detektiv, trägt in Wirklichkeit Lederkluft und sitzt mit Sicherheitsnadeln in der Backe vorm Mikro«, erinnert sich Andreas Fröhlich.[258] »Diese Irokesen-Zeit, das war ja *Wahnsinn*, das war irre«, blickt Heikedine Körting zurück. »Erst war er ja ein ganz süßer Kleiner, ganz brav. Dann hatte er die Haare lila, einen riesigen Irokesenkamm, eine Kette mit Rasierklingen um den Hals und Schlagringe an den Fingern. Da konnte man Angst kriegen. Ich fand's aber flott und jung!«, kommentierte Körting die Mode.[259] Aber nicht alle waren so entspannt. Als die Regisseurin Rohrbeck einmal im Hotel gegenüber dem Studio einbuchen wollte, wurde der Punk wegen seines Aussehens abgewiesen. Oliver und Andreas schliefen dann weiterhin bei Körting zu Hause.

Zwei Jahre lang währte die Irokesenzeit von Rohrbeck. »Ich hab damals in den einschlägigen Clubs rumgehangen und hab viel Pogo hinter mir«, blickt er zurück.[260]»Ich war direkt in der Punkszene, in den Punkkneipen, auf Punkkonzerten in Kreuzberg damals Anfang der 1980er Jahre. Wir sind dann nachts regelmäßig an die Mauer gepilgert und haben dann unflätige Bemerkungen zu den Vopos in den Wachtürmen über die Mauer gerufen. ›Weg von der Mauer, das ist Staatseigentum der DDR‹, brüllten sie zurück. Es war die Zeit der Hausbesetzer und Demos.«[261]

Auf wilden Partys lernte Rohrbeck auch Mitglieder der Band Soilent Grün, der Vorgängerband von Die Ärzte, kennen. Die Partys fanden oft bei deren damaligen Bassisten Sahnie statt. »Dessen Eltern wohnten in Hermsdorf, und wenn die verreist waren, ging es da immer ziemlich rund«, erinnert sich Rohrbeck.[262] Mit Ärzte-Drummer Bela B. hatte Oliver Rohrbeck damals auch einen Stiefeltrinkstammtisch. Einmal in der Woche trafen sich die beiden mit anderen Punks, um sich gemeinsam zu betrinken. Meistens waren sie zu fünft. Getrunken wurde dabei nur aus einem einzigen stiefelförmigen Glas mit 1,5 Liter Fassungsvermögen. Das Glas musste nicht geext werden, sondern wurde reihum gereicht. Rohrbeck erzählt: »Aber die perfide Regel lautet: Der Vorletzte, der daraus trinkt, zahlt den Stiefel. Du musst also immer überlegen: Wenn du weitergeben willst, und es ist nur noch so wenig drin, dass der Nächste ihn austrinken kann – dann solltest du ihn lieber selber austrinken, denn sonst musst du zahlen.«[263]

Über den eklatanten Widerspruch zwischen Oliver Rohrbeck, dem Berliner Punk, und Justus Jonas, dem Ersten Detektiv aus Rocky Beach, machte sich der Sprecher keinen großen Kopf. »Ich habe mir über die Rolle keine Gedanken gemacht. Das machten wir drei-, viermal im Jahr, neben vielen anderen Jobs, zum Beispiel Filmsynchronisation. Die drei ??? waren zu der Zeit zwar extrem bekannt, und [es wurden] pro Folge 500.000 Stück verkauft – aber das war uns überhaupt nicht bewusst.«[264] Rohrbeck genoss die Freiheit, fuhr bundesweit zu Vespatreffen, teilweise aber auch bis nach Italien und England. In dieser Zeit brach er die Schule ab, um sich bei einer privaten Schauspielschule anzumelden. »Als kleines Kind bin ich durch Zufall dahin gekommen, und später [...] ist es dann zu meinem Traumberuf geworden. Ich wusste sehr früh schon, dass ich das machen möchte, und hab dann auch gar nicht erst das Abitur gemacht. Ich bin bereits in der 11. Klasse während der Oberstufe von der Schule abgegangen.«[265]

»Ich war faul und hatte meine schärfste Punkphase zu der Zeit«, sagt Rohrbeck.[266] Immerhin konnte er sich die Schauspielschule dank seiner vielen Jobs selbst finanzieren und sich bereits mit 18 Jahren eine eigene Wohnung leisten. »Hinterher habe ich dann acht Jahre Theater gespielt. Nebenbei habe ich aber immer synchronisiert und mir so meinen Lebensunterhalt finanziert«, sagt er.[267] Rohrbeck wirkte auch bei TV-Produktionen mit. Weg aus Berlin ging er nie. »Ich bin sehr gerne selbstständig und frei und wollte nie fest an irgendein Ensemble.«[268] Wobei er es schon ein bisschen bereue, nach der Schule nicht für ein Jahr ins Ausland gegangen zu sein. Diese Erfahrung fehlte ihm heute. »Das hätte mir in vielen späteren Situationen sicherlich geholfen. Damals habe ich mir nicht die Zeit dafür genommen. Heute ist das schwer nachzuholen. Vielleicht wäre ich sogar im Ausland geblieben, und mein Leben würde nun ganz anders aussehen, wer weiß. Vielleicht wäre ich jetzt Detektiv in Kalifornien oder so.«[269] Die Zeit als Punk war für Rohrbeck jedenfalls Mitte der 80er Jahre wieder vorbei – zumindest äußerlich. »Aber ist man im Herzen nicht immer ein Punker?«, fragte er bei einem Chat auf rocky-beach.com in die Runde – und lieferte die Antwort gleich selbst mit: »HarHarHar«[270]

Anders als seinen Kollegen zog es Jens Wawrczeck in die Ferne. Aber der Reihe nach. Wawrczeck verließ die Schule mit dem Abitur in der Tasche. Dann ging es auch für den Hamburger auf die Schauspielschule. Er besuchte unter anderem das Max-Reinhardt-Seminar in Wien. Das Hörspielen lief immer nebenbei mit. »Bis ich sechzehn war, habe ich eine Unmenge Hörspiele gemacht. Dann kam der Stimmbruch, und es wurde etwas ruhiger«, sagt Wawrczeck.[271] »Eines Tages wurde ich einem Regisseur vor die Nase gesetzt […]: Hans Gerd Krogmann. So landete ich mehr oder weniger zufällig in der Abteilung ›das anspruchsvolle Hörspiel‹.«[272] Krogmann (1935-2018) war freier Dramaturg und Regisseur bei allen ARD-Anstalten. »Ich erinnere mich besonders gern an *Karlos* von Tankred Dorst. Da durfte ich neben großen Bühnenschauspielern wie Barbara Nüsse und Peter Roggisch spielen. Krogmann war ein einmaliger, ganz großer und ungemein empathischer Regisseur. Ich vermisse ihn sehr. Ohne ihn ist die Hörspiellandschaft der ARD ärmer geworden«, sagt Wawrczeck.[273]

Während es bei Die drei ??? sehr gut lief, war Wawrczeck mit seiner Gesamtsituation alles andere als zufrieden. Auf den Schauspielschulen in Hamburg und Wien bekam er ständig gesagt, welche Rollen aus den unterschiedlichsten Gründen nichts für ihn wären. Der ohnehin von Selbstzweifeln geplagte Schauspielschüler fühlte sich eingeengt, in einer Sackgasse. 1982 flog er nach New York, um sich beim Lee Straberg Institute vorzustellen. Die Amerikaner verfolgten einen gänzlich anderen Ansatz. Hier wurde man geradezu ermuntern, Rollen zu verkörpern, die einem nicht auf den Leib geschneidert waren. Wawrczeck wurde genommen und zog 1983 für dreieinhalb Jahre in die USA.

Wawrczecks Auslandaufenthalt blieb nicht ohne Auswirkungen auf die Hörspielserie. Bei den Aufnahmen zu *Die drei ??? und die Perlenvögel* (39) waren Oliver Rohrbeck und Andreas Fröhlich ohne ihren Kollegen im Studio. Aufmerksame Hörer können dies daran erkennen, dass sich Peter auf einmal nur noch ganz alleine mit Miss Melody unterhält, obwohl Justus und Bob auch mit zu Besuch im Haus der Vogelfreundin sind. André Minninger klärt auf: »*Die Perlenvögel* war die bisher einzige Folge, bei der die drei Sprecher nicht alle gemeinsam zum Sprechtermin erscheinen konnten. Jens war in den USA oder so. Nach seiner Rückkehr hat er seinen Part allein eingesprochen.«[274]

Andreas Fröhlich haderte als Teenager für einige Zeit mit sich und dem Sprecherjob. »So in der Pubertät konnte ich mich nicht mehr hören, nicht mehr sehen, nicht riechen. Und die Stimme, die war plötzlich nicht mehr die eigene. Ich begann, mich mit meiner Stimme unwohl zu fühlen. Ich habe mich für andere Dinge interessiert, für Mädchen. So von sechzehn an bis nach dem Abi, da gab es schon ein großes Desinteresse an dem Beruf.«[275] An einen Ausstieg bei Die drei ??? verschwendete er jedoch nie einen einzigen Gedanken: »Gerade die Aufnahmen haben ja Spaß gemacht. Wir sind mit dem Flugzeug nach Hamburg, da gab's Tomatensaft, dann sind wir ins Studio. Die Regisseurin war eher Kindergärtnerin. Wir haben viel Scheiße gebaut, ihr schlaflose Nächte beschert.«[276] Körting erinnert sich an diese Tage: »Einmal habe ich die drei losgeschickt, damit sie für mich Haarklammern besorgen, und dann kamen sie zurück mit der Polizei. Die hatten sich ein Luftgewehr geschnappt, waren mit dem Ding in eine Parfümerie gegangen und hatten gerufen ›Haarklammern her!‹. Da hatten die Besitzer die Polizei gerufen. Die drei waren dann aber ganz lieb und traurig und sagten: ›Das haben wir doch nicht so gemeint. Das war doch nur Spaß!‹«[277]

Das Charlottenburger Wald-Gymnasium verließ Fröhlich mit dem Abitur in der Tasche. Dann begann er, an der Freien Universität Englisch, Spanisch und Erdfrühzeitgeschichte zu studieren. Auf dem Campus ließ er sich aber nicht oft blicken. Die Studiengänge schloss er nie ab und ging lieber auf die Schauspielschule. Zur Vorbereitung auf die paritätische Prüfung nahm er auch privaten Schauspielunterricht bei der berühmten Schauspielerin Erika Dannhoff. Doch dann wurde Fröhlich an die Unterfränkische Landesbühne vermittelt. Dort auf Schloß Maßbach spielte er mehrere Jahre Theater. Die Schauspielschule beendete er nie. Fröhlich bewarb sich an der Film- und Fernsehakademie. Er wurde aber nicht angenommen, obwohl Fröhlich bereits Erfahrungen als Schauspieler in Fernsehserien und als Produktionsassistent gesammelt hatte. Zusammen mit Anne Maar, der Tochter des Schriftstellers Paul Maar, verfasste er mehrere Drehbücher, unter anderem für die Kinderserie *Siebenstein*, die 1988 erstmals im ZDF gesendet wurde. Mit einem entsprechenden Stipendium ausgestattet, schrieb Fröhlich auch ein Drehbuch für einen Kinofilm, der aber letztendlich nie realisiert wurde.

»Im August 1988 habe ich alles hinter mir gelassen und bin zusammen mit einem Freund mit der Transsibirischen Eisenbahn nach Asien gereist. Wir waren in China, Tibet, Nepal und Indien«, erzählt Andreas Fröhlich. Auf die Aufnahmen von Die drei ???-Folgen hatte Fröhlichs Reise keine Auswirkungen. »Es war ohnehin die Zeit, in der weniger Folgen aufgenommen wurden«, sagt der Sprecher. Zwischen 1987 und 1989 erschienen jeweils nur zwei neue Die drei ???-Hörspiele pro Jahr, nämlich die Folgen 41 bis 46.

»Als ich im April 1989 von meiner Asienreise wiederkam, war für mich klar, dass ich nicht mehr als Schauspieler auftreten werde. Ich wollte mich fortan darauf konzentrieren, womit ich einst angefangen hatte. Ich habe mich dann ganz bewusst als Hörspieler betätigt. Ich wollte nicht mehr sichtbar sein, also vor der Kamera oder auf der Bühne stehen. Die Asienreise war ein Wendepunkt in meinem Leben«, blickt Fröhlich auch auf seine ganz persönlichen Wendejahre zurück.[278]

So unterschiedlich Oliver Rohrbeck, Jens Wawrczeck und Andreas Fröhlich auch waren, schlugen sie doch alle – zwar mit unterschiedlichen Nuancen – die gleiche berufliche Laufbahn ein. Als Synchronsprecher, die teilweise auch selbst Synchronregie führten, landeten sie hinter den Kulissen von Film- und Wortproduktionen. Für Die drei ??? war das natürlich von großem Vorteil.

Die drei ??? und der Gameboy-Knick

Viele Jahre verkauften sich die EUROPA-Produktionen und insbesondere Die drei ??? wie geschnitten Brot. Der Höhepunkt wurde im Frühjahr 1986 erreicht, zu der Zeit als das Hörspiel *Die drei ??? und der unsichtbare Gegner* (38) veröffentlicht wurde. Doch in der zweiten Hälfte der 1980er Jahre erschütterte eine Krise den Hörspielmarkt. Es war zunächst ein schleichender Prozess, der EUROPA und andere Labels dann aber mit voller Breitseite traf. Das Freizeitverhalten der Kinder veränderte sich. »In der Zeit, in der wir so erfolgreich waren, wollten viele Eltern noch nicht, dass ihre Kinder fernsehen, außer vielleicht Die Sendung mit der Maus und die Sesamstraße«, erzählt Körting.[279] Der Fernsehkonsum änderte und intensivierte sich Ende der 80er Jahre zunehmend. Die Auswahl an Programm stieg mit dem aufkommenden Privatfernsehen um ein vielfaches. Zudem eroberten Spielkonsolen wie Nintendo die Kinderzimmer. Der Boom auf dem Hörspielmarkt war vorbei. »Mr Miller […] prophezeite schon länger, dass das bergab geht. Der wusste halt, wie sich der weltweite Markt entwickelte. Videos und die ersten Computer-Spiele wie Pacman faszinierten die Kinder plötzlich«, blickt Körting zurück.[280] Doch der einstige Unternehmensgründer Dave Miller konnte auch nicht mehr mit innovativen Ideen helfen. Er war bereits am 24. Mai 1985 einen frühen Tod gestorben – mit nicht einmal 60 Jahren.

Die Hörspielkrise setzte Andreas Beurmann sehr zu. Er sah sein Lebenswerk in Gefahr. »Man hat es nicht gerne, wenn man bei dem, was man so gerne gemacht hat, plötzlich einen Abfall merkt.«[281] Das Ende der Die drei ???-Hörspiele stand kurz bevor. »Es war uns auch ein bisschen die Lust vergangen«, sagt Körting.[282] Die Regisseurin wollte sich beruflich neu orientieren, erzählt sie: »Als es mit den Kassettenverkäufen zurückging, hatte ich als zweites Standbein auch schon damals eine eigene Filmproduktionsfirma mit eigenem Studio und teuren Kameras in der Kieler Straße aufgebaut. Wir haben unter anderem Werbespots für Whiskas und Chappi gedreht.«[283]

Den kleiner werdenden Markt musste sich EUROPA auch noch mit neuer Konkurrenz teilen. Jetzt eroberten auf einmal so genannte O-Ton-Hörspiele – vor allem von Disney – die Kinderzimmer. »Die brachten die Tonspur ihrer Filme auf Schallplatte und Kassette raus. Da wurde dann ein Erzähler reingeknallt und das war's. Eine Tonspur mit Erzähler ist ja doch weniger als ein Film – während unsere Hörspiele ein Extra, etwas Besonderes, ein eigenständiges Medium sind«, beklagt sich Körting. »Ich empfand die ›Playbacks‹ als ein großes ›Weniger‹ und als einen ›Abklatsch‹ von dem entsprechenden Film. [...] Beim Film war naturgemäß nicht die Tonspur, sondern das Bild das Wichtigste! Hinzu kam, daß viele Vertonungen gar nur MONO aufgenommen worden waren.«[284] Als dann 1988 auf dem Konkurrenzlabel Karussell *Alf* auf Kassette herauskam, »da sind uns von unserem Umsatz – baff – in nur einem Jahr 50 Prozent in die Binsen gegangen«.[285]

Viele Serien wurden infolge der Flaute eingestellt. Sobald sich einzelne Folgen dauerhaft weniger als 200.000 Mal verkauften, sah es für die Zukunft der jeweiligen Serie schwarz aus. »Wir konnten aus finanziellen Gründen nicht damit leben; wenn nicht mindestens 10.000 Kassetten im Monat verkauft wurden, waren sie zum Scheitern verurteilt. Sie waren klein im Preis und die Produktionskosten mussten sich ja auch verteilen auf die Anzahl«, legt Körting dar.[286] Zudem lief im Handel ein gnadenloser Verdrängungswettbewerb. »Die Läden gaben einem [...]

immer weniger Zeit«, erklärt sie.[287] Wenn nicht genügend Hörspiele einer Reihe über die Ladentische gingen, wurde die Stellfläche anderweitig vergeben.

Im Jahr 1989 verließ MCA das sinkende Schiff und verkaufte Miller International samt EUROPA an Bertelsmann (BMG). Die neuen Eigentümer hatten EUROPA primär als Niedrigpreis-Label für ihre Konzernsparte Ariola im Blick. Aber natürlich erhoffte man sich in Bezug auf die Hörspielsparte einen guten Beifang. »Von Bertelsmann kam erst mal ein Dr. Kühn aus den USA angereist, der hat meinen Mann und mich interviewt, ob wir als Produzenten weitermachen würden, sonst würden sie die Firma gar nicht kaufen. Sie sagten, wir kaufen ja nicht eine Band ohne den Schlagzeuger«, blickt Körting zurück.[288] »Und dann haben wir damals einen Zehnjahresvertrag abgeschlossen und sind mit einer geringen Beteiligung ein kleiner Sputnik von Bertelsmann geworden.«[289] EUROPA war nun Bestandteil der BMG Ariola Miller GmbH. Das hatte zur Folge, dass Andreas Beurmann und Heikedine Körting die Programmentscheidungen nicht mehr autonom treffen konnten, sondern das Angebot mit den neuen Eigentümern abstimmen mussten.

EUROPA stemmte sich mit einer Doppelstrategie gegen die Absatzkrise. Man baute auf ein Comeback der klassischen Hitserien wie Die drei ???, lizensierte aber auch bekannte Fernsehmarken. Eine ganze Reihe neuer Serien von EUROPA basierte zwar auf Fernsehproduktionen, wurden aber mit bekannten EUROPA-Sprechern neu vertont: *Knight Rider*, *Airwolf* oder *A-Team*. Gerade *Knight Rider* mit Gottfried Kramer und Andreas von der Meden in den Hauptrollen lief gut an, sehr gut sogar. Doch der große Erfolg entpuppte sich als Strohfeuer.

Die Absatzkrise betraf aber nicht nur EUROPA. Auch *Alf* verkaufte sich nach anfänglichen Erfolgen nicht mehr. Was sich seit Mitte der 80er Jahre mehr und mehr angedeutet hatte, war Anfang der 90er Jahre bittere Realität: Hörspiele waren bei den

Kindern einfach nicht mehr angesagt. Daran konnte auch die Wiedervereinigung mit den vielen neuen potenziellen Kunden nichts ändern. Die neuen Bundesländer waren kein guter Absatzmarkt für Hörspiele aus dem Westen. Körting erklärt das so: »Die Kinder aus der ehemaligen DDR haben die Zeit der MC quasi übersprungen. Als der Boom in den 80er Jahren im Westen herrschte, gab es kaum Schallplatten und Cassetten im Osten. Und nach der Grenzöffnung war mehr Interesse für Video, Computer und die anderen moderneren Medien, denke ich.«[290]

Der Rechtstreit mit Carsten Bohn

Auch im Rechtstreit zwischen Miller International und der GEMA lief es aus Sicht der Schallplattenfirma nicht gut. Carsten Bohn trat bei dem Verfahren als »Streithelfer der Klägerin« auf. In einer zweistufigen Klage forderte die GEMA zunächst Auskunft über die Stückzahl der hergestellten und angebotenen Tonträger mit der Musik von Carsten Bohn sowie Schadensersatz in bisher unbezifferter Höhe.

Der Knackpunkt bei den diversen Verfahren war die Frage, ob Carsten Bohn Interpret, Produzent und/oder Komponist der von ihm an Miller International verkauften Hörspielmusik ist. Aus Gründen der Wirtschaftlichkeit achtete EUROPA streng darauf, dass bei den Hörspielproduktionen ausschließlich GEMA-freie Musiktitel verwendet wurden. Die Schallplattenfirma schloss mit Carsten Bohn seit 1979 eine ganze Reihe von Verträgen ab, in denen der Musiker quasi als Generalunternehmer damit beauftragt wurde, GEMA-freie Hörspielmusik zu beschaffen. Das konnte der Schlagzeuger aber nur, wenn er die Stücke von jemand anderem komponieren ließ und dann mit seiner Band produzierte. Denn er selbst war schließlich GEMA-Mitglied.

Tatsächlich komponierte Carsten Bohn aber jahrelang selbst Hörspielmusik für EUROPA. Die Titel wanderten dann ins EUROPA-Archiv für lizenzfreie Musik. Wenn Musikstücke daraus bei den Hörspielen verwendet wurden, meldete EUROPA diese gegenüber der Verwertungsgesellschaft als GEMA-freie Titel und ordnete diese auf den Meldekarten einem der Sammelpseudonyme – Bert Brac, Betty George oder Phil Moss – zu. Unter dem Strich ging es bei dem ersten Prozess (GEMA-Prozess) also um falsch ausgefüllte Meldekarten. Denn dieses Verfahren hätte nur angewendet werden dürfen, wenn die Musiken tatsächlich von einem Nicht-GEMA-Mitglied komponiert worden wären. Diesen Nachweis konnten die Beklagten im GEMA-Prozess nicht erbringen.

Im Namen des Volkes verkündete das Landgericht Hamburg am 31. Mai 1991 folgendes Urteil: EUROPA musste 173 Tonträger mit der Musik von Carsten Bohn – darunter auch die ersten 39 Die drei ???-Folgen – aus seinem Programm nehmen. Zudem wurden die Beklagten dazu verpflichtet, Carsten Bohn detailliert darüber zu unterrichten, in welcher Stückzahl die besagten Hörspiele hergestellt und zum Erwerb angeboten wurden – und zwar getrennt nach Bestellnummern und Halbjahreszeiträumen.[291]

Die Beklagten gingen in Berufung. Mit seinem Urteil vom 12. Januar 1995 bestätigte das Hanseatische Oberlandesgericht das vom Landgericht Hamburg getroffene Teil-Urteil und wies die Berufung zurück.[292] Eine Revision nahm der Bundesgerichtshof mit Beschluss vom 14. Dezember 1995 nicht an. Im nächsten Schritt verurteilte das Landgericht Hamburg in seinem Schluss-Urteil vom 18. Dezember 1998 die Beklagten zur Zahlung von 5.637.996,01 Mark nebst 1,5 Zinsen über dem jeweiligen Diskontsatz der Deutschen Bundesbank seit dem 14. September 1996 sowie 4.144.687,10 Mark Zinsen an die GEMA.[293] Auch in diesem Fall bestätigte das Hanseatische Oberlandesgericht später das Urteil des Landgerichts Hamburg.[294] Der Bundesgerichtshof wies die Beschwerde der Beklagten gegen die Nichtzulassung der Revision ab.[295]

Das Rad der Fortuna drehte sich für Carsten Bohn indes weiter. Die ehemalige Gegenseite hatte bereits parallel zu ihrer Auseinandersetzung mit der GEMA, den Musiker in einem Regress-Prozess auf Schadensersatz verklagt. Bereits gegen Ende des ersten Verfahrens vor dem Landgericht war von deren Seite vorgebracht worden, dass es sich bei den gemäß des Vertrags aus dem Januar 1979 im März des gleichen Jahres aufgenommen Titeln um Kompositionen des Bassisten von Carsten Bohn's Bandstand handelte. Bei einer Zeugenvernehmung gab dieser aber zu, dass tatsächlich der Bandleader der geistige Urheber der umstrittenen Musik war. Nie habe er von Bohn solche Aufträge erhalten. Den besagten Vertrag habe er damals nur unterschrieben, weil er als Einziger kein Mitglied der GEMA gewesen sei. An der Produktion der Hörspielmusik sei er nur als Bassist beteiligt gewesen.[296]

Andreas Beurmann beteuerte von Anfang an vor Gericht, dass Bohn die behaupteten Rechtsverletzungen lange Zeit nicht nur geduldet, sondern durch den Abschluss diverser Künstlerverträge aktiv gefördert habe. Die Ansprüche der GEMA könnten überhaupt nur begründet sein, wenn Carsten Bohn sein Gegenüber fortwährend belogen und betrogen habe, indem er seinem Auftraggeber entgegen aller Beteuerungen seine eigenen Kompositionen untergeschoben habe.[297] Außerdem verwies Beurmann auf Notenprotokolle, auf denen Bohn mit seiner Unterschrift die GEMA-Freiheit der Musiktitel bei deren Übergabe bestätigt habe.

Aus Sicht von Carsten Bohn stellte sich der Fall aber ganz anders dar: Natürlich sei Andreas Beurmann und allen anderen Beteiligten von Anfang an klar gewesen, dass die Hörspielmusik von keinem anderen als ihm selbst komponiert worden war. Bei den

Notenprotokollen und den Unterschriften darauf würde es sich um Fälschungen handeln. Als Gutachter später die Echtheit von Bohns Unterschrift bestätigten, räumte der Musiker ein, womöglich an einem Tag mehrere Blanko-Formulare unterschrieben zu haben. Die Notenprotokolle sind ein Mysterium. Denn viele waren gar nicht mehr vorhanden. Und in zwei Fällen konnte Bohn sogar belegen, dass er zum Zeitpunkt der (angeblichen) Unterzeichnung in den USA gewesen war.[298]

Während im ersten Verfahren Miller International hätte nachweisen müssen, dass Carsten Bohn nicht der Komponist der Hörspielmusik – und zwar aller Titel – war, musste der Musiker nun nachweisen, dass Andreas Beurmann genau wusste, dass er der Komponist war. Beide Beweisgänge scheiterten und hinterließen auch zwischenmenschlich sehr viel zerbrochenes Porzellan.

Mit Urteil vom 6. März 1998 verurteilte das Gericht Carsten Bohn zu einer Schadensersatzzahlung. Dieser ging erfolglos in Berufung. Das Hanseatische Oberlandesgericht fasste die beiden Verfahren in seinem Urteil vom 29. Mai 2008 so zusammen: »Liefert ein Vertragspartner dem Tonträgerhersteller entgegen der vertraglichen Verpflichtung, nur GEMA-frei komponierte Musikeinlagen für Hörspiele zu erbringen, von ihm selbst (dem Vertragspartner und GEMA-Mitglied) komponierte Musikstücke, so hat der Tonträgerhersteller einen Schadensersatzanspruch gegenüber seinem Vertragspartner wegen der für die Komposition entstehenden GEMA-Gebühren. Der Umstand, dass sich der Tonträgerhersteller durch falsche Komponisten-Angaben gegenüber der GEMA schadensersatzpflichtig gemacht hat, lässt den Schadensersatzanspruch gegen seinen Vertragspartner unberührt.«[299]

Das Hanseatische Oberlandesgericht verurteilte Carsten Bohn zur Zahlung von 5.998.691,51 Euro (zuzüglich Zinsen in Höhe von 5 Prozentpunkten über dem Basiszinssatz ab dem 13. September 2005) Schadensersatz. Das Oberlandesgericht ließ keine Revision zu. Das Verfahren wurde aber erst am 20. April 2011 beendet, als der Bundesgerichtshof eine Nichtzulassungsbeschwerde zurückwies.

Die Richter sprachen zwar Recht, aber außer der GEMA verblieben am Ende nur Verlierer. Der Streit beschäftigte in zwei Verfahren insgesamt 25 Jahre lang Gerichte aller Instanzen. Das ging allen Beteiligten an die Substanz. Viele Fans vermissen die Hörspielmusik von Carsten Bohn schmerzlich. Immerhin wurde infolge der Streitigkeiten bekannt, von wem die Hörspielmusik stammte. Noch heute begrüßt Bohn die Besucher seiner Homepage mit einem Foto, auf dem er ein T-Shirt mit dem Aufdruck »Who the FUCK is BERT BRAC ???« trägt.[300] Von seiner Musik ist in den EUROPA-Hörspielen kaum mehr etwas zu hören. Einzig der Gesang des Fünf Freunde-Titelsongs stammt immer noch von Carsten Bohn. Das liegt daran, dass der Musiker dieses Stück nicht komponiert, sondern nur eingesungen, also interpretiert hat. Damals sei er kurzfristig ins Studio gerufen worden und habe 250 D-Mark dafür erhalten, erinnert sich Bohn.[301]

Hörspielmusik von Manuel Backert, Detlef Kuntke und Jan-Friedrich Conrad

Seit der am 27. November 1986 veröffentlichten Folge *Die drei ??? und der Automarder* (40) mussten die Kassetten vollkommen ohne Musik von Carsten Bohn auskommen. Das Titelthema der Folgen 40 bis 49 stammte nun von Manuel Backert. Es trägt den Titel *Piper Beta*. Backert wurde 1963 in Frankfurt geboren. Während seines Studiums der Musikwissenschaften in Hamburg belegte er einen Kurs bei Andreas Beurmann, der 1989 sogar zum Professor benannt wurde. Einige seiner Studenten steuerten Hörspielmusik für EUROPA bei. So auch Manuel Backert. »Da ich Multiinstrumentalist bin und immer viele Ideen habe, war das für mich recht einfach«, erzählt der Musiker, der das gesamte Instrumentarium einer Rockband beherrscht: Gitarre, Keyboards, Schlagzeug, Bass und auch Gesang. Die Hörspielmusik nahm Backert seinerzeit mit einem Commodore 64 Computer auf und später mit Atari. Das Geld investierte er in ein eigenes Tonstudio. Auf den in der zweiten Hälfte der 80er Jahre veröffentlichten EUROPA-Hörspielen finden sich etwa 150 Musiken von Backert wieder. »*Piper Beta* war sicherlich eine meiner besten Kompositionen, aber da ist auch viel Zufall im Spiel«, sagt der Musiker.

Neben Musik von Manuel Backert enthalten die 40er Folgen auch viele Titel von Detlef Kuntke. Der Musiker heißt heute mit Nachnamen Oels und wurde am 4. Februar 1965 in Hamburg geboren. Schon als Kind bekam er Klavier- und Geigenunterricht und trat bereits in jungen Jahren als Gitarrist mit verschiedenen Rockbands auf. Nach dem Abitur studierte Kuntke Musik. Von 1985 bis 1990 machte er Hörspielmusik für EUROPA. Der Kontakt kam über Backert zustande, mit dem Kuntke damals zusammen in einer Band spielte. »Ich habe dann ohne großes Briefing erste Stücke komponiert und produziert. Die einzige Vorgabe war, dass die Stücke eine eindeutige Stimmung transportieren sollten, also zum Beispiel traurig, spannend oder gruselig und etwa eine Minute lang sein sollten«, erinnert sich der Musiker.[302] »Für zwei Produktionen bekam ich allerdings Drehbücher von Frau Körting, und wir sprachen im Vorfeld darüber, wo welche Musik eingesetzt werden sollte. Das waren *Der höllische Werwolf* und *Der Teufel vom Waiga-See* von TKKG. Diese Art von Produktion gefiel mir am besten, da ich mich eingebunden fühlte.«[303]

In *Der höllische Werwolf* (43) wurde erstmals Kuntkes Thema *Ein neuer Fall* eingesetzt, das bis heute regelmäßig in Die drei ???-Hörspielen verwendet wird. Zur Entstehung seiner Kompositionen erzählt der Musiker: »Meine Instrumente hatten sehr viele Preset-Klänge, zu denen mir eigentlich immer sofort eine Melodie oder Stimmung einfiel. Als Ausgangsmaterial verwendete ich manchmal ältere Musikstücke von mir. Manche Titel entstanden aus einer Improvisation mit Rhythmen oder wiederkehrenden musikalischen Phrasen.«[304] Dass sich sein Thema *Ein neuer Fall* allmählich zu einer Art Markenzeichen innerhalb der Serie entwickelte, bemerkte Kuntke lange Zeit gar nicht. Er hatte auch keine Ahnung davon, inwieweit EUROPA seine anderen weit über 100 Titel verwendete. Im Klappentext der Hörspielkassetten hieß es damals lediglich: »Musik und Effekte: Tonstudio EUROPA«.

Auch zwischen Kuntke und Miller gab es unterschiedliche Ansichten, die einer gerichtlichen Klärung bedurften. Zum Ausgang und Hintergrund des Verfahrens möchte sich der Musiker aber nicht äußern. Im Anschluss an seine Arbeit für EUROPA war Detlef Kuntke als Livemusiker und Produzent tätig. Außerdem komponierte er Musiken für Computerspiele sowie Theaterstücke.

Nach dem Streit zwischen Miller International und Kuntke gab Europa auch bei dessen Freund Backert keine neue Hörspielmusik mehr in Auftrag. »Mittlerweile war ich auch bereits in der GEMA und durfte eigentlich laut Vertrag nichts mehr an Miller verkaufen. Die Gage pro Song war mit 300 Mark leider auch nicht sehr gut. Ohne Tantiemen lohnte sich das nicht mehr«, erzählt Backert über die Hintergründe seines Abschieds.

Seit *Die drei ??? und der verschwundene Filmstar* (50) leitete eine neue Titelmelodie Die drei ???-Hörspiele ein: der Vocoder-Song von Jan-Friedrich Conrad. Conrad wurde am 18. November 1964 in Hamburg geboren. Wie viele seiner Vorgänger studierte er Musikwissenschaften bei Andreas Beurmann an der Universität Hamburg. Die Seminare fanden in Beurmanns Villa in der

Agnesstraße statt. Eines Tages spielte der Student seinem Dozenten eine Demo-Kassette vor. »Die Musik gefiel sofort. Ich vergesse nie, wie Andy Beurmann nach dem Hören erst mal nichts sagte, sondern vom Erdgeschoss in den zweiten Stock rief: ›Heikedine! Heikedine! Kommst du mal eben?‹ Die Geschwindigkeit, mit der Entscheidungen gefällt und umgesetzt wurden, habe ich sofort registriert und mir zum Maßstab gemacht. Ich verließ das Haus dann mit einem Skript für [die Hörspielreihe] Das Schlosstrio«, erinnert sich Conrad.[305] Weil der Student nicht über ein geeignetes Aufnahmegerät verfügte, lieh ihm Beurmann eigens eine Telefunken M21 Tonbandmaschine. Der Student war natürlich sehr dankbar für die Chance, die er gerade bekommen hatte, musste das »teuflisch schwere« Gerät aber erstmal nach Hause schleppen.

Mit seinem Professor teilte er die Leidenschaft für Tasteninstrumente. »Ich komme von der Orgel, richtig mit Orgelpfeifen und Pedalspiel. Meine Hauptinstrumente sind aber Synthesizer, Gitarren – vor allem Elektrische – und E-Bass. Das eigentliche Instrument ist das Studio mit seiner Software, dem Computer, den Mischpulten und der vielen Musikelektronik«, sagt Conrad.[306]

Die Titelmelodie für Die drei ??? hat der Multiinstrumentalist bereits 1988 mit dem Vocoder eingesungen. Von wem die Initiative für das Stück kam, kann sich Conrad nicht mehr erinnern. »Jedenfalls gab es keine Vorgaben, auch nicht in Bezug auf den Text. Es war glaube [ich] noch nicht einmal vorgegeben, dass es überhaupt Text geben sollte. […] Vokalaufnahmen waren bei meiner damaligen technischen Ausstattung heikel. In der Beschränkung der Mittel liegt der Schlüssel zur Kreativität, daher habe ich mir den Vocoder des Tonstudios ausgeliehen und den Song so angelegt, dass ich beim Mastern auf DAT live singen konnte. Genau genommen singt man nicht, sondern man spricht extrem deutlich artikuliert, wobei der Vocoder gleichsam die Schnittmenge der Summe einer Synthesizer-Spur und eines Rauschens (für die Zischlaute) und der Sprache erzeugt. Zischlaute sind beim Vocoder problematisch, daher das Problem mit der Textverständlichkeit. Durch das Live-Mastern entstehen tatsächlich viele verschiedene Takes«, erklärt der Musiker die Hintergründe der Titelmelodie.[307]

Von dem Lied wurden zwei verschiedene Takes verwendet, was jedoch nur beim genauen Hinhören auffällt. Bei einer Aufnahme heißt es »Justus Jonas, Peter Shaw, Bob Andrews sind die drei ???-Detektive«. Im anderen Take fehlt dieser Zusatz. Hier gibt es nur diverse Wiederholungen von »Die drei ???« und »Justus Jonas, Peter Shaw, Bob Andrews«. Der Musiker lieferte generell jedes Lied in mindestens zwei Versionen ab. Im Musikarchiv von EUROPA befinden sich weit über hundert Stücke von Conrad, darunter nicht nur Sequenzen für Die drei ???, sondern auch die Titelmelodien von Knight Rider oder Das A-Team.

Crimebusters

Ab Mitte der 80er Jahre war nicht nur der Absatz von Hörspielen eingebrochen, auch die The Three Investigators-Bücher liefen in ihrem Heimatland, den USA, nicht mehr. Das hatte auch mit der dortigen Konkurrenzreihe Hardy Boys zu tun. Random House reagierte mit einer Frischzellenkur auf die zurückgehenden Verkaufszahlen von The Three Investigators. Die drei Detektive alterten auf einen Schlag um etwa vier Jahre. Als Teenager durften sie nun Auto fahren, gingen neben der Schule jobben und bekamen Freundinnen. Zur besseren Unterscheidbarkeit erhielt die Serie in den USA einen neuen Namen: The 3 Investigators Crimebusters. KOSMOS und EUROPA beließen es jedoch bei Die drei ???. Die Crimebusters-Ära begann bei den Hörspielen mit *Die drei ??? und der giftige Gockel* (47). »Die Geschichten verflachten, einige wurden deshalb schon nicht mehr ins Deutsche übersetzt. Das hat damals auch die langjährige Übersetzerin Leonore Puschert mitentschieden. Sie kannte jeden einzelnen Band und war von den letzten amerikanischen Büchern sehr enttäuscht«, erinnert Claudia Schuller den Status quo, den sie vorfand, als sie beim KOSMOS Verlag Die drei ??? übernahm. Der Relaunch brachte der Serie in den USA nicht den erhofften Erfolg. Random House stellte die *Crimebusters* im laufenden Betrieb ein. Nach *Fatal Error* – hierzulande als *Angriff der Computer-Viren* (56) bekannt – war Schluss.

In Deutschland waren Die drei ??? aber trotz rückläufiger Verkaufszahlen der Hörspiele relativ erfolgreich. Auch wenn sie etwas lahmten, so waren doch die Hörspiele immer noch ein gewaltiges Zugpferd der Kinderbuchreihe, das es in den USA gar nicht gab. Aufgrund der günstigen Gegebenheiten entschloss sich der KOSMOS Verlag, Die drei ??? in Eigenregie fortzusetzen. Wenn KOSMOS das nicht getan hätte, würde es Die drei ??? heute vermutlich nicht mehr geben. Und Random House freute sich natürlich. Denn so erhielt der US-Verlag weiterhin Tantiemen, ohne selbst etwas dafür tun zu müssen. Mit einem der US-Autoren wollte KOSMOS nicht zusammenarbeiten, um doppelte Kosten für Originalstory und Übersetzung zu vermeiden. »Es gab auch generell keine Angebote aus den USA. Dort hatte man mit der Reihe zu dem Zeitpunkt komplett abgeschlossen«, betont die damalige Lektorin.[308]

Als Autorin gewann KOSMOS die österreichische Journalistin Brigitte Johanna Henkel-Waidhofer, kurz BJHW. »Gemeinsam entschieden wir, die Jungs nach und nach wieder zu verjüngen und mehr Wert auf eine Krimi-Story zu legen. Wir wollten weg von der überzogenen Action und den Autokarambolagen. Ob Mystery- oder Rätselkrimi – da wurden Frau Henkel-Waidhofer keine Vorschriften gemacht. Aber es sollte nach und nach zu den Wurzeln zurückgekehrt werden«, sagt Schuller.

Am 18. Juli 1994 war es endlich soweit. Nach knapp zwei Jahren Wartezeit erschien endlich ein neues Die drei ???-Hörspiel: *Tatort Zirkus* (57). Die BJHW-Ära währte bis *Dreckiger Deal* (72). Der KOSMOS Verlag war zufrieden mit der Fortführung der Reihe. Claudia Schuller hierzu: »Frau Henkel-Waidhofer hat es geschafft, die Reihe ohne Bruch fortzusetzen. Neben einem Fulltimejob schrieb sie zunächst vier, später sogar sechs Bücher im Jahr.«[309]

André Minninger

In der gleichen Zeit kam es auch im Studio von Heikedine Körting zu einer einschneidenden Veränderung. Nachdem H. G. Francis viele Jahre lang die Dialogbücher zu den Hörspielen geschrieben hatte, war 1994 auf einmal Schluss damit. Warum? »Nun – irgendwann ist es genug. Man soll aufhören, wenn es am schönsten ist«, begründete Franciskowsky diplomatisch, warum er nach *Dopingmixer* (60) keine Dialogbücher mehr verfasste.[310] »Zusammen mit den drei ??? und TKKG sowie einigen anderen Krimis waren allzu viele Detektivgeschichten zusammen gekommen. Es wurde Zeit, sich einmal wieder neuen Themen und neuen Herausforderungen zuzuwenden.«[311] Dass Franciskowsky lukrative Angebote von der Konkurrenz vorliegen hatte, erleichterte ihm diese Entscheidung. Die drei ??? waren ohnehin nie seine ganz große Leidenschaft gewesen. Die meiste Freude hatten ihm immer seine eigenen Schöpfungen bereitet: Masters of the Universe und Gruselserie.
Die letzten Jahre seines Lebens konnte Franciskowsky leider nicht mehr genießen. Im Juni 2009 hatte er noch fidel die Szenemesse *Die Hörspiel* in Hamburg besucht. Zu seinen letzten großen Plänen gehörte ein Perry Rhodan-Musical. Er sei eben nicht zu stoppen, sagte H. G. Francis schmunzelnd auf der Büh-

ne. Doch wenig später erlitt er einen schweren Schlaganfall, von dem er sich nie mehr erholen konnte. Er verstarb 75 Jahre alt am 3. November 2011. Der Nachwelt hinterließ er ein schier unfassbares Œuvre. Er verfasste mehr als 400 Romane – die meisten davon für die Perry Rhodan-Reihe und deren Ableger – und 600 Hörspiele. Für 130 seiner Hörspielfassungen erhielt Franciskowsky eine Goldene Schallplatte, sechs Mal gab es sogar Platin. Die Verkaufsauflage der Hörspiele mit seiner Beteiligung soll sich auf 120 Millionen Stück belaufen. Das ist eines der »umfangreichsten Prosa-Werke der deutschen Nachkriegszeit«, hieß es auf SPIEGEL ONLINE in einem Nachruf auf den Autor.[312]

Die Lücke, die H. G. Francis hinterlassen hatte, besetzte Heikedine Körting mit einem Mann aus den eigenen Reihen. André Minninger wurde am 19. Juni 1965 in Hamburg geboren. Hörspiele waren schon immer zentraler Bestandteil seines Lebens. »So mit vier Jahren fing es an, da bin ich zu den EUROPA-Kassetten gekommen, z.B. *Hui Buh*, *Die Schatzinsel* und *Tom Sawyer*«, erinnert er sich.[313] In der dritten Klasse entdeckte Minninger Die drei ???. »Da habe ich die *Flüsternde Mumie* innerhalb von vier Stunden verschlungen«, erzählt er.[314] Die Handlung und die Atmosphäre faszinierten ihn dermaßen, dass er seitdem keinen Band mehr ausließ. »Danach kam *Der seltsame Wecker*. Das war 1974. Ich habe sehr viel gelesen. Die Kassetten kamen ja erst später raus.«[315] Als EUROPA schließlich Die drei ???-Hörspiele auf den Markt brachte, war Minninger Feuer und Flamme. »Bei den drei ??? und den anderen Kassetten hatten die plötzlich so eine tolle Musik. Früher war die anders. Mit den Carsten Bohn-Stücken hat alles einen ganz neuen Style bekommen. Plötzlich gab es auch neue Sprecher. Da bin ich voll drauf abgefahren«, erzählt Minninger.[316] »Ein paar Jahre später habe ich dann angefangen, Heikedine Körting zu nerven, ob sie nicht einen Job für mich hätte. Ich habe sie ständig angerufen und zum Beispiel auf Fehler in den Hörspielen hingewiesen«, sagt Minninger.[317]

Um seinem Traumjob näher zu kommen, schickte Minninger der Regisseurin sogar selbstgemachte Hörspiele. »Auf das Tonband habe ich Papierstreifen geklebt und meine Bewerbung geschrieben. Irgendwann hat sie bei meiner Mutter zu Hause angerufen: ›Sagen Sie Ihrem Sohn, er soll morgen um neun Uhr hier antreten.‹«[318] Minninger war am Ziel.
Andreas Beurmann sagte über seinen Mitarbeiter: »Schon als Kind konnte er die Texte fast sämtlicher EUROPA-Cassetten auswendig hersagen. Wie im Nano-Memory eines Computers gespeichert, kannte er außerdem jede Zwischen-Musik und jede Einzelheit aller EUROPA-Hörspiele.«[319] Nur folgerichtig ließ Heikedine Körting ihn nicht mehr ziehen. »Ich hatte einen tollen Aushilfsjob! Ich durfte immer wieder im Studio zuschauen und mich in vielen Bereichen ausprobieren. So wurde ich später zum ›Verbesserungsburschen‹«, erinnert sich Minninger.[320] In diese Zeit fallen auch Minningers erste Einsätze als Sprecher. Bei den TKKG-Folgen *Gefährliche Diamanten* und *Banditen im Palasthotel* aus dem Jahr 1982 wirkte er unter den Pseudonymen Michael Lampe und Peter Karstens mit.
Nachdem Minninger die Handelsschule mit mittlerer Reife abgeschlossen hatte, arbeitete er als freier Mitarbeiter bei EUROPA. Zu seinen Aufgaben gehörte das Auszahlen von Gagen, er durfte aber auch bereits beim Abmischen von Asterix- und TKKG-Hörspielen assistieren. Und seit *Die bedrohte Ranch* (33) kümmerte er sich mit um Die drei ??? – aber nicht lange, sondern nur bis *Die drei ??? und der heimliche Hehler* (37). Danach machte Minninger im Hamburger Rabbit-Studio Walt Disney-Hörspiele. Im Studio von Heikedine Körting war er in dieser Zeit nur sporadisch.
Bei *Die drei ??? und die Comic-Diebe* (49) stieg André Minninger wieder als Redakteur bei seiner Lieblingsserie ein. Als H. G. Francis seinen Hut nahm, übernahm Minninger das Schreiben der Dialogbücher. »Die Sprecher und Frau Körting fanden das

okay. Bei *Rache des Tigers* (61) habe ich angefangen. Ich bin da dann halt so reingewachsen, und mir gefällt es sehr gut.«[321] Seitdem arbeitet Minninger mit Vorliebe für EUROPA. Zuvor hatte der große Disney-Fan nämlich parallel für das Konkurrenzlabel Karussell viele Hörspiele zu Kinofilmen wie *Aladdin* oder *Arielle, die Meerjungfrau* produziert.

Mit den Buchvorlagen von Brigitte-Johanna Henkel-Waidhofer lag Minninger oft über Kreuz. »Die Bücher von BJHW haben teilweise schon so wenig hergegeben, dass es schon schwer war, für das Hörspiel noch ein bisschen mehr rauszuholen«, sagte Minninger 2004 in einem Interview.[322] Bei *Schüsse aus dem Dunkel* (70) und *Dreckiger Deal* (72) schrieb er sogar Teile der Handlung um. Die Fälle von Brigitte-Johanna Henkel-Waidhofer riefen auch unter den Fans Kontroversen hervor. Hierzu entgegnet die damalige KOSMOS-Lektorin Claudia Schuller: »Es wird immer über die angeblich schlechte Qualität der BJHW-Fälle gemeckert, allerdings nur von der Hörspiel-Seite. Über die Bücher gab es nie – weder von den Lesern noch aus dem Buchhandel – irgendwelche negativen Rückmeldungen. Das belegen auch unsere Verkaufszahlen. Vielleicht funktionierten BJHWs Geschichten als Hörspiel nicht so gut, weil ihre Fälle mehr Erzähltext und weniger Action hatten.«[323]

André Minninger war bei EUROPA nicht der Einzige, der mit den hauseigenen Fällen des KOSMOS Verlags alles andere als zufrieden war. »Als die ersten Folgen in Deutschland geschrieben wurden, finde ich, ist es abgefallen. Da waren Die drei ??? auch eine ganze Weile nicht so erfolgreich. Und der Verlag hat vielleicht zu sehr auf TKKG geschielt. Da fingen die mit Geschichten an, die man auch in der Zeitung lesen könnte«, sagt Körting.[324] »Das waren so zeitgemäße Themen. […] Da wurde diese mystische, spannende Ebene verlassen.«[325] Auf die Frage nach der Folge, die ihm am wenigstens gefalle, antwortete Oliver Rohrbeck: »Obwohl ich Fußball mag, waren es die *Fuß-*

ball-Gangster (63).«[326] Da gehe er doch lieber selbst ins Stadion. Auch Andreas Fröhlich sagte einmal: »*Fußball-Gangster* finde ich nicht so gut.«[327]

Zu der bis heute anhaltenden Diskussion um die Fußball-Fälle sagt die langjährige KOSMOS-Redakteurin Silke Arnold: »Das Thema Fußball, 1995 erstmals von BJHW aufgegriffen, scheidet übrigens noch heute die Buch- und Hörspielfans. Im Buchbereich sind Sportthemen immer wieder sehr gefragt. Auch die Hörspielzahlen lassen keinen extremen Abfall erkennen. Aber die Kritik derer, die sich auf den einschlägigen Plattformen äußern, bricht nicht ab.«[328]

Dass sich Die drei ???-Fälle von Brigitte-Johanna Henkel-Waidhofer von den Klassikern unterschieden, war das Ergebnis eines lang anhaltenden Trends. Bereits ab den 30er Folgen wichen Geistererscheinungen, mysteriöse Vorkommnisse und Rätsel Themen wie Terrorismusfinanzierung, Spionage, Versicherungsbetrug oder Kidnapping. Mit *Gekaufte Spieler* (55) gab es auch schon einen Sportfall. Die drei ??? war spätestens seit der Crimebusters-Ära keine Mystery-Serie mehr. Henkel-Waidhofer verstärkte diesen Trend zwar, aber sie setzte ihn keinesfalls. Sie etablierte aber auch Neuerungen, die heute genauso wie das Vorlesen der Visitenkarte oder der Ausdruck *Spezialgelagerter Sonderfall* einen hohen Kultfaktor haben: Peters Dietrich, Tante Mathildas Kirschkuchen und den Ruf des Rotbauchfliegenschnäppers.

Die Verkaufszahlen der Hörspiele waren bereits im Sinkflug, als die Buchvorlagen noch von William Arden und M. V. Carey stammten. Aber nun bekam die Absatzkrise neben Videospielen und Privatfernsehen mit Brigitte-Johanna Henkel-Waidhofer ein Gesicht. Bei manchen Aussagen kommt gar das Gefühl auf, dass die Autorin ein willkommener Sündenbock war. Das war aber nur bei den Hörspielen so. »Die Leser hatten nie Schwierigkeiten mit den neuen Geschichten. Das liegt wohl aber auch daran, dass ständig neue Leser hinzukamen. Die älteren Leser machen nach einiger Zeit den jüngeren Platz. Bei den Lesern gibt es diese jahrelange Verbindung zur Reihe nicht wie bei den Hörern«, gibt Claudia Schuller zu bedenken.

Bei den Fans und Machern der Hörspiele stand neben dem ersten Fußball-Fall auch die Europareise der drei Detektive besonders in Kritik. »Die Europareise wünschten sich die Verlagsvertreter. Und das erschien damals auch ganz folgerichtig. Nur in Deutschland, Österreich und der Schweiz war der Reihe andauernder Erfolg gegönnt. Wir holten die Originalentwicklung nun in unser Stuttgarter Verlagshaus, beauftragten eine österreichische Autorin, die Geschichte für die deutschsprachige Fangemeinde zu schreiben. Da lag es nahe, auch die drei Jungs aus Rocky Beach auf Reisen nach Europa zu schicken«, erzählt Schuller.[329]

Die drei ??? und das Geheimnis der Särge (67) spielt größtenteils in Deutschland. »Das war eine dieser absolut absurden Folgen, in denen die drei ??? im Schwarzwald herumreisen«, sagte Jens Wawrczeck einmal.[330] Auch Andreas Fröhlich brachte in Interviews oft den Schwarzwald ins Spiel, obwohl dieser gar nicht zu den Schauplätzen des Falls gehörte. Die Höhlen befinden sich in der Schwäbischen Alb – und existieren tatsächlich. *Das Geheimnis der Särge* ist dabei der einzige Fall aus der BJHW-Ära, der Mystery-Elemente enthält, zum Beispiel die Auftritte von Babette, der unheimlichen Höhlenfrau. Kurioserweise wurde sie sogar von einem Mann gesprochen: Michael von Rospatt. »Die Babette sollte ein bisschen undurchsichtig sein, deshalb haben wir das gemacht. Einfach um die Geschichte etwas interessanter zu gestalten«, erklärt André Minninger.[331]

Mitte der 90er Jahre rechneten die Sprecher fest mit dem Ende von Die drei ???. Keiner sprach laut darüber, aber man machte sich schon seine Gedanken. Und zwar nicht das erste Mal. »Es gab natürlich mal so eine Zeit als Teenager, da hat einen das nicht mehr ganz so interessiert. Ich glaube, das hat sich sicherlich dann auch in der Qualität der Folgen ein bisschen widergespiegelt. Es gab einmal ganz schlechte, die auch vom Buch her nicht so gut waren. Diese waren nicht so glücklich vom Inhalt, die wir vielleicht auch nicht so schön ausgespielt haben«, gab Oliver Rohrbeck Jahre danach zu.[332]

»Es wurde dann ein bisschen so TKKG-mäßig. [...] Wir sind davon ausgegangen, dass es nicht mehr so lange dauert«, erzählte Andreas Fröhlich später.[333] »Es gab [...] Punkte, wo man gesagt hat: ›Jetzt werden die Geschichten aber so was von bescheuert, dass man eigentlich wirklich aufhören muss.‹ Zum Beispiel, wenn die drei ??? im Schwarzwald ermitteln. Das gab es ja auch, da haben wir natürlich schon gegrinst und gemerkt, dass wir jetzt damit nicht mehr so viel am Hut haben. Wir waren allerdings trotzdem immer mit vollem Eifer dabei.«[334]

Teilweise wurde der Briefumschlag, in dem das Skript steckte, erst kurz vor den Aufnahmen im Studio aufgemacht. Oliver Rohrbeck wurde in den 90er Jahren zweimal Vater. Jens Wawrczeck lebte von 1995 bis 1997 in London. Die drei ??? waren mit Sicherheit nicht das Wichtigste im Leben der Sprecher. Die Serie steckte in vielen Bereichen in einer Abwärtsspirale. »Das klingt jetzt ein bisschen fies ... so als ob sie sich zwischenzeitlich keine Mühe gegeben hätten. Das war sicher nicht so. Aber es ist vermutlich unterschwellig schon so (und auch menschlich), dass man sich *noch mehr* Mühe gibt, wenn man weiß, dass man an etwas *ganz Großem* arbeitet«, sagt die damalige Produktmanagerin Corinna Wodrich, die erstmals bei den Aufnahmen zu *Die drei ??? und das Geheimnis der Särge* mit im Studio war.[335]

Nicht nur die Inhalte der neuen Folgen gerieten in die Kritik. »Wir hatten früher Auflagen von 200.000 und sehr viel mehr. Da war viel Geld in der Kasse«, gab H. G. Francis in einem Interview aus dem Jahr 2001 zu bedenken.[336] Die Qualität der Produktionen sei infolge der Krise stark abgefallen, sagte der Autor, ohne aber eine bestimmte Serie beim Namen zu nennen. »In den 80er Jahren konnten wir die Elite der deutschen Schauspieler und Sprecher engagieren und bezahlen. Dafür fehlt heute das Geld.«[337] Ob und in welcher Form der Etat einer Hörspielproduktion gekürzt werden musste, konnte im Rahmen der Recherchen leider nicht stichhaltig belegt werden. Aber natürlich erscheint es plausibel, dass ein Rückgang der Verkäufe um mehr als 50 Prozent nicht ohne Wirkungen auf die finanziellen Möglichkeiten bei der Produktion bleiben konnte.

Wenn dies so war, hatte es jedenfalls keine Auswirkungen auf das Sprecherensemble. Die Nebenrollen wurden auch Anfang und Mitte der 90er Jahren mit hervorragenden Stimmen besetzt. Das beweist allein schon ein Kurztrip durch die Folgen dieser Zeit: Jürgen Thormann als Don Dellasandro (47), Wolfgang Völz als Big Barney Crown (47), Hank Rivers (52) oder Tim Portland (61), Douglas Welbat als Basketball-Trainer Ross Duggan (55), Computerfreak Norton Rome (56) und weitere Rollen (48, 52, 53, 65), Wolf Rahtjen, der einst im *Gespensterschloss* (11) Stephan Terril spielte, als Marble Ackbourne-Smith (50), Helmut Ahner in der gleichen Folge als Marty Morningbaum (50) oder später als Zirkusdirektor Winkler (57), Eckart Dux in drei Rollen (50, 51, 56), Gerlach Fiedler als Lara (52), Stefan Brönneke als Justus‘ Vetter Ty Cassey (53), Fabian Harloff als George Brandon in *Gefahr im Verzug* (54), Hans Clarins einziger Auftritt bei Die drei ??? in *Gekaufte Spieler* (55) als John Hemingway Powers, Michael Poelchau als Monsieur Jaubert (59), Hansi Jochmann als Ruth (59) oder Dr. Harris (70), Reinhilt Schneider als Alexandra, die deutsche Freundin der drei Detektive (66, 67), sowie Marianne Kehlau als Laura McLaughin (72) und zwei weiteren Rollen (51, 65) – die Hörspiele der Crimebusters-Zeit und der BJHW-Ära waren hochkarätig besetzt.

Die Hörspiele auf Grundlage der Bücher von Henkel-Waidhofer zeichnen sich zudem durch eine Wiederkehr einer Reihe von

Nebencharakteren und/oder deren Stammsprechern aus. Dank der Autorin griffen die drei Detektive wieder auf die Dienste ihres Chauffeurs Morton zurück. Acht Jahre war von ihm nicht mehr zu hören, bis 1994 mit *Tatort Zirkus* (57) das erste Hörspiel auf Grundlage eines Buchs der Autorin herauskam. Das Gleiche gilt für Karin Lieneweg und Andreas Beurmann in deren Rollen als Tante Mathilda und Onkel Titus. Henkel-Waidhofer räumte diesen Figuren erstmals seit der Klassikerzeit wieder mehr Platz ein. Manchmal waren ihre Rollen sogar auch von handlungstragender Bedeutung, wie zum Beispiel in *Die drei ??? und der verrückte Maler* (58), *Dopingmixer* (60), *Geisterstadt* (64), *Späte Rache* (69) oder *Die verschwundene Seglerin* (71). Seit Mitte der 90er Jahre sind Tante Mathilda und Onkel Titus nicht mehr aus der Hörspielserie wegzudenken.

Der Cast, Teil 2

Auch wenn die Freundinnen der drei Detektive, Lys, Kelly und Elizabeth (Liz), nicht überall auf Gegenliebe stießen, lag dies wohl kaum an deren Sprecherinnen. Justus lernte seine Freundin Lys de Kerk in *Angriff der Computer-Viren* (56) kennen. Seitdem wurde die junge Schauspielerin in allen Folgen von Kerstin Draeger gesprochen. Peter hat seine Freundin Kelly Madigan bereits seit *Die drei ??? und der giftige Gockel* (47). In dieser Folge wurde die Rolle jedoch von Kerstin Draeger gesprochen. Erst danach, nämlich seit *Die drei ??? und die Automafia*, spricht Juliane Szalay Kelly – und zwar bis heute. Bobs einzige feste Freundin Elizabeth Zapata wurde zweimal von Verena Großer gesprochen, und zwar neben *Angriff der Computer-Viren* (56) in *Fußball-Gangster* (63). Diese beiden Folgen sind die einzigen, in denen Lys, Kelly und Liz zu dritt auftauchen. Während Justus und Bob sich im Verlauf der Serie wieder von ihren Freundinnen trennten, sind Peter und Kelly immer noch ein Paar. Letztmalig tauchte Kelly aber in *Verdeckte Fouls* (81) in einer regulären Hörspielfolge auf.

Inspektor Cotta: Holger Mahlich

Seit Mitte der 90er Jahre saß nicht mehr Kommissar Reynolds im Police Department von Rocky Beach, sondern Inspektor Cotta ging von dort aus auf Verbrecherjagd. Eigentlich passierte das nur wegen eines Fehlers des KOSMOS-Lektorats. Ursprünglich gab es dort einen Sergeant Cota, der den drei Detektiven in *Automafia* (53) mit ein paar Informationen bei ihren Ermittlungen half. Cota tauchte noch einmal auf, wurde dann aber von Inspektor Cotta als erster Ansprechpartner bei der Polizei von Rocky Beach ersetzt. Beide Figuren sind aber nicht identisch. Für Inspektor Cotta war zunächst kein fester Sprecher vorgesehen. Den Anfang machte in *Tatort Zirkus* (57) Michael Poelchau. Erst im dritten Anlauf kam die Figur in *Fußball-Gangster* (63) bei Holger Mahlich an.

Der am 6. Dezember 1945 in Weimar geborene Holger Mahlich wuchs in der DDR auf und studierte an der Filmhochschule Potsdam-Babelsberg. Als Schauspieler hatte er durchaus Erfolg, siedelte aber doch in die Bundesrepublik über. In der neuen Heimat spielte er häufig schmierige Charaktere beim Hamburger Tatort. Für EUROPA arbeitete Mahlich seit 1989. Ab dem Jahr darauf wurden die erste Rollen bei Die drei ??? mit ihm besetzt. In *Die gefährlichen Fässer* (48) sprach er Oliver Nancarrow, in *Gefahr im Verzug* (54) Jim Bernardi oder in *Schattenmänner* (66) Alberto Bergamelli. Eine Besonderheit ist Mahlichs Auftritt in *Rache des Tigers* (61) als Milton Mitchell. Denn hier begegnet er Inspektor Cotta – gesprochen von Willem Fricke. Seit *Späte Rache* (69) ist Mahlich aber der einzige und wahre Inspektor Cotta.

Cottas Assistent Goodween wird von keinem geringerem gesprochen als André Minninger. Bei TKKG hat er eine fast identische Rolle. Nur sagt er dort als Ettel nicht »Verstanden, Inspektor!«, sondern »Verstanden, Kommissar«. Seit *Die drei ??? und die Comic-Diebe* (49) hatte Minninger immer wieder kleinere Auftritte. Dort gehörte er zu den Besuchern der ComiCon. In *Diamantenschmuggel* (65) servierte er den drei Detektiven die Pizzen. »Eigentlich wollen wir das gar nicht so sehr. Wir sprechen immer nur dann selbst etwas, wenn halt gerade niemand anderes greifbar ist. Oder wenn wir wirklich nur mal so einen kurzen Satz brauchen, für den wir nicht extra einen Sprecher kommen lassen möchten«, erklärt Minninger.[338] Einmal schlüpfte Minninger sogar in die Rolle von Justus Jonas. Aber nur für eine einzige Silbe. Bei den Aufnahmen zu *Gefahr in Verzug* (54) hatte Oliver Rohrbeck Buzz Newman aus Versehen einen deutschen Nachnamen verpasst: Neumann. Da der Sprecher den Fehler aus Termingründen nicht nachträglich korrigieren konnte, sprach André Minninger die Silbe neu ein. An der Stelle lohnt es sich, einmal genau hinzuhören.

Heikedine Körting gelang es also nach wie vor, gute Sprecher für Die drei ??? zu engagieren. Doch die Hörspielserie war Mitte der 90er Jahre bereits 15 Jahre alt. Es blieb dabei leider nicht aus, dass einige Sprecher aus gesundheitlichen Gründen nicht mehr zur Verfügung stehen konnten oder sogar bereits tot waren. So hatte sich Gottfried Kramer im Juni 1994 im Alter von 70 Jahren das Leben genommen, weil er nicht über den Tod seiner geliebten Frau hinwegkam. Auch Horst Frank war schon lange vor seinem Tod nicht mehr in der Lage, eine Rolle zu sprechen. Peter Pasetti sprach die Rolle des Erzählers jedoch bis kurz vor seinem Tod am 22. Mai 1996.

Erzähler II – Matthias Fuchs

Auf Peter Pasetti folgte Matthias Fuchs. Der Schauspieler wurde am 3. November 1939 in Hannover geboren. Seine Mutter spielte am Theater, wechselte aber nach der Geburt zweier Kinder hinter die Kulissen. »Zu ihren Aufgaben gehörte es, kleine Rollen zu besetzen. Einmal fehlte ein Kind, sie suchte vergeblich nach einem Ersatz, und um ihren Beruf zu behalten, schlug sie in ihrer Verzweiflung mich vor«, erinnert sich Fuchs an sein Schauspieldebüt mit neun Jahren.[339] Als 15-Jähriger avancierte er dank seiner Rolle als Ethelbert in der Filmreihe *Immenhof* zum Teeniestar. Mehrfach war er auf der Titelseite der BRAVO. Doch er hängte seine Theaterlaufbahn nicht für eine Fernsehkarriere an den Nagel – eher das Gegenteil war der Fall. Und folgerichtig bezeichnete Fuchs auch seine Zusammenarbeit mit seinem Vorbild Oskar Werner 1970 bei dessen Hamlet-Inszenierung bei den Salzburger Festspielen als den Höhepunkt seiner Karriere.
Beim Film fasste Matthias Fuchs erst Mitte der 70er Jahre dank des Star-Regisseurs Rainer Werner Fassbinder wieder so richtig Fuß. »Fassbinder hatte einen Narren an Schauspielern gefressen, die in den fünfziger Jahren Stars gewesen waren und nun nur noch wenig Beschäftigung im Filmbereich fanden«, so Fuchs.[340] Er spielte zwar weiterhin Theater, war aber seitdem ein sehr gefragter Film- und Fernsehschauspieler. Auch als Hörspielsprecher hatte Fuchs bereits Erfahrungen gesammelt.
André Minningers Schwester war damals mit der Tochter von Matthias Fuchs befreundet. Als ein Nachfolger für Peter Pasetti gesucht wurde, brachte sie ihn ins Spiel. Beim Casting setzte sich Fuchs dann erfolgreich gegen den Tagesschau-Sprecher Wilhelm Wieben und andere Mitbewerber durch. Bei solchen Entscheidungen spielte auch die dauerhafte Verfügbarkeit eine große Rolle. »Ein Sprecher, der zum Beispiel die Hälfte des Jahres in Hollywood rumturnt, wäre sehr unpraktisch, wenn man

Wie alles begann …

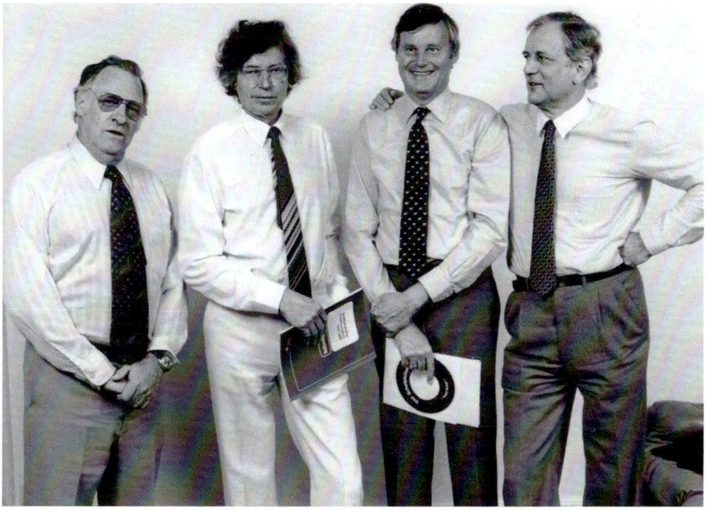

(1) Das Miller Quartett Mitte der 80er-Jahre: Dave Miller, Andreas Beurmann, Wilhelm Wille und Harald Kirsten (von links)

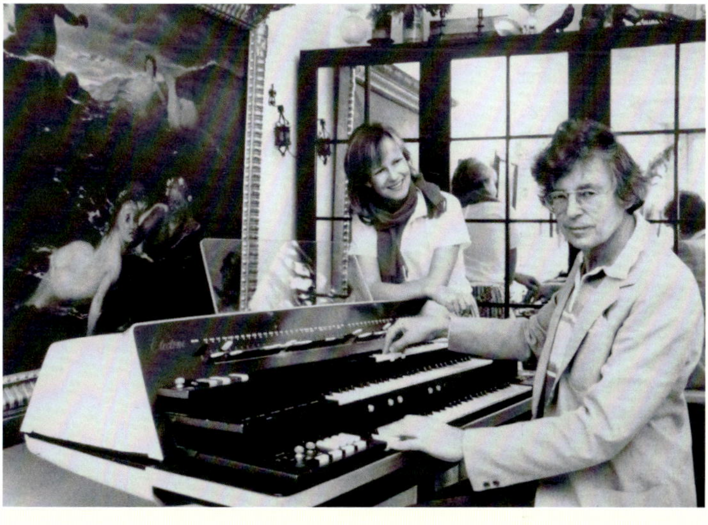

(2) Andreas Beurmann und seine »Hörspielkönigin« Heikedine Körting

Die Zeit …

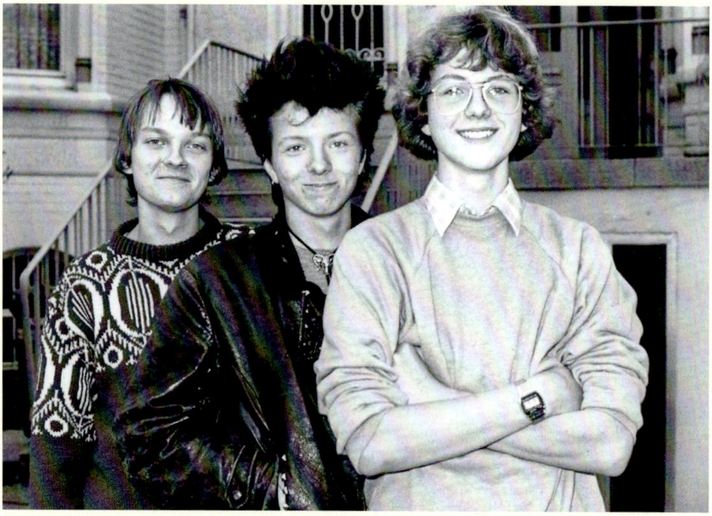

(3) Jens Wawrczeck, Oliver Rohrbeck und Andreas Fröhlich (von links) zu Beginn der 80er-Jahre.

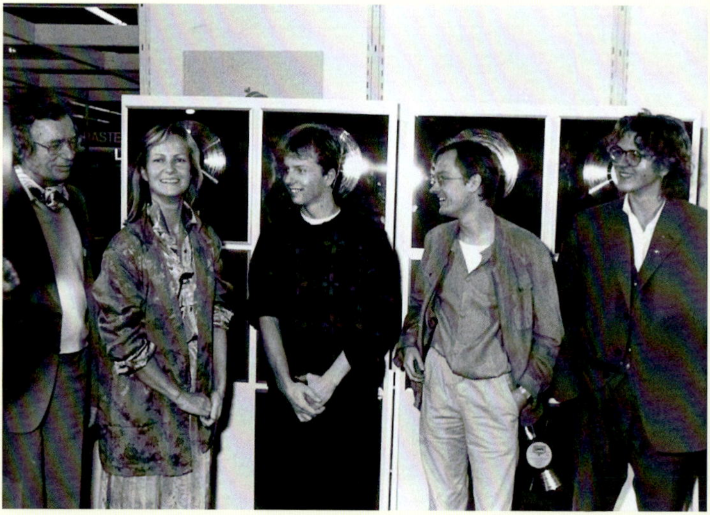

(4) Gold für Die drei ???: Andreas Beurmann und Heikedine Körting zusammen mit Oliver Rohrbeck, Jens Wawrczeck und Andreas Fröhlich

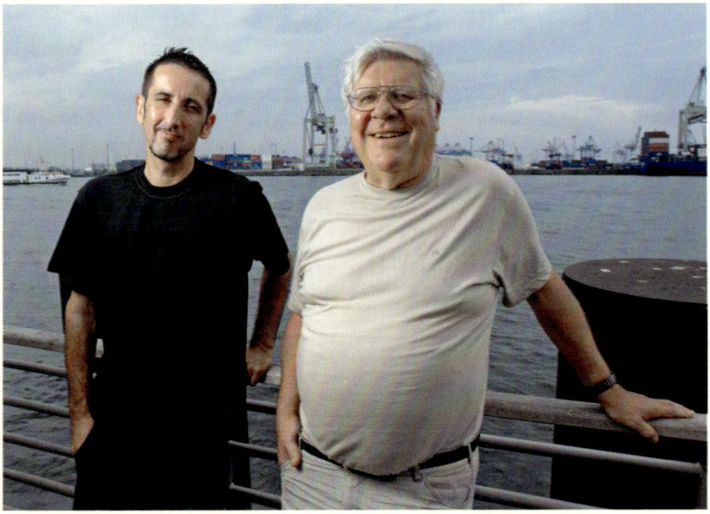

(5) H. G. Francis (rechts) und André Minninger zusammen im Hamburger Hafen: Beide drückten der Hörspielserie Die drei ??? als Skriptautoren ihren Stempel auf.

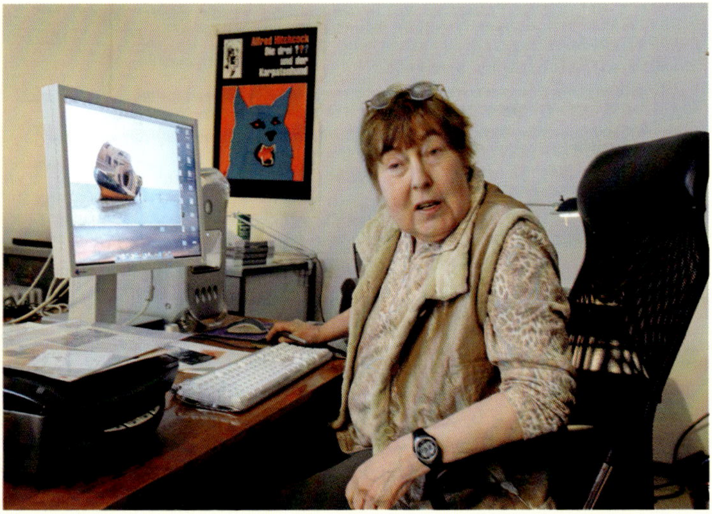

*(6) Aiga Rasch an ihrem Schreibtisch: Im Hintergrund hängt das »unfertige« Cover von **Die drei ??? und der Karpatenhund** an der Wand.*

Die Hörspielmusiker

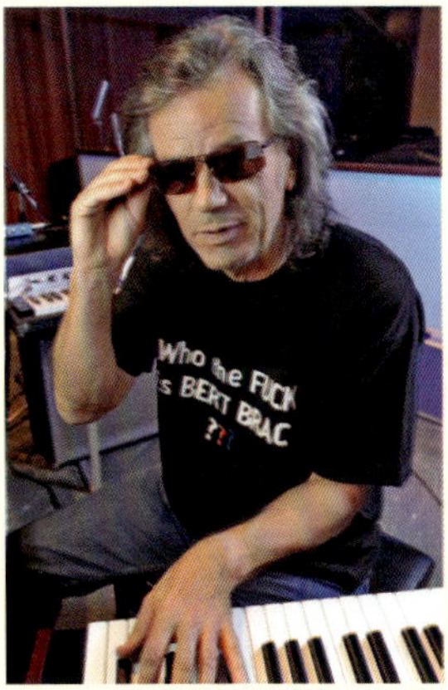

(9) Carsten Bohns Hörspielmusik wurde Kult unter den Fans der ersten Stunde.

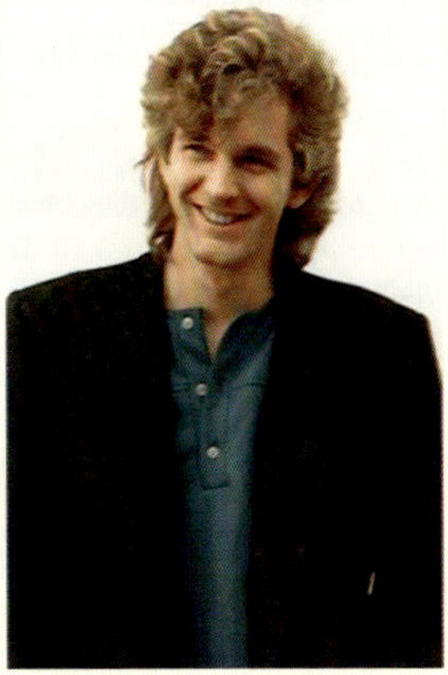

(10) »Piper Beta« von Manuel Backert wurde einige Zeit als Titelmelodie verwendet.

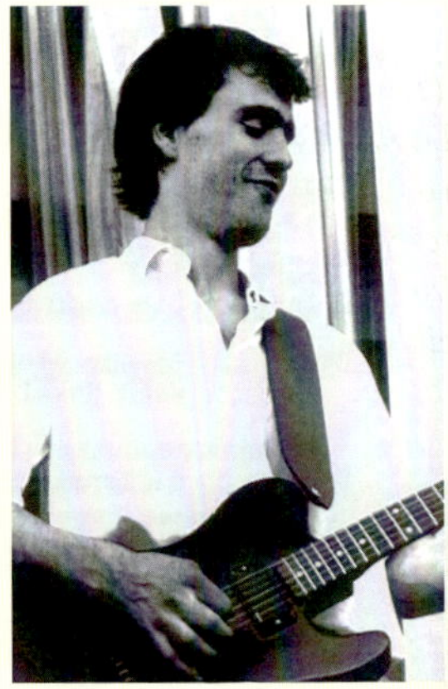

(11) Detlef Kuntke: Aus seiner Feder stammt das kultige Thema »Ein neuer Fall«, das noch heute eingesetzt wird.

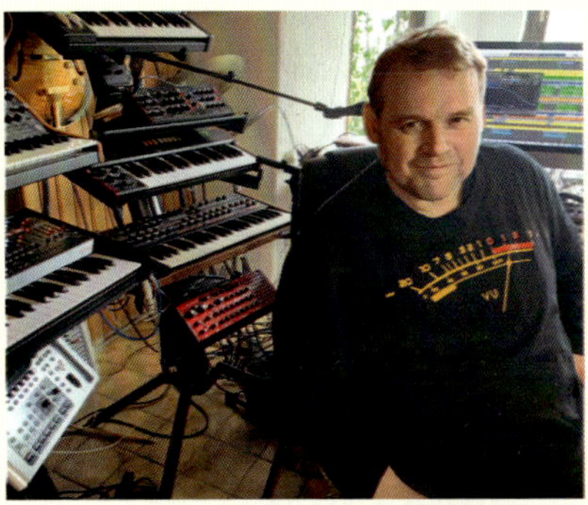

(12, links) Jan-Friedrich Conrad, der Komponist des legendären Vocoder-Songs

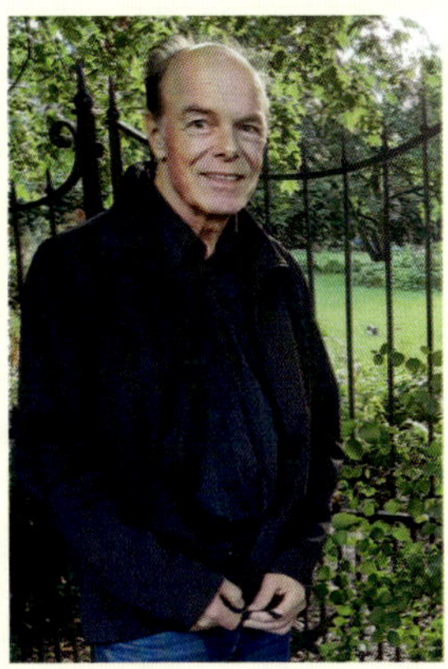

(13, oben) Jens-Peter Morgenstern: Seit nun mehr als 20 Jahren steuert er Hörspielmusiken für Die drei ???-Folgen bei.

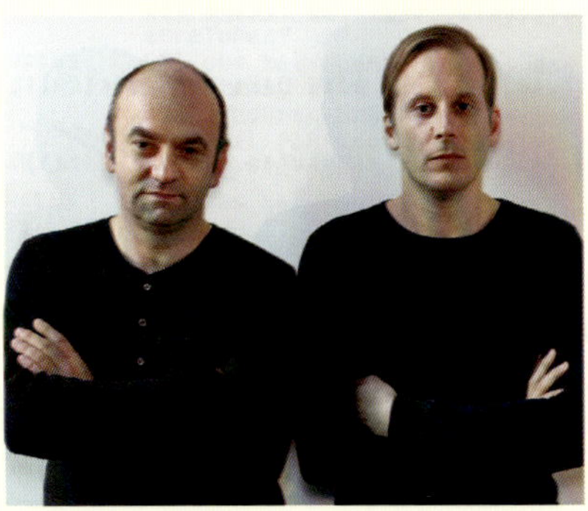

(14, links) Studio STIL: Christian Hagitte (li.) und Simon Bertling produzierten die aktuelle Die drei ???-Titelmelodie.

Das Vollplayback-Theater

(15 + 16) Der historische erste Liveauftritt am 22. August 1999 von Oliver Rohrbeck, Jens Wawrczeck und Andreas Fröhlich beim Vollplayback-Theater – hinter einer Schattenwand.

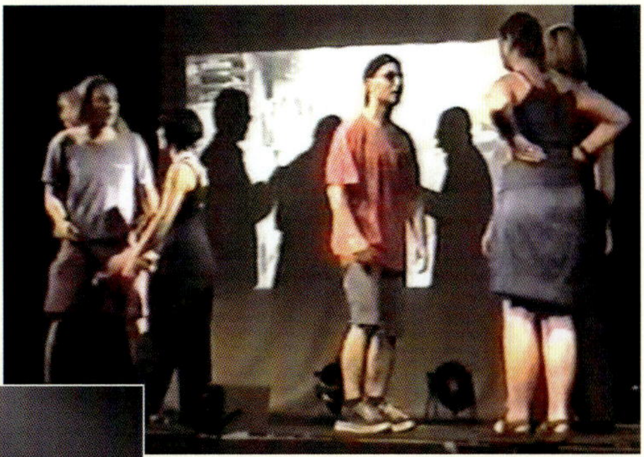

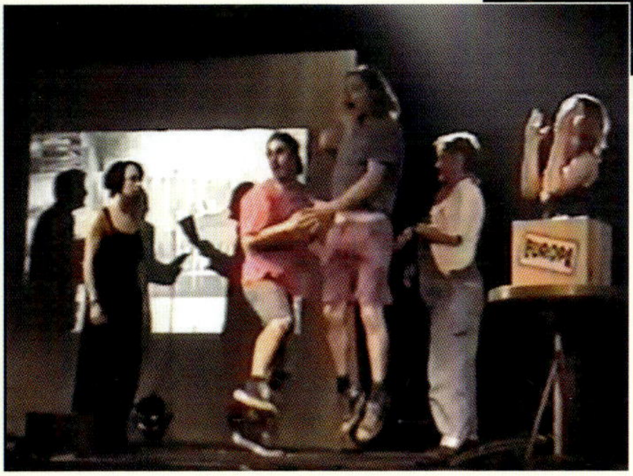

(17, rechts) Nach dem Auftritt mit dem Vollplaybacktheater: Jens Wawrczeck, Eric Leimann (BMG), Britta Lemon vom VPT, Corinna Wodrich, Andreas Fröhlich, Hilla Fitzen (BMG) und Oliver Rohrbeck (von links)

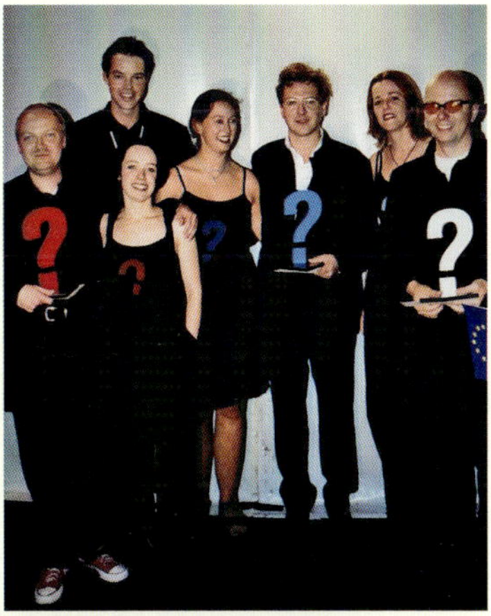

(18, unten) VPT-Tourplakat, Der große Die drei ???-Gala-Abend, 1999, mit der Sensation im Kleingedruckten: »Original-Sprecher zeigen sich!«

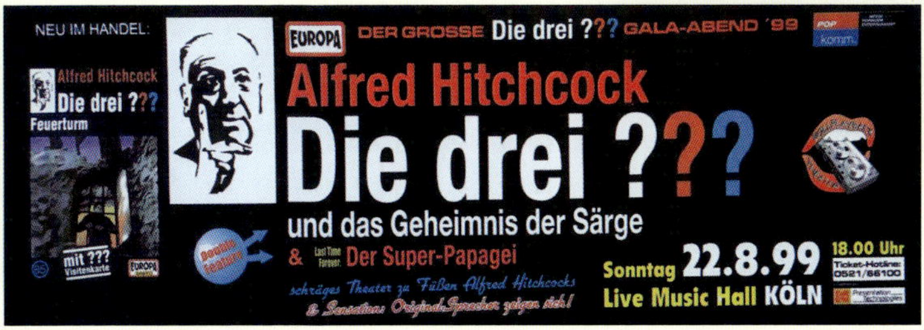

Die drei ??? – Master of Chess

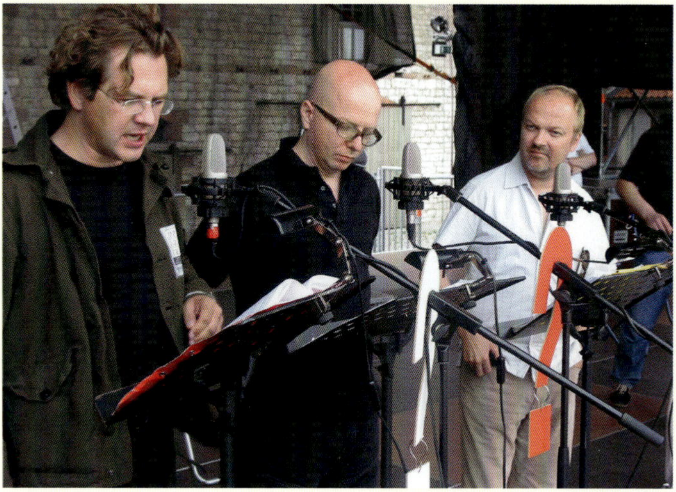

(19) Andreas Fröhlich, Oliver Rohrbeck und Jens Wawrczeck beim Soundcheck zu Master of Chess

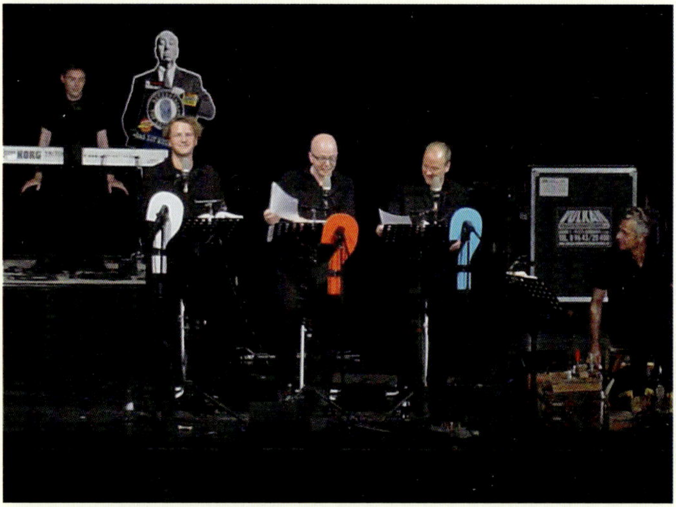

(20) »Kein Bühnenbild« war das Bühnenbild bei der Master of Chess-Tour: Neben den Sprechern sorgten Alfred Hitchcock, der Musiker Frank Ertel und der Geräuschemacher Peter Klinkenberg für die perfekte Szenerie.

Die drei ??? und der Super-Papagei (live)

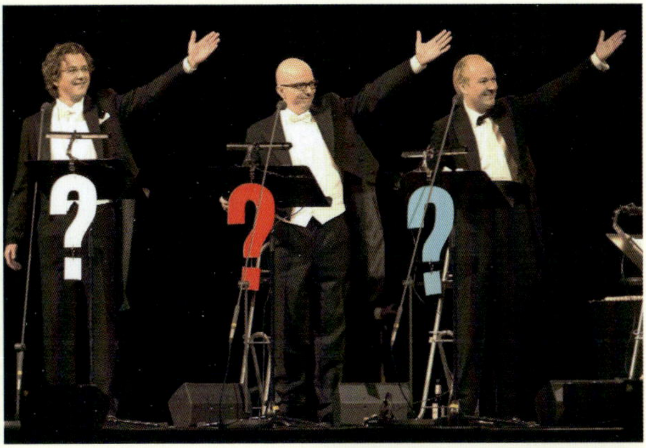

(21) Andreas Fröhlich, Oliver Rohrbeck und Jens Wawrczeck bei der einmaligen Aufführung von ***Die drei ??? und der Super-Papagei*** *anlässlich des 25. Hörspieljubiläums 2004.*

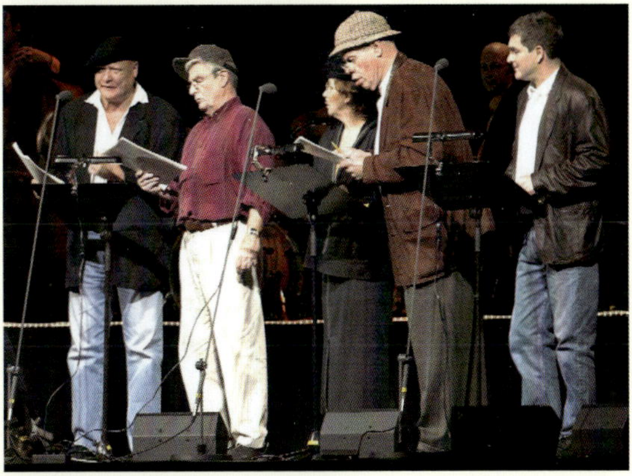

(22) Hochkarätiger Cast beim Super-Papagei, 2004: Detlef Bierstedt, Andreas von der Meden, Brigitte Böttrich, Ben Hecker und Stefan Brönnecke (von links)

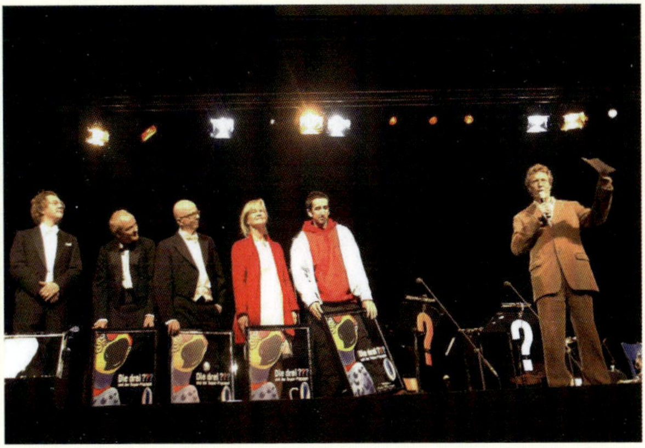

(23) Ulli Feldhahn (rechts) verleiht den Sprechern sowie Heikedine Körting und André Minninger (von links) einen Preis im »größten Kinderzimmer der Welt«.

Die drei ??? und der Kult

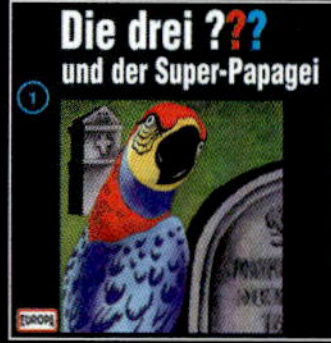

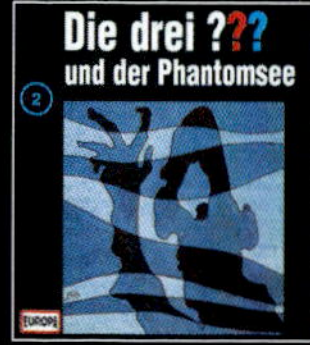

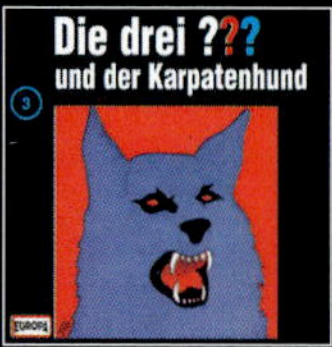

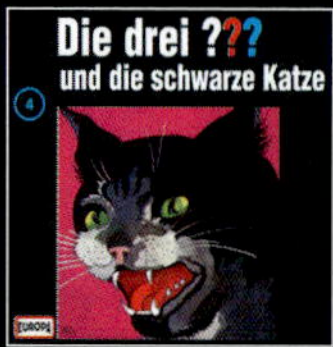

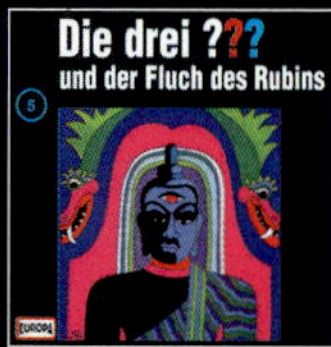

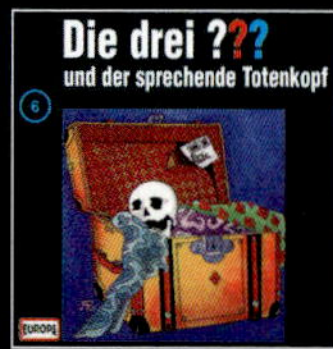

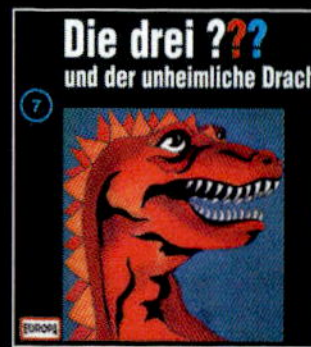

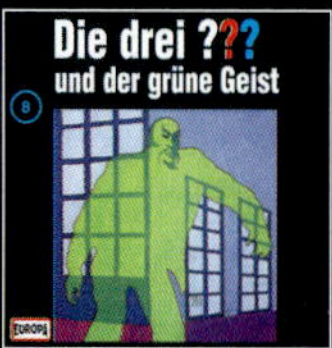

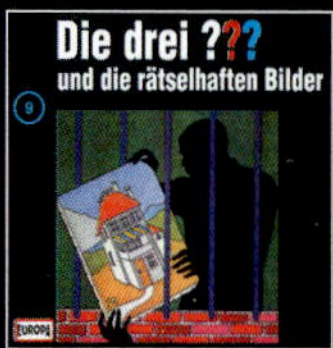

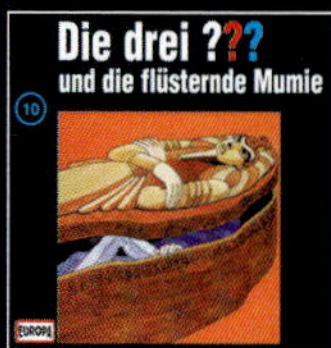

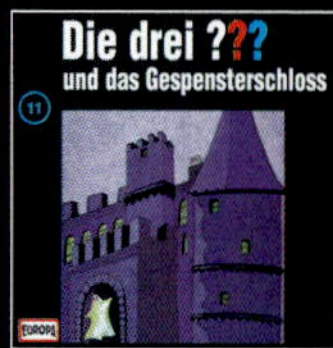

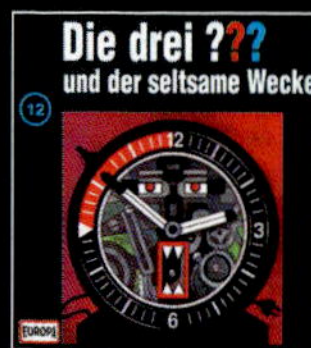

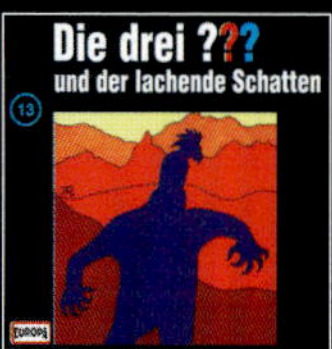

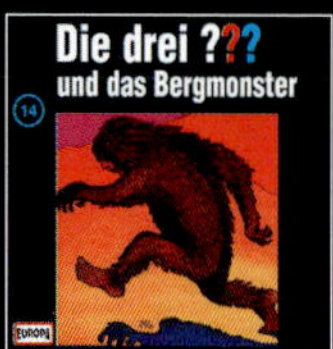

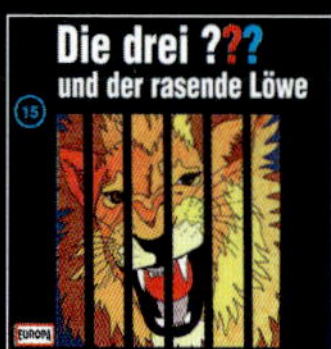

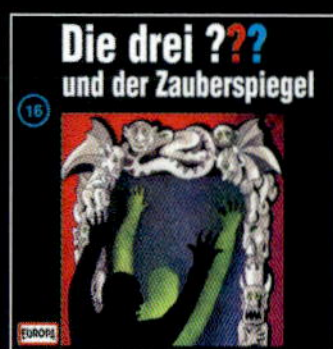

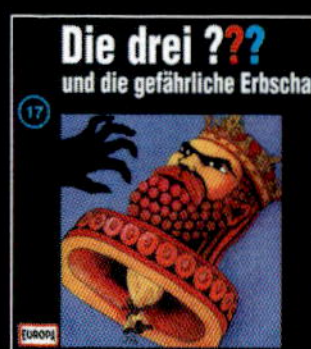

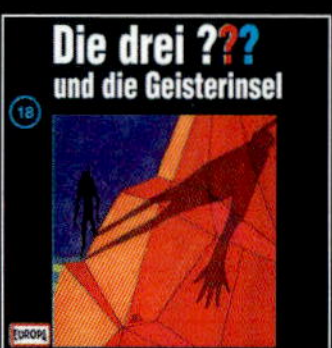

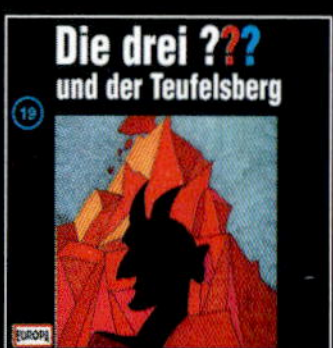

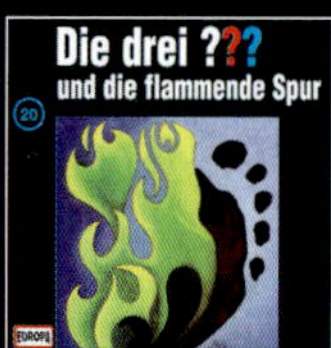

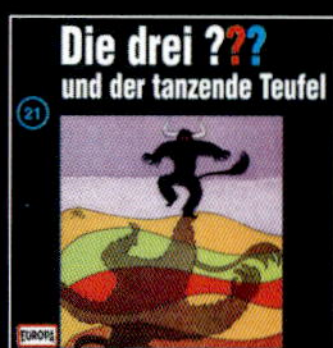

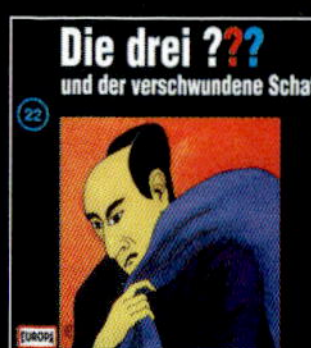

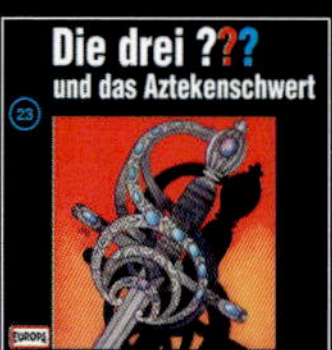

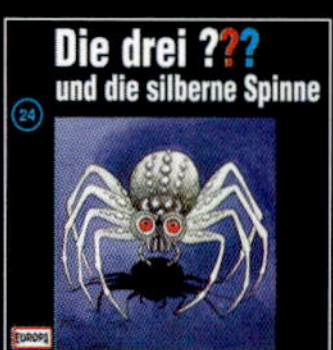

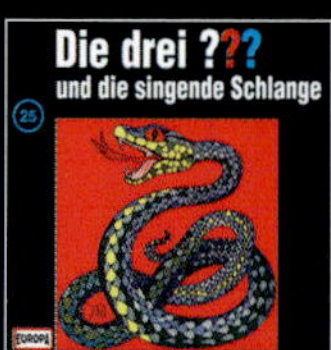

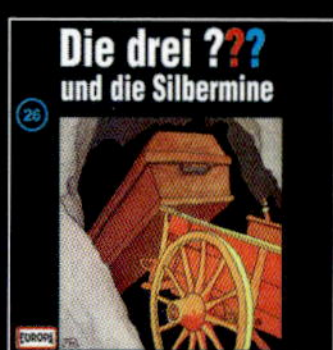

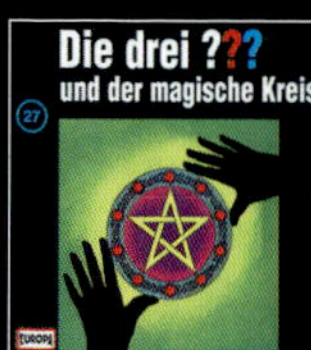

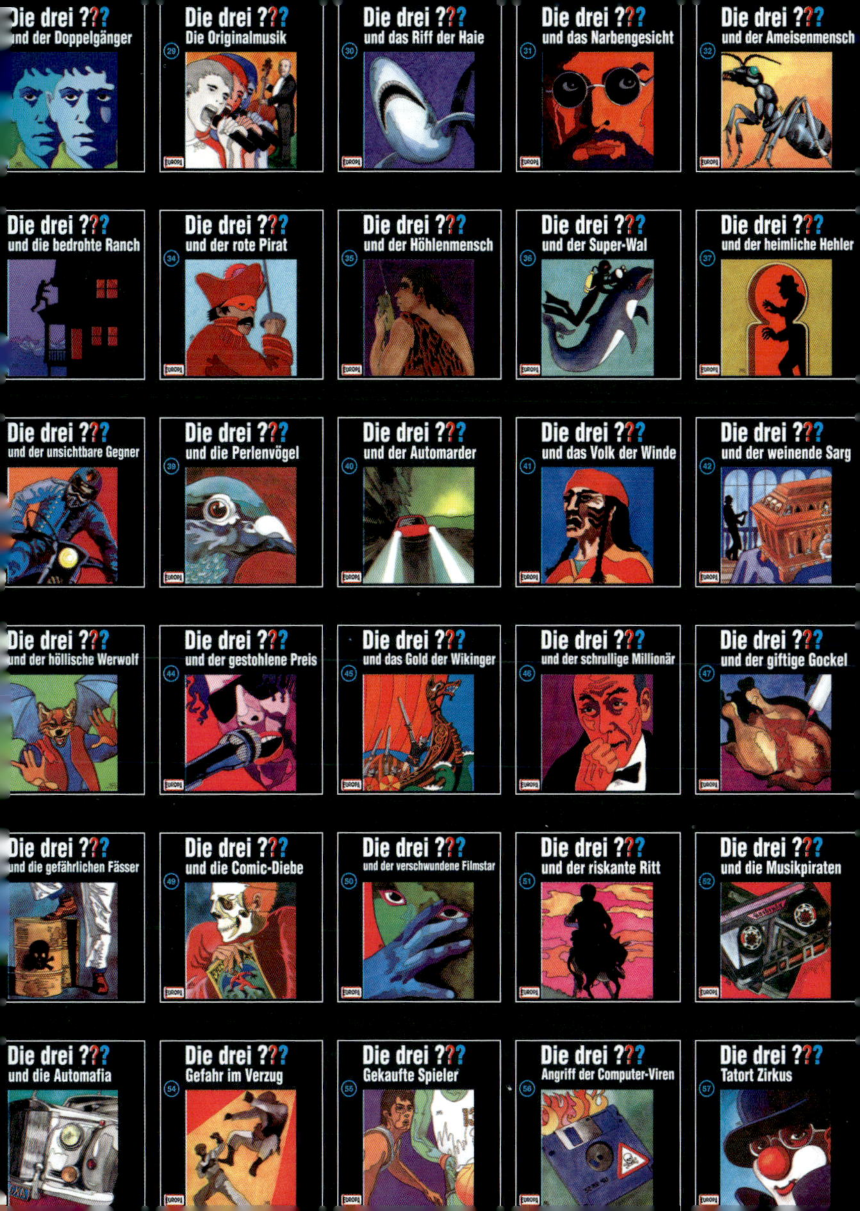

Die drei ???
und der Doppelgänger
Die drei ???
29
Die Originalmusik
Die drei ???
30
und das Riff der Haie
Die drei ???
31
und das Narbengesicht
Die drei ???
32
und der Ameisenmensch
Die drei ???
und die bedrohte Ranch
Die drei ???
34
und der rote Pirat
Die drei ???
35
und der Höhlenmensch
Die drei ???
36
und der Super-Wal
Die drei ???
37
und der heimliche Hehler
Die drei ???
und der unsichtbare Gegner
Die drei ???
39
und die Perlenvögel
Die drei ???
40
und der Automarder
Die drei ???
41
und das Volk der Winde
Die drei ???
42
und der weinende Sarg
Die drei ???
und der höllische Werwolf
Die drei ???
44
und der gestohlene Preis
Die drei ???
45
und das Gold der Wikinger
Die drei ???
46
und der schrullige Millionär
Die drei ???
47
und der giftige Gockel
Die drei ???
und die gefährlichen Fässer
Die drei ???
49
und die Comic-Diebe
Die drei ???
50
und der verschwundene Filmstar
Die drei ???
51
und der riskante Ritt
Die drei ???
52
und die Musikpiraten
Die drei ???
und die Automafia
Die drei ???
54
Gefahr im Verzug
Die drei ???
55
Gekaufte Spieler
Die drei ???
56
Angriff der Computer-Viren
Die drei ???
57
Tatort Zirkus

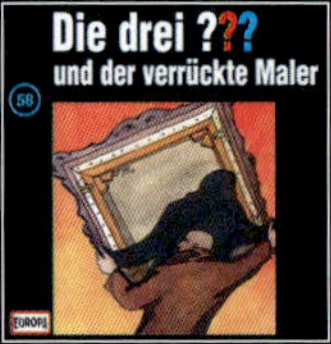
Die drei ???
58
und der verrückte Maler

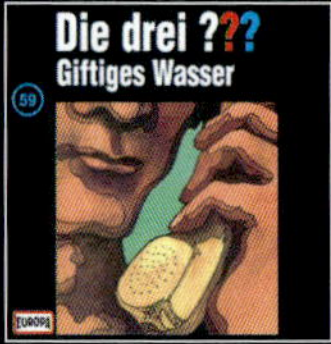
Die drei ???
59
Giftiges Wasser

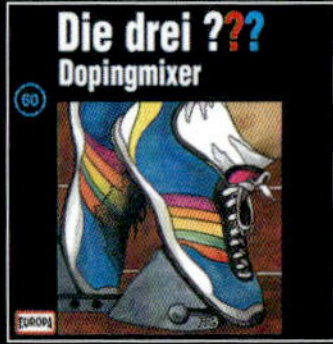
Die drei ???
60
Dopingmixer

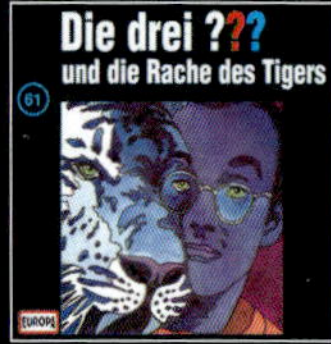
Die drei ???
61
und die Rache des Tigers

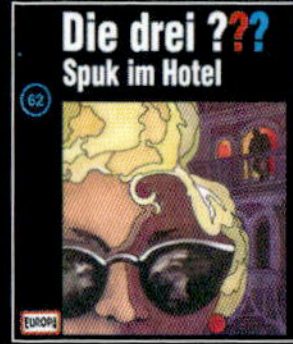
Die drei ???
62
Spuk im Hotel

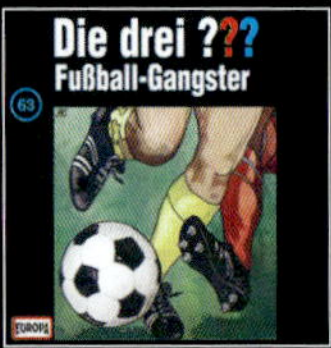
Die drei ???
63
Fußball-Gangster

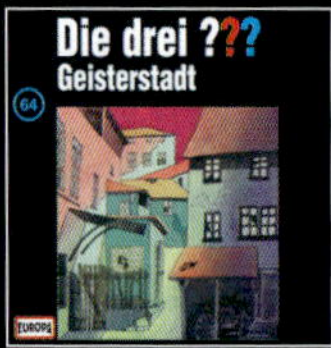
Die drei ???
64
Geisterstadt

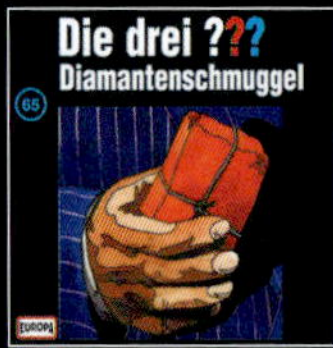
Die drei ???
65
Diamantenschmuggel

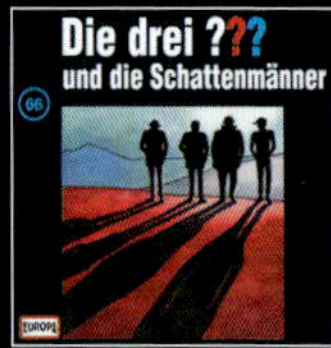
Die drei ???
66
und die Schattenmänner

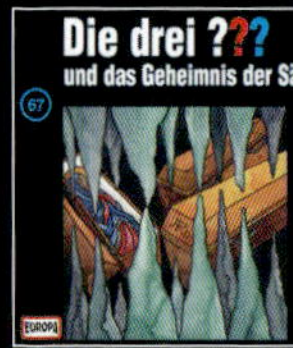
Die drei ???
67
und das Geheimnis der Sä

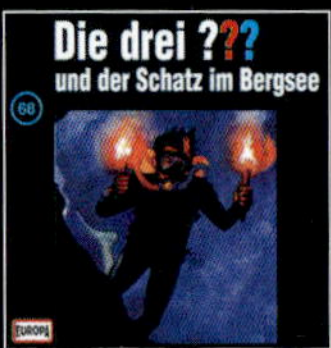
Die drei ???
68
und der Schatz im Bergsee

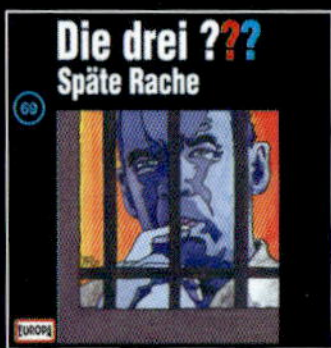
Die drei ???
69
Späte Rache

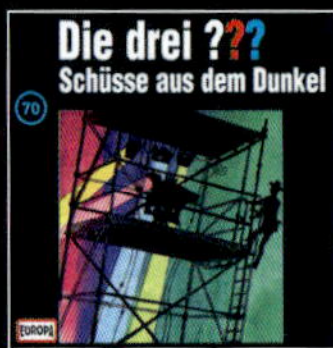
Die drei ???
70
Schüsse aus dem Dunkel

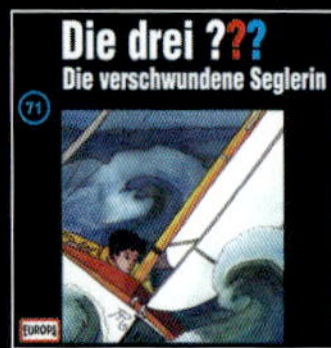
Die drei ???
71
Die verschwundene Seglerin

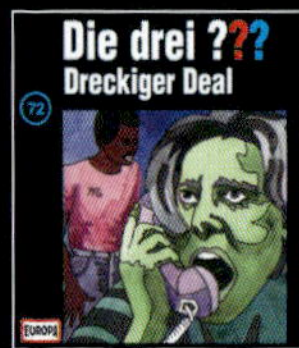
Die drei ???
72
Dreckiger Deal

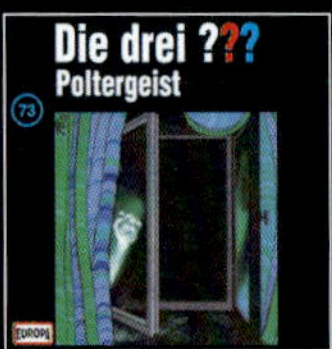
Die drei ???
73
Poltergeist

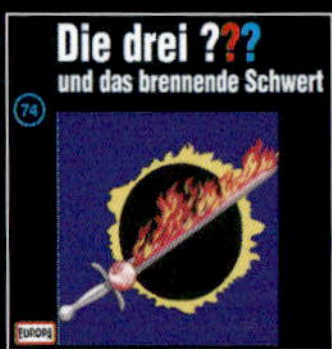
Die drei ???
74
und das brennende Schwert

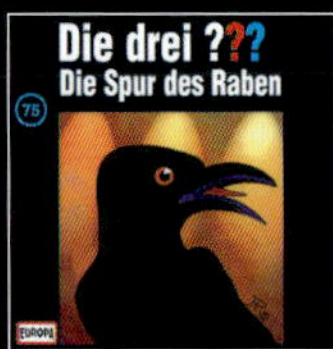
Die drei ???
75
Die Spur des Raben

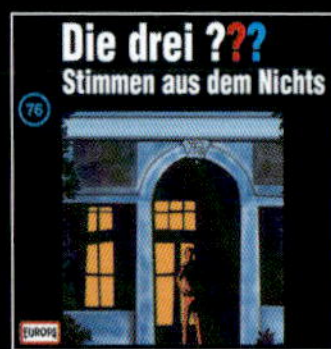
Die drei ???
76
Stimmen aus dem Nichts

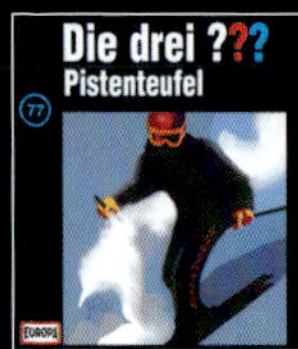
Die drei ???
77
Pistenteufel

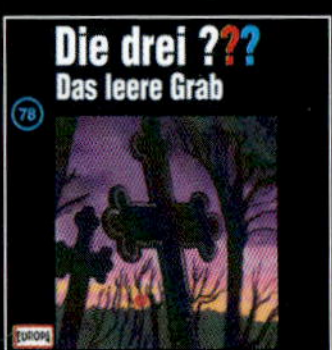
Die drei ???
78
Das leere Grab

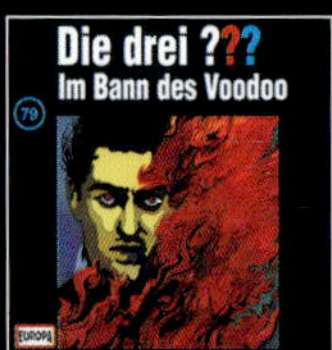
Die drei ???
79
Im Bann des Voodoo

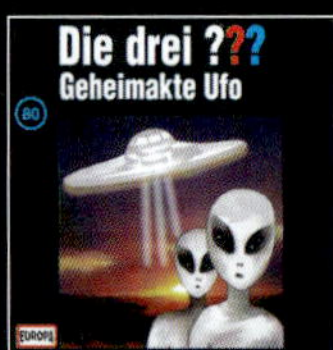
Die drei ???
80
Geheimakte Ufo

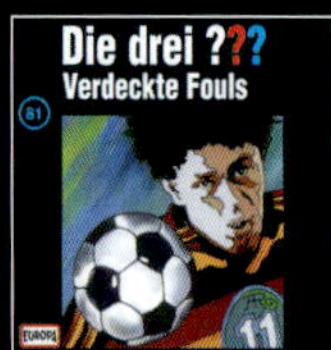
Die drei ???
81
Verdeckte Fouls

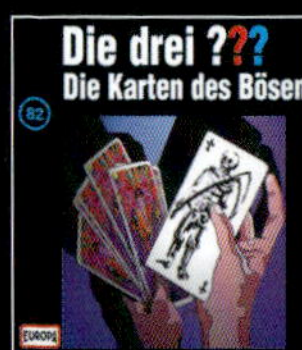
Die drei ???
82
Die Karten des Bösen

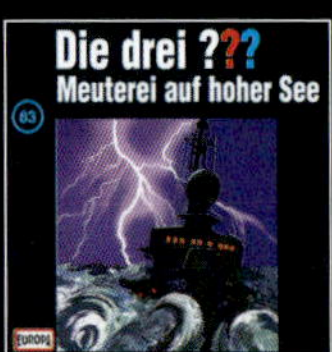
Die drei ???
83
Meuterei auf hoher See

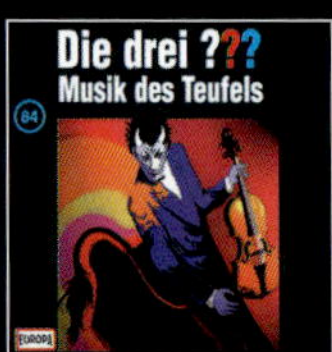
Die drei ???
84
Musik des Teufels

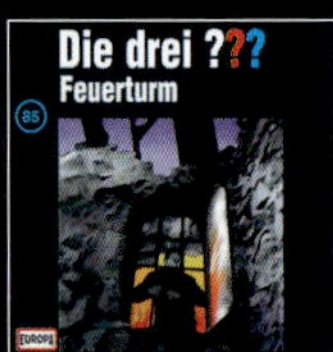
Die drei ???
85
Feuerturm

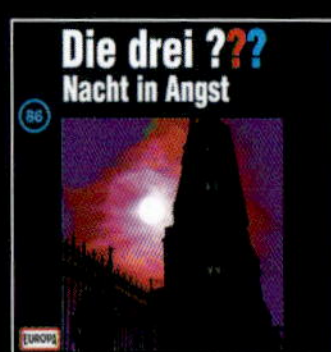
Die drei ???
86
Nacht in Angst

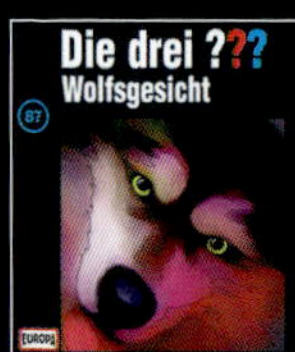
Die drei ???
87
Wolfsgesicht

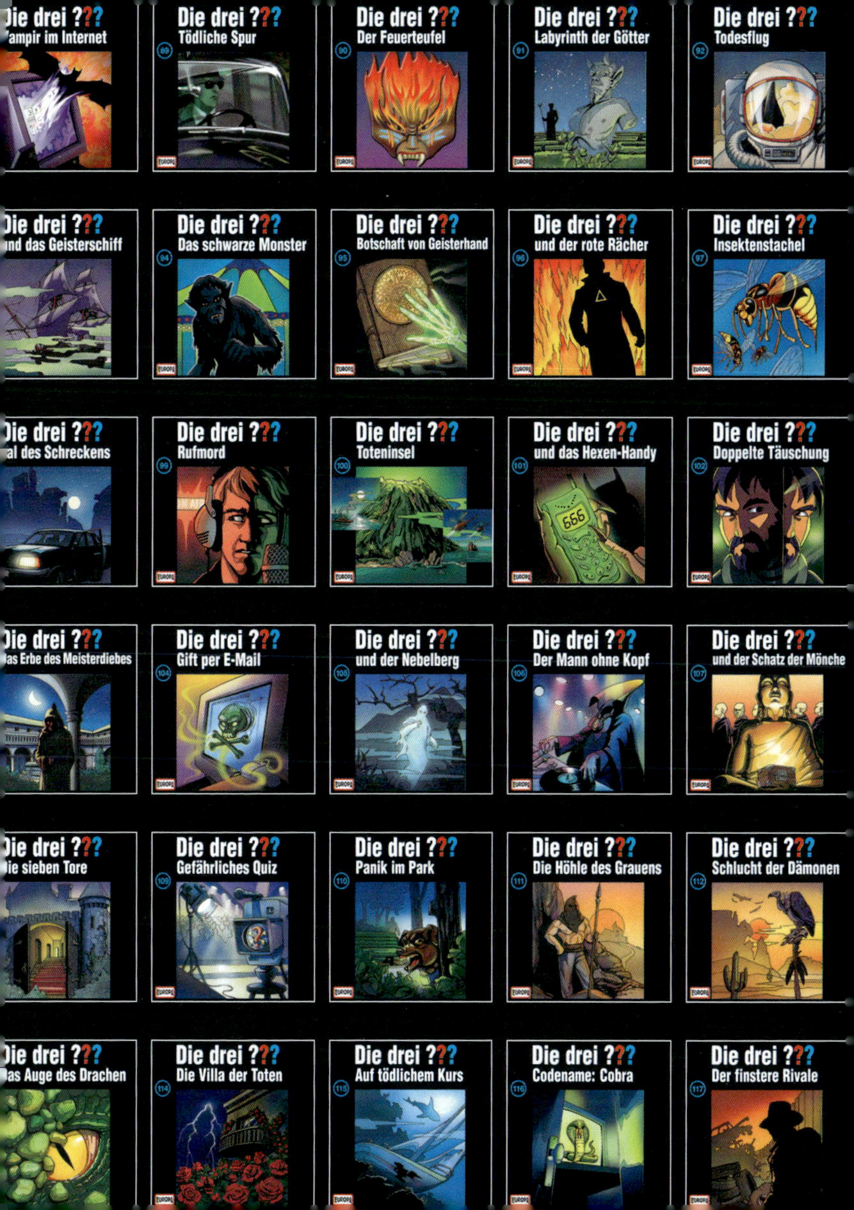
Die drei ???
ampir im Internet
Die drei ???
89
Tödliche Spur
Die drei ???
90
Der Feuerteufel
Die drei ???
91
Labyrinth der Götter
Die drei ???
92
Todesflug
Die drei ???
nd das Geisterschiff
Die drei ???
94
Das schwarze Monster
Die drei ???
95
Botschaft von Geisterhand
Die drei ???
96
und der rote Rächer
Die drei ???
97
Insektenstachel
Die drei ???
al des Schreckens
Die drei ???
99
Rufmord
Die drei ???
100
Toteninsel
Die drei ???
101
und das Hexen-Handy
666
Die drei ???
102
Doppelte Täuschung
Die drei ???
as Erbe des Meisterdiebes
Die drei ???
104
Gift per E-Mail
Die drei ???
105
und der Nebelberg
Die drei ???
106
Der Mann ohne Kopf
Die drei ???
107
und der Schatz der Mönche
Die drei ???
ie sieben Tore
Die drei ???
109
Gefährliches Quiz
Die drei ???
110
Panik im Park
Die drei ???
111
Die Höhle des Grauens
Die drei ???
112
Schlucht der Dämonen
Die drei ???
as Auge des Drachen
Die drei ???
114
Die Villa der Toten
Die drei ???
115
Auf tödlichem Kurs
Die drei ???
116
Codename: Cobra
Die drei ???
117
Der finstere Rivale

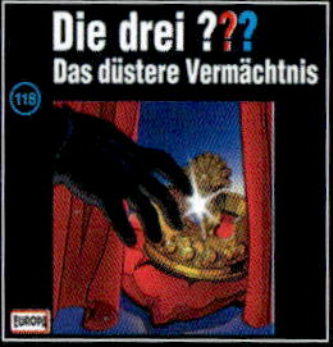
Die drei ???
Das düstere Vermächtnis
118
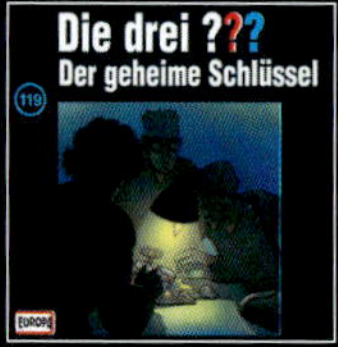
Die drei ???
Der geheime Schlüssel
119
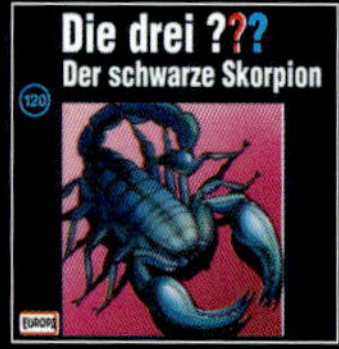
Die drei ???
Der schwarze Skorpion
120
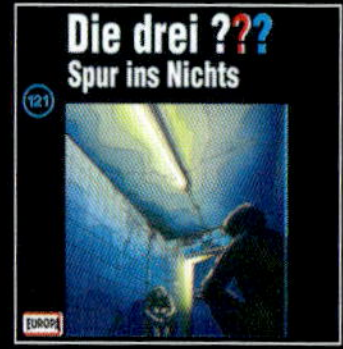
Die drei ???
Spur ins Nichts
121
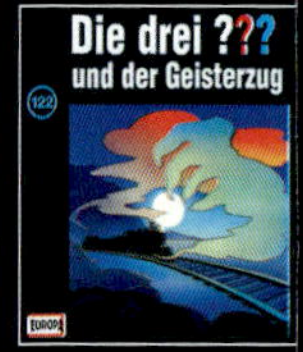
Die drei ???
und der Geisterzug
122
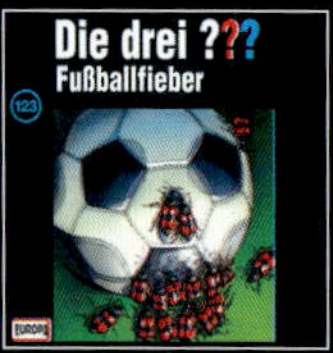
Die drei ???
Fußballfieber
123
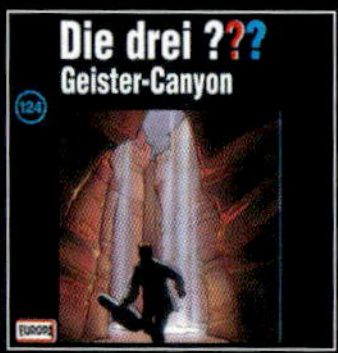
Die drei ???
Geister-Canyon
124
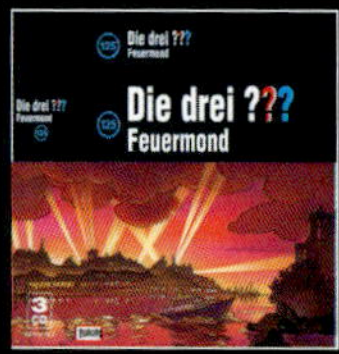
Die drei ???
125
Feuermond
3 CD
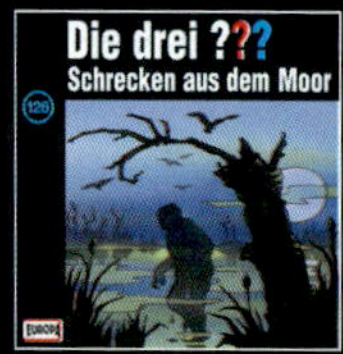
Die drei ???
Schrecken aus dem Moor
126
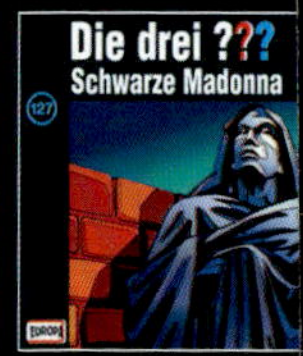
Die drei ???
Schwarze Madonna
127
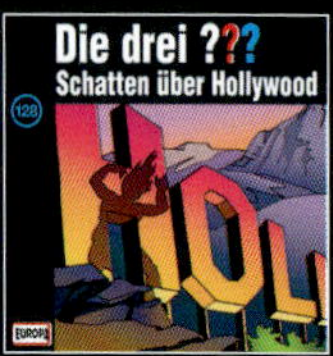
Die drei ???
Schatten über Hollywood
128
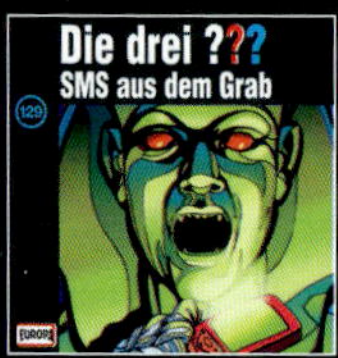
Die drei ???
SMS aus dem Grab
129
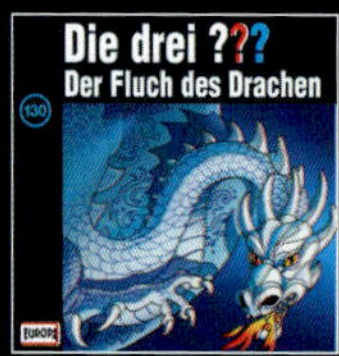
Die drei ???
Der Fluch des Drachen
130
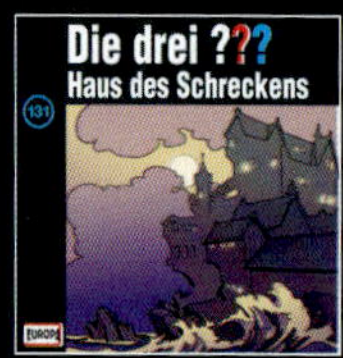
Die drei ???
Haus des Schreckens
131
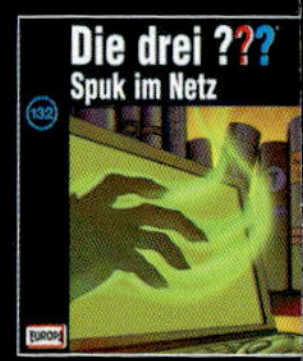
Die drei ???
Spuk im Netz
132
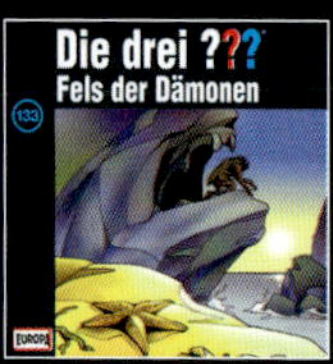
Die drei ???
Fels der Dämonen
133
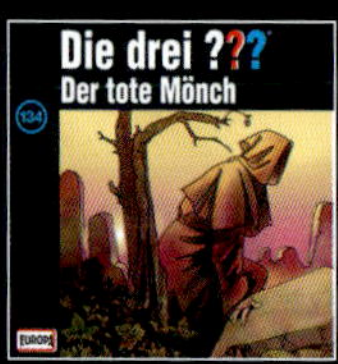
Die drei ???
Der tote Mönch
134
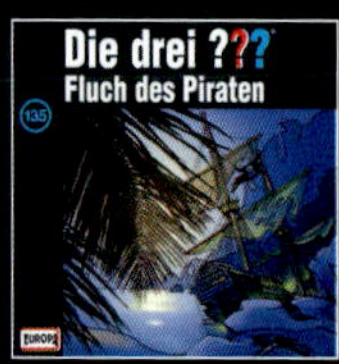
Die drei ???
Fluch des Piraten
135
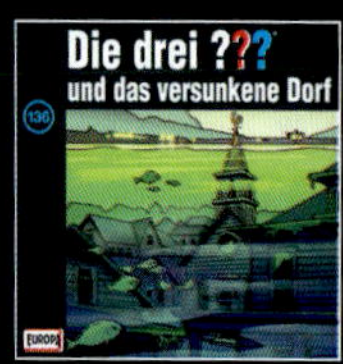
Die drei ???
und das versunkene Dorf
136
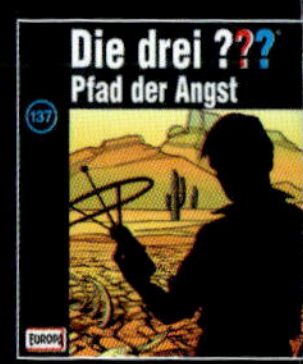
Die drei ???
Pfad der Angst
137
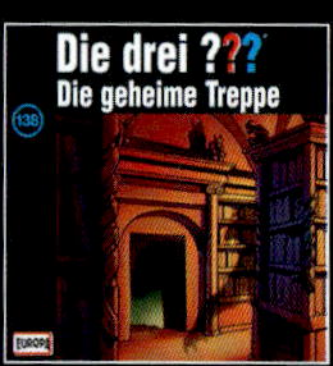
Die drei ???
Die geheime Treppe
138
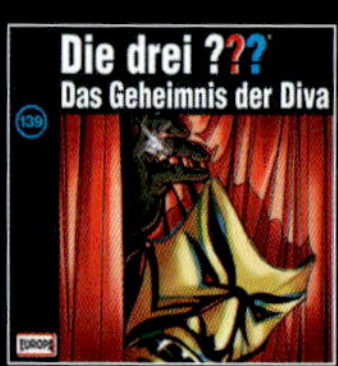
Die drei ???
Das Geheimnis der Diva
139
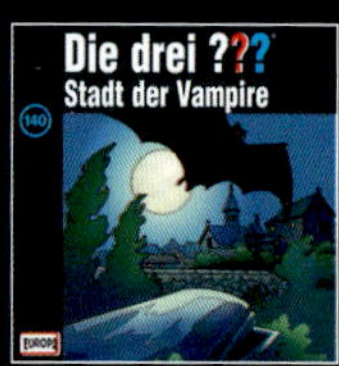
Die drei ???
Stadt der Vampire
140
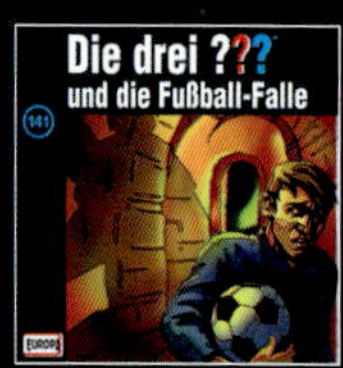
Die drei ???
und die Fußball-Falle
141
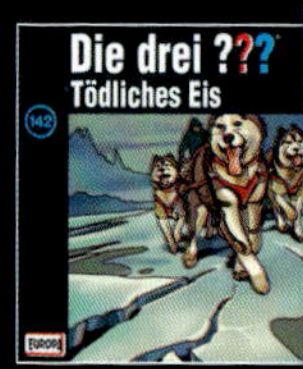
Die drei ???
Tödliches Eis
142
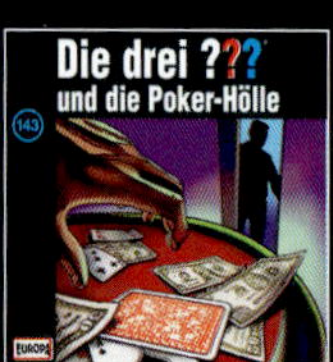
Die drei ???
und die Poker-Hölle
143
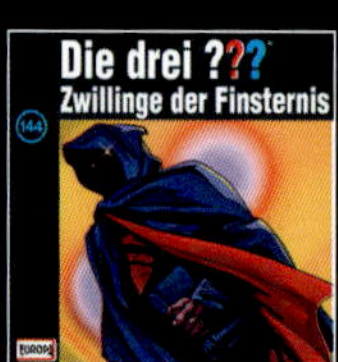
Die drei ???
Zwillinge der Finsternis
144
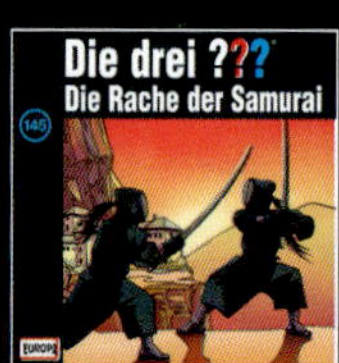
Die drei ???
Die Rache der Samurai
145
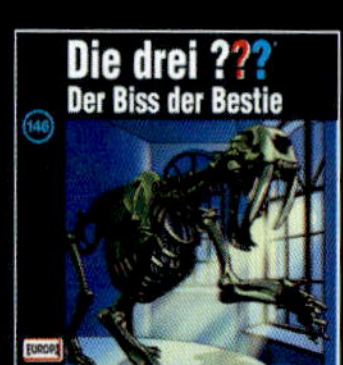
Die drei ???
Der Biss der Bestie
146
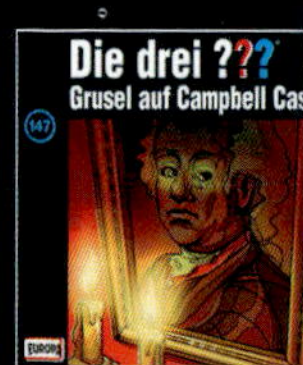
Die drei ???
Grusel auf Campbell Cas
147

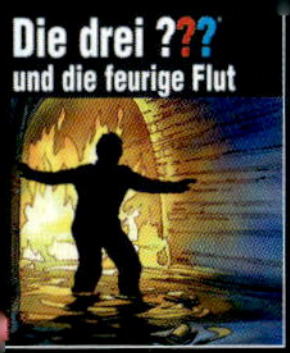
Die drei ???
und die feurige Flut
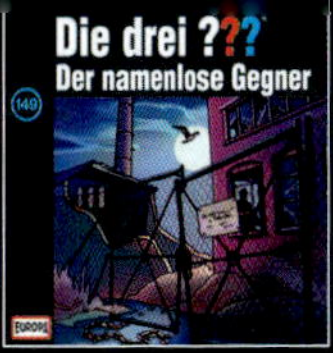
Die drei ???
149
Der namenlose Gegner
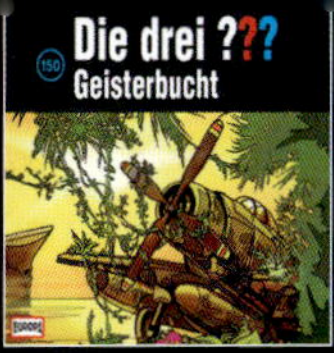
150
Die drei ???
Geisterbucht
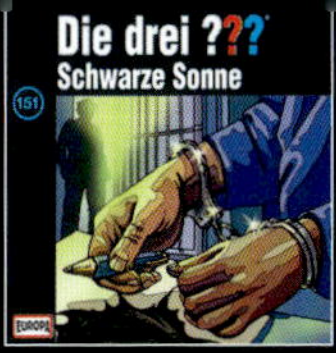
Die drei ???
151
Schwarze Sonne
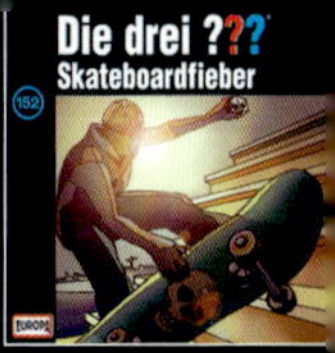
Die drei ???
152
Skateboardfieber
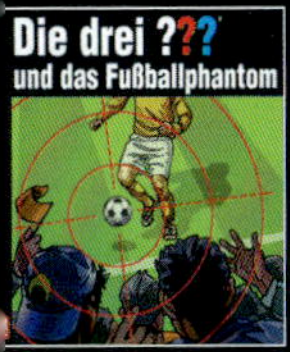
Die drei ???
und das Fußballphantom
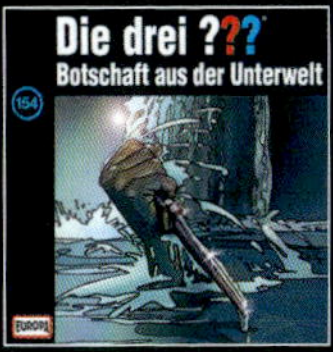
Die drei ???
154
Botschaft aus der Unterwelt
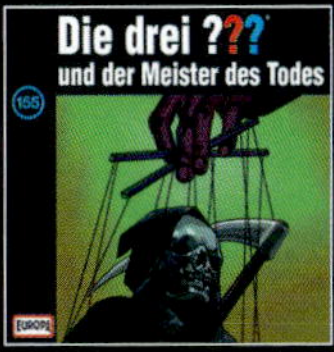
Die drei ???
155
und der Meister des Todes
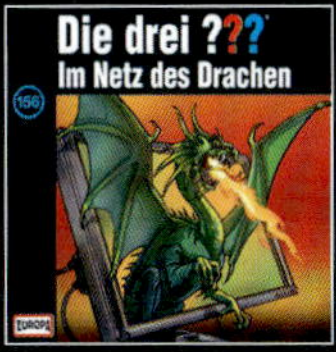
Die drei ???
156
Im Netz des Drachen
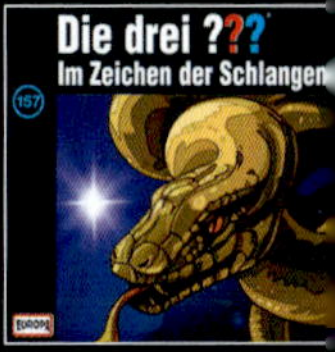
Die drei ???
157
Im Zeichen der Schlangen
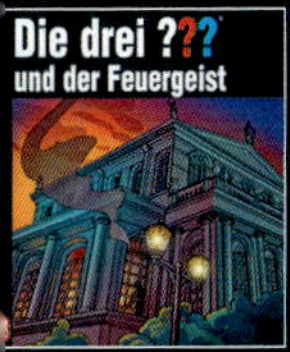
Die drei ???
und der Feuergeist
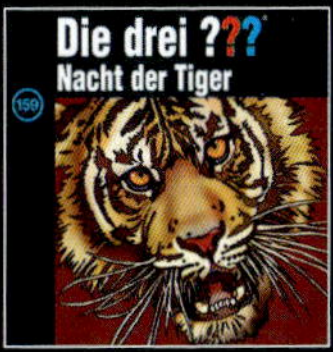
Die drei ???
159
Nacht der Tiger
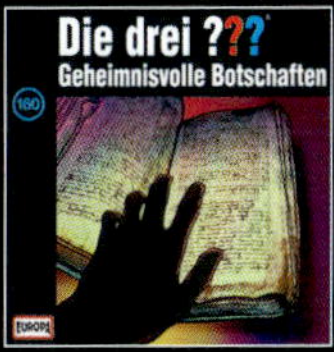
Die drei ???
160
Geheimnisvolle Botschaften
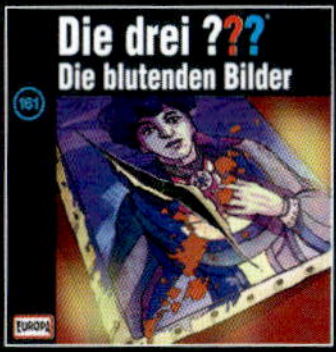
Die drei ???
161
Die blutenden Bilder
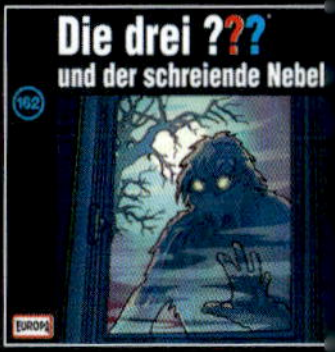
Die drei ???
162
und der schreiende Nebel
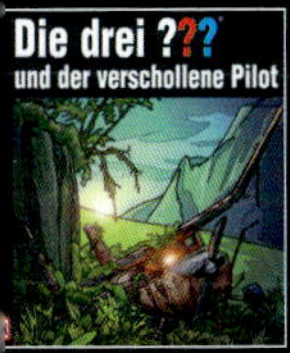
Die drei ???
und der verschollene Pilot
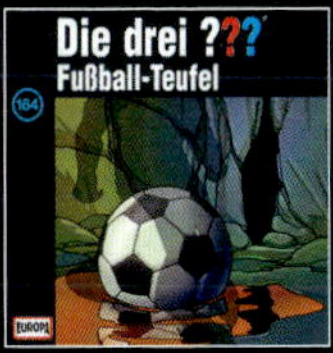
Die drei ???
164
Fußball-Teufel
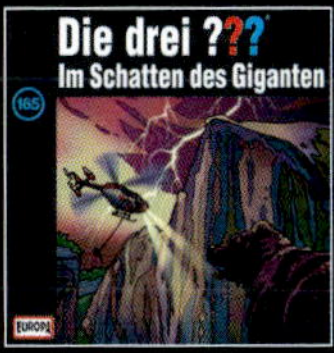
Die drei ???
165
Im Schatten des Giganten
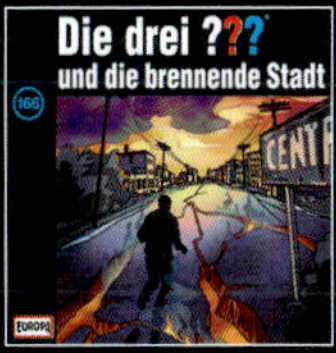
Die drei ???
166
und die brennende Stadt
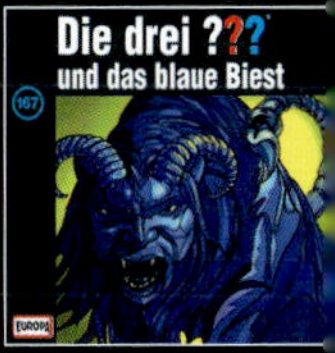
Die drei ???
167
und das blaue Biest
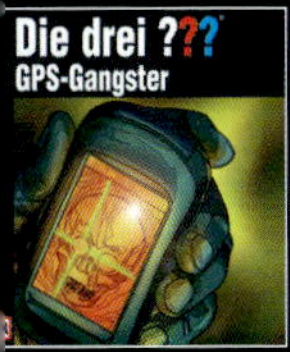
Die drei ???
GPS-Gangster
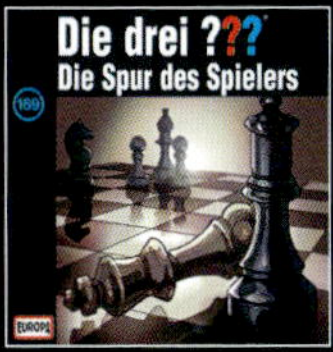
Die drei ???
169
Die Spur des Spielers
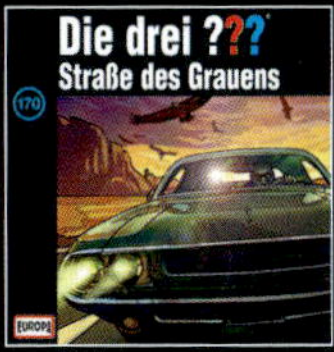
Die drei ???
170
Straße des Grauens
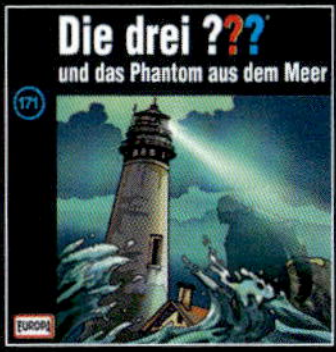
Die drei ???
171
und das Phantom aus dem Meer
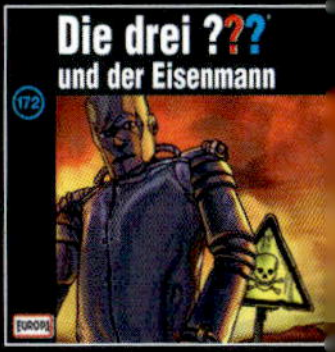
Die drei ???
172
und der Eisenmann
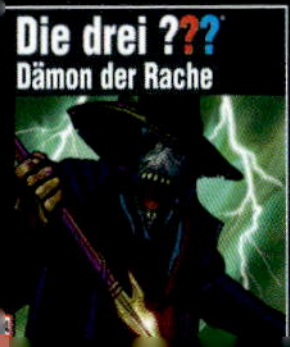
Die drei ???
Dämon der Rache
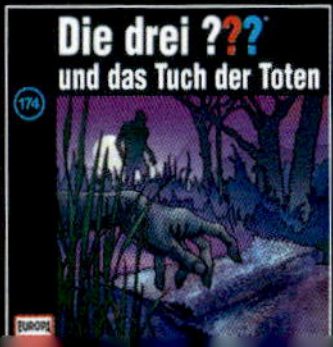
Die drei ???
174
und das Tuch der Toten
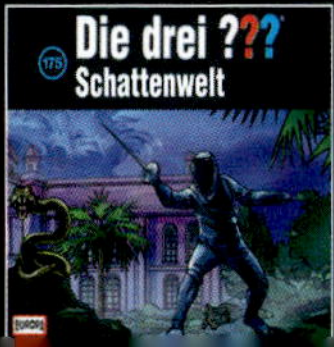
175
Die drei ???
Schattenwelt
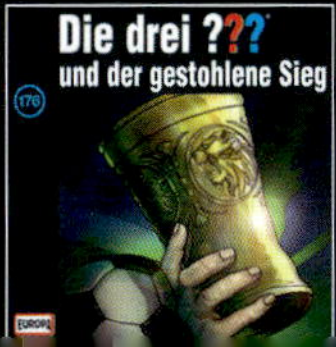
Die drei ???
176
und der gestohlene Sieg
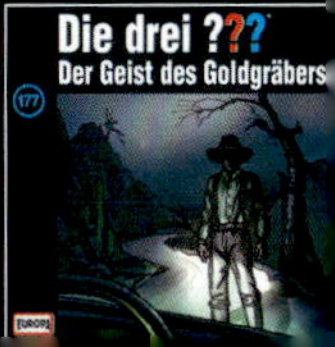
Die drei ???
177
Der Geist des Goldgräbers

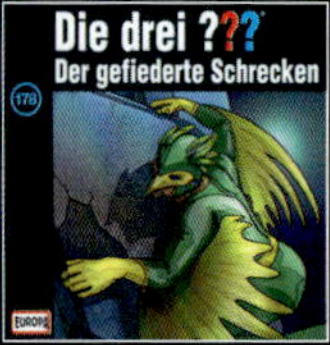
Die drei ???
Der gefiederte Schrecken
178

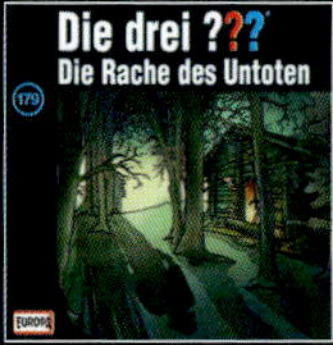
Die drei ???
Die Rache des Untoten
179

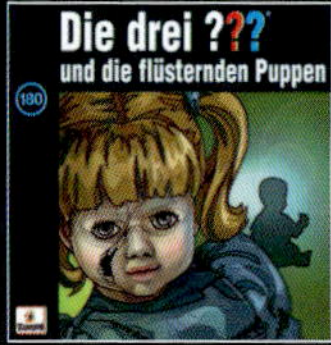
Die drei ???
und die flüsternden Puppen
180

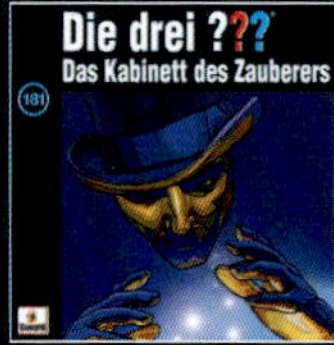
Die drei ???
Das Kabinett des Zauberers
181

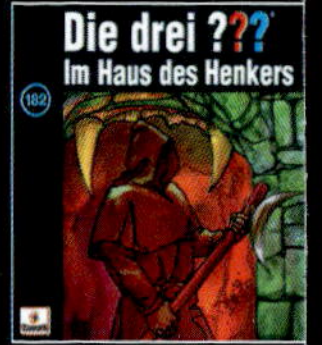
Die drei ???
Im Haus des Henkers
182

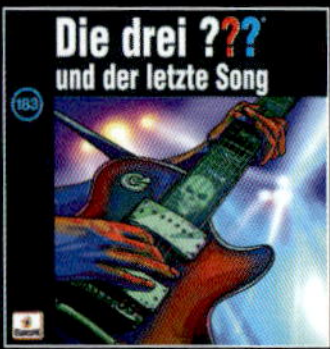
Die drei ???
und der letzte Song
183

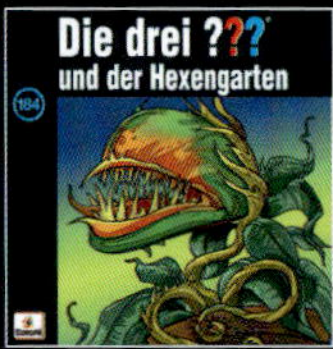
Die drei ???
und der Hexengarten
184

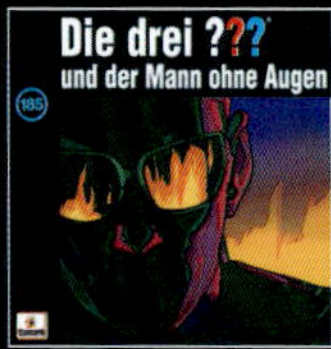
Die drei ???
und der Mann ohne Augen
185

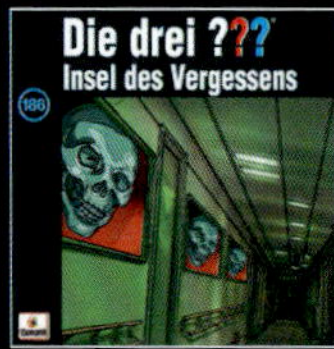
Die drei ???
Insel des Vergessens
186

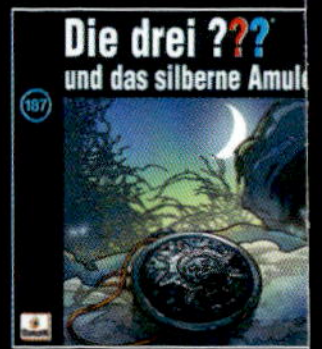
Die drei ???
und das silberne Amul
187

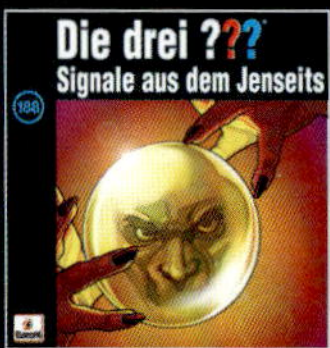
Die drei ???
Signale aus dem Jenseits
188

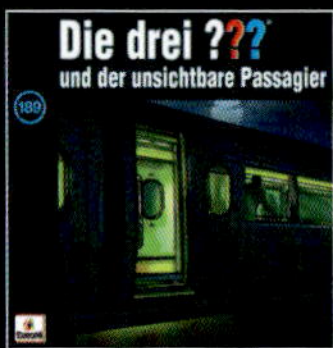
Die drei ???
und der unsichtbare Passagier
189

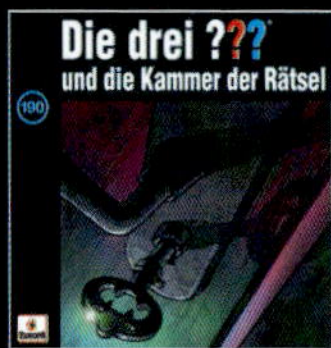
Die drei ???
und die Kammer der Rätsel
190

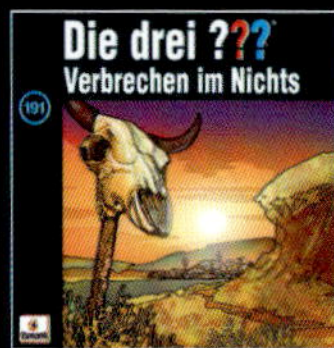
Die drei ???
Verbrechen im Nichts
191

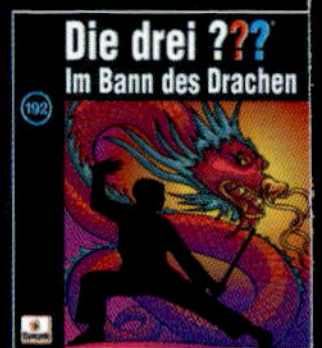
Die drei ???
Im Bann des Drachen
192

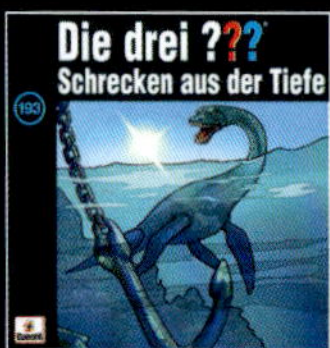
Die drei ???
Schrecken aus der Tiefe
193

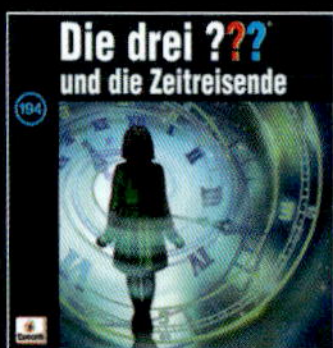
Die drei ???
und die Zeitreisende
194

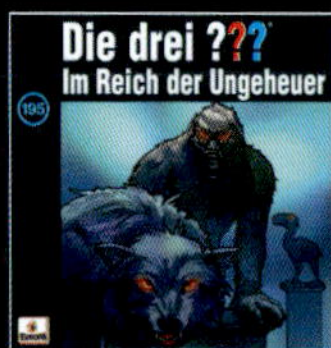
Die drei ???
Im Reich der Ungeheuer
195

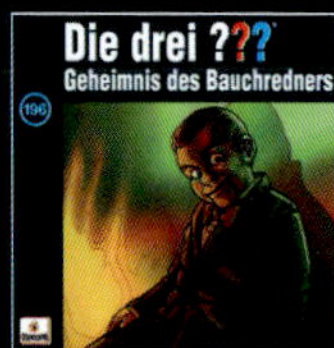
Die drei ???
Geheimnis des Bauchredners
196

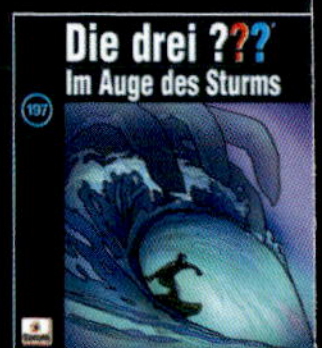
Die drei ???
Im Auge des Sturms
197

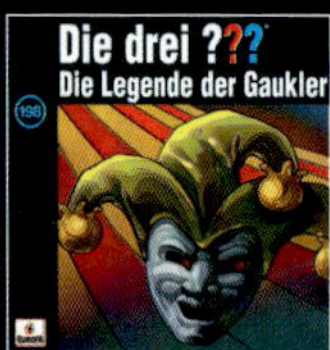
Die drei ???
Die Legende der Gaukler
198

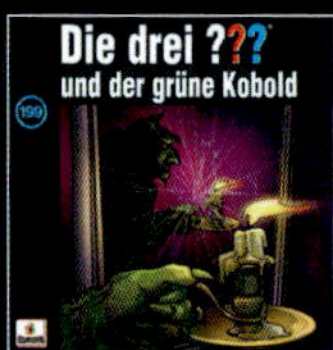
Die drei ???
und der grüne Kobold
199

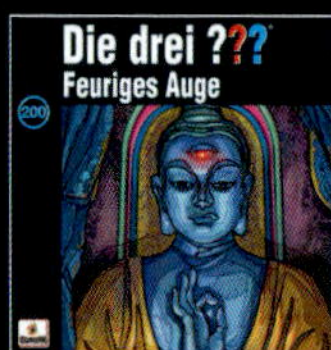
Die drei ???
Feuriges Auge
200

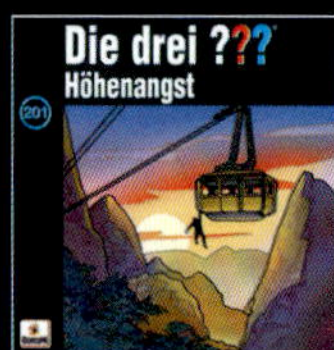
Die drei ???
Höhenangst
201

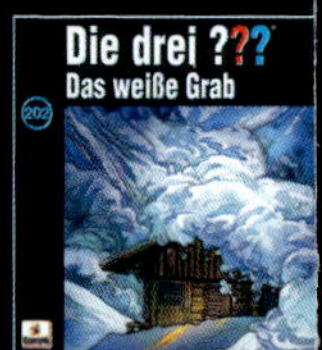
Die drei ???
Das weiße Grab
202

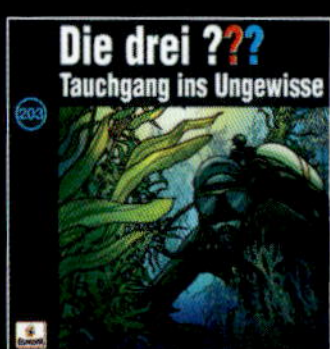
Die drei ???
Tauchgang ins Ungewisse
203

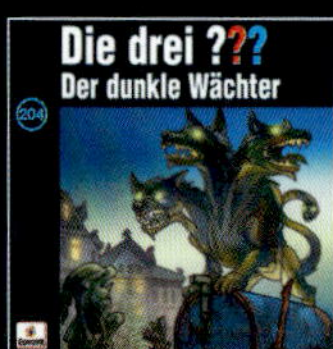
Die drei ???
Der dunkle Wächter
204

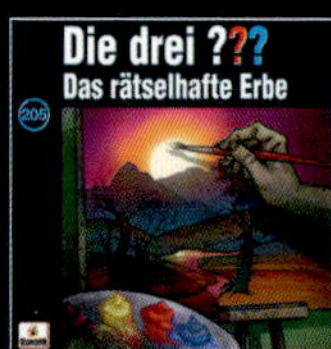
Die drei ???
Das rätselhafte Erbe
205

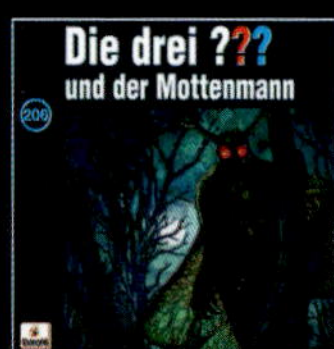
Die drei ???
und der Mottenmann
206

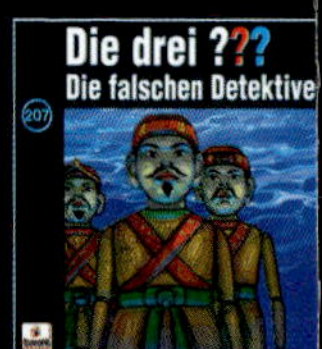
Die drei ???
Die falschen Detektive
207

ihn ca. sechsmal pro Jahr in Hamburg im Studio braucht«, gibt Wodrich zu bedenken.[341] Zwar sei so ein Fall eher unwahrscheinlich, aber theoretisch doch möglich. Bei Fuchs stellte sich diese Frage nicht, er wohnte in Deutschland.

Sein Debüt als Erzähler bei Die drei ??? gab er in *Diamantenschmuggel* (65). Das letzte Mal war Matthias Fuchs als Erzähler in *Das Erbe des Meisterdiebs* (103) zu hören. Nachdem der jahrelange Kettenraucher schwer an Lungenkrebs erkrankt war, versuchte er noch das Ruder herumzureißen. Dem SPIEGEL erzählte er wenige Tage vor seinem Tod: »Mit meiner Lebenszeit gehe ich inzwischen schon etwas sparsamer um. [...] Jetzt versuche ich gesünder zu leben – und es geht mir momentan etwas besser. Es war ein längerer Prozess, doch inzwischen sehe ich dem Tod gelassener entgegen. Weiterzuarbeiten war immer ganz wichtig für mich.«[342] Mehrfach hatte sich Fuchs nach Krankenhausaufenthalten wieder vor die Kamera, auf die Bühne und vor das Mikrofon zurückgekämpft.

Bei den Aufnahmen seiner letzten Die drei ???-Folgen Ende 2001 war er schon deutlich geschwächt. Auf die Frage des SPIEGEL-Journalisten, ob er schon neue Projekte in Planung habe, antwortete Fuchs: »Nein, noch nicht. Ich bin vorsichtig geworden. Jetzt warte ich.«[343] Matthias Fuchs starb mit gerade einmal 62 Jahren am 1. Januar 2002.[344] Auf Fuchs folgte Thomas Fritsch.

Geheimplan Besetzungswechsel?

»Es stand schon häufig zur Debatte, die Sprecher der TKKG und der drei ??? auszutauschen«, gab Heikedine Körting vor Jahren einmal zu.[345] Immerhin waren Oliver Rohrbeck, Jens Wawrczeck und Andreas Fröhlich in den 90er Jahren schon knapp doppelt so alt wie die Protagonisten, die sie verkörperten. Zu Beginn hatte sich Heikedine Körting keine Gedanken darüber gemacht, ob die drei Sprecher irgendwann mal ihren Rollen entwachsen könnten. Als *Die drei ??? und der Super-Papagei* im Herbst 1979 erschien, waren Oliver, Jens und Andreas mit ihren 14 beziehungsweise 16 Jahren bereits älter als die zwölf bis 13-jährigen Detektive, die sie spielten. »Darüber haben wir im Vorhinein nicht nachgedacht, aber wir hatten Glück. Unsere drei Jungs [...] sind durch den Stimmbruch durchgeglitten, es gab keine abrupte Stimmveränderung«, sagt Körting.[346]

Inwieweit sich die Stimmen verändert haben, ist Sache des Betrachters. Oliver Rohrbeck sieht es ähnlich wie die Regisseurin: »Ich war nicht richtig im Stimmbruch. Bei Jens war der, glaube ich, gar nicht vorhanden. Er wartet heute noch drauf. Andreas ist der Einzige von uns, dessen Stimme viel tiefer geworden ist. Als ich nach langer Zeit mal wieder eine Folge gehört habe, war ich ganz erstaunt über die Stimme des Dritten. Das hörte sich gar nicht mehr nach Andreas an. Aber er hatte auch nicht so einen starken Stimmbruch, dass er rumgequiekt hat.«[347]

Stimmbruch hin oder her – Besetzungswechsel waren eher Regel als Ausnahme. Als EUROPA 1988 nach einigen Jahren Pause neue Fünf Freunde-Hörspiele auf den Markt brachte, waren sämtliche Kinderrollen neu besetzt worden. Oliver Rohrbeck war von seiner Abbesetzung alles andere als begeistert: »Damals hätte ich sie gern weitergesprochen. Die Sprecher bei den *Fünf Freunden* wurden ausgetauscht, weil die Plattenleute noch mal junges Blut ranlassen wollten, umso länger die Serie vermarkten zu können«, sagt Rohrbeck.[348] »Und plötzlich waren wir abserviert, und von heute auf morgen stand dann auf der Kassette: ›Endlich neue Stimmen!‹«[349]

Nach acht Hörspielen war 1991 bei den Fünf Freunden aber einstweilen wieder Schluss – trotz oder vielleicht auch gerade wegen des Besetzungswechsels. »Deshalb haben sie es sich wohl bei den drei ??? auch nie getraut«, ist sich Oliver Rohrbeck sicher.[350] »Die Hörer wollten keinen Stimmenwechsel«, sagt Rohrbeck.[351] »Man hatte das ja schon mal mit den Fünf Freunden ausprobiert. […] Das ist ziemlich nach hinten losgegangen«, stimmt ihm Fröhlich zu.[352]

Auch beim Reboot von Hanni und Nanni in den 80er Jahren verbrannte sich Heikedine Körting an einer Neubesetzung die Finger. »Ich kann mich an den Wechsel der Sprecherinnen bei Hanni und Nanni gut erinnern. Es war ja damals nicht nur ein Wechsel in der Besetzung, sondern es kamen ganz neue Manuskripte herein«, sagt Körting.[353] »Das kam aber gar nicht gut an. Bei der Wiederveröffentlichung hat eine große Mehrheit sich dafür ausgesprochen, wieder auf die ganz ursprüngliche Fassung zurückzugehen.«[354] Bei TKKG musste für einige Folgen Gaby neu besetzt werden, weil Veronika Neugebauer für ein Jahr in den USA war. »Da gab es einen Riesenwirbel und viel Protest. Dann übernahm Veronika wieder, als sie zurück war«, sagt Körting.[355]

André Minninger bestreitet vehement, dass es jemals Pläne gab, die drei Detektive mit neuen Sprechern zu besetzen. »Davon habe ich noch nie etwas gehört. Wer behauptet denn so etwas? Das stimmt absolut nicht. Wenn man so etwas hätte machen wollen, wäre Anfang der 80er Jahre der richtige Zeitpunkt gewesen, als die drei in den Stimmbruch kamen. Aber ich fand es damals schon richtig cool, dass Oliver, Jens und Andreas weitergemacht haben. Und das fanden auch alle anderen bei uns im Studio so.«[356]

Andreas Fröhlich sagt zu der Diskussion um einen möglichen Wechsel in der Besetzung der drei Detektive: »Aus heutiger Sicht war es vielleicht eher ein Gedankenspiel. Aber wer diesen Gedanken hatte und wie konkret darüber nachgedacht wurde, uns umzubesetzen, kann ich gar nicht sagen. Überlegungen gab es natürlich, weil wir schon so alt waren. Aber irgendwann wurde unser Alter auch gar nicht mehr als Problem angesehen, und zwar einfach deshalb, weil wir schon viel zu lange viel zu alt waren. Von diesem Punkt an war eine Umbesetzung kein Thema mehr.«[357]

Die drei ??? ist die einzige der großen EUROPA-Hörspielserien, bei der nie eine Hauptrolle neu besetzt wurde oder werden musste. Das hatte neben den negativen Erfahrungen mit Besetzungswechseln auch damit zu tun, dass Oliver Rohrbeck, Jens Wawrczeck und Andreas Fröhlich als Erwachsene ihr Hobby zum Beruf machten. Und für sie selbst hatte es nie einen Grund gegeben, die Reißleine zu ziehen. Im Jahr gab es nur eine Handvoll Aufnahmetage – zu wenig, um der Rolle überdrüssig zu werden. »Mit 30 habe ich gesagt, jetzt bin ich zu alt. Dann haben wir verlängert bis 40. Und jetzt sind Die drei ??? jenseits von Gut und Böse«, sagt Jens Wawrczeck.[358]

Die drei ???
und das Comeback

Corinna Wodrich und Ulli Feldhahn

Vielleicht würde es auch heute gar keine Die drei ???-Hörspiele mehr geben, wenn nicht Corinna Wodrich im Jahr 1992 eine Ausbildung bei BMG begonnen hätte. Corinna Wodrich hat mehr als zwei Jahrzehnte die Geschicke der Die drei ???-Hörspiele sehr erfolgreich gelenkt. Sie wurde am 22. August 1970 in Duisburg geboren; durchlief also die fast schon typische Laufbahn vieler Kassettenkinder. Sie hörte Die drei ??? rauf und runter, verlor dann aber irgendwann das Interesse und verschenkte die Hörspiele an ihren jüngeren Bruder. Wegen Mangels an weiteren jüngeren Geschwistern verscherbelte der Bruder die Kassetten dann auf dem Flohmarkt. Aus den Ohren, aus dem Sinn – Hörspiele spielten im Leben von Corinna Wodrich keine Rolle mehr. Nach dem Abitur machte sie zunächst eine Ausbildung zur Fremdsprachenassistentin, wollte aber lieber »irgendwas mit Musik« machen und bewarb sich bei BMG.[359]

Letztendlich landete sie 1992 bei der Plattenfirma – aber in der Kinderabteilung. Dort war sie ab Ende 1993 für Die drei ??? zuständig, zunächst aber nur als Assistentin von Ulrike Wieck. Als 1995 aufgrund von Umstrukturierungen die Karten bei BMG neu gemischt wurden, stieg Wodrich zur Produktmanagerin auf. Was eine Produktmanagerin eigentlich macht, erklärt Corinna Wodrich am besten selbst: »In erster Linie ist mein Job, das Produkt selbst – also das Hörspiel – entstehen zu lassen. Im Vorfeld berechne ich grob die Kosten. Dazu gehören: Lizenzen, Produk-

tionskosten des Studios, Sprecher-Gagen (wenn diese nicht mit den Produktionskosten des Studios abgedeckt sind), Honorare für eine Illustration und die Grafik-Agentur, das Mastering und noch einiges mehr. Der absolute Großteil der Arbeit besteht dann aber aus der inhaltlichen, zeitlichen und logistischen Planung der einzelnen Schritte einer Hörspielproduktion. Ich organisiere und begleite die Entstehung der Geschichte oder des Manuskriptes, der Cover-Illustration und des Artwork der Veröffentlichung, inklusiver aller Abstimmungen (z. B. mit dem Lizenzgeber) und aller Korrektur-Phasen. Manchmal habe ich auch beim Hörspielskript oder der Cover-Illustration Nachbesserungswünsche. Letzteres fällt aber bei Die drei ??? weg, weil wir hier eine Vorlage vom KOSMOS Verlag bekommen. Als Produktmanager bin ich auch meistens bei den Aufnahmen im Studio dabei, denn oft gibt es doch noch irgendwelche Fragen, bei denen dann im Zweifel immer alle den Produktmanager angucken. Schließlich kümmere ich mich auch noch um eine ganze Menge administrativer Dinge, die für die Veröffentlichung eines Hörspiels nötig sind, zum Beispiel Titelanmeldung, und halte den Kontakt zu den Kollegen aus dem Vertrieb und Marketingabteilung.«[360]
Bei einer Produktmanagerin laufen also alle Fäden zusammen. Wodrichs Chef war seit 1993 Ulli Feldhahn, der bei BMG die Gesamtverantwortung für das EUROPA-Kinderprogramm trug. 1954 in Köln geboren, verbrachte Ulli Feldhahn den Großteil seines Lebens in Hamburg, wo er auch Betriebswirtschaftslehre (BWL) studierte. Seine wahre Leidenschaft galt aber immer schon der Musik. Zusammen mit seinen beiden jüngeren Brüdern Andreas und Eberhard spielte er in einer Band namens Esquire. Nach der Band benannten die Feldhahn-Brüder auch ihr eigenes Studio. Als Kunden ihre Rechnungen nicht bezahlten, waren auch die drei Brüder pleite.
Seit 1981 arbeitete Ulli Feldhahn dann als Tonmeister bei Miller International. Mit den Wortproduktionen von Andreas Beur-

mann und Heikedine Körting hatte er nichts zu tun. Feldhahn war Produzent in der Musiksparte der Schallplattenfirma. Aber es gab natürlich die eine oder andere Begegnung, bei der die Regisseurin gelegentlich nach Musiktiteln für ihre Hörspiele fragte. Das lag auch deshalb nahe, weil Feldhahn bei Miller viele klassische Kinderlieder produzierte. »Meine Brüder und ich waren damals alle um die 20 Jahre alt, da waren wir für jeden zahlenden Kunden dankbar. Viel Geld haben wir dafür nicht bekommen. Es gab auch keinen richtigen Auftrag. Wir stellten für Heikedine Körting Titel zusammen, die wir ohnehin in unserem eigenen Studio produzierten«, erzählt Ulli Feldhahn.[361]
Auf einem dieser Tonbänder, die meistens etwa 50 Minuten lang waren, befand sich auch das Stück *In the Middle of the Night.* Während einige Titel der Feldhahn Brothers nie eingesetzt wurden, avancierte dieses Lied zum Serienkult. Erstmals wurde es 1985 in *Die drei ??? und der heimliche Hehler* (37) eingesetzt, weil außer der Titelmelodie keine Musik mehr von Carsten Bohn in den Hörspielen verwendet werden sollte.
Ulli Feldhahn nahm die Verwendung des Lieds sowie weiterer Titel gar nicht wahr. Es war eines von vielen Stücken, die er zusammen mit seinen Brüdern produzierte. Der Gesang stammte von seinem jüngsten Bruder Andreas, komponiert wurde das Lied indes von Eberhard, einem ausgebildeten Musikkaufmann. Ulli Feldhahn spielte zwar auch Gitarre und andere Saiteninstrumente, noch wichtiger war aber, dass er das Mischpult bedienen konnte. »Wir haben jeden Tag produziert. Zunächst war es hauptsächlich Rock- und etwas Popmusik, später kamen Aufträge für Werbeclips dazu. Einige Lieder wurden gar nicht in Deutschland, sondern nur in Asien veröffentlicht. Ich glaube sogar, dass *In the Middle of the Night* in Japan ein richtiger Hit – wenn nicht sogar Nummer 1 – war«, sagt Feldhahn.[362] Die Hand würde er dafür allerdings nicht ins Feuer legen. Es könnte auch ein anderes Lied und Charterfolg in einem anderen Land

gewesen sein. »Das ist alles so furchtbar lange her und hat uns damals gar nicht großartig interessiert«, gibt er zu bedenken.[363]
Als Miller International von 1989 von der BMG Ariola München GmbH gekauft worden war, wurde Ulli Feldhahn als einer der ersten entlassen. Ariola hatte keine eigenen Studios und brauchte demzufolge auch keinen Tonmeister. Doch schon nach wenigen Monaten klingelte das Telefon. Die neuen Eigentümer hatten schwere Not, Mitarbeiter für einen Umzug von München nach Quickborn zu bewegen. Das war ein glücklicher Umstand für Feldhahn, der gerade Vater geworden war und ein Haus in Hamburg gekauft hatte. Bei der BMG Ariola Miller GmbH stieg er in der Marketingabteilung ein. Als 1993 der Chef der Kinderabteilung von Miller, Christian Miesen, entlassen wurde, nahm dort fortan Ulli Feldhahn auf dem Chefsessel Platz.
Dabei kümmerten ihn Die drei ???, TKKG oder die Fünf Freunde wenig bis gar nicht. »Nachdem EUROPA aufgrund des Gameboy-Knicks einen dramatischen Einbruch um etwa 50 Prozent bei den Verkaufszahlen zu verzeichnen hatte, musste ich mich erst einmal auf die Suche nach einer neuen Zielgruppe für unsere Kinderprodukte begeben. Serien wie *Benjamin Blümchen* oder *Bibi Blocksberg* vom Konkurrenzlabel Kiosk waren von der Krise gar nicht so stark betroffen. Denn die wurden nach wie vor von Vorschul- und Grundschulkindern gehört. Unsere Zielgruppe, nämlich die neun- bis zwölfjährigen Kinder, spielten jetzt Computer oder guckten Fernsehen. Also lag mein Fokus darauf, Produkte für eine jüngere Zielgruppe zu lizensieren, zum Beispiel *Sesamstraße* oder *Sandmännchen*. Die drei ??? liefen völlig unter dem Radar«, sagt Ulli Feldhahn.[364]

Neuauflagen, Teil 1

Als Corinna Wodrich mit ihrer Tätigkeit anfing, waren längst nicht mehr alle Die drei ???-Folgen auf dem Markt erhältlich. Denn mit seinem Teil-Urteil vom 31. Mai 1991 hatte das Landgericht Hamburg den weiteren Verkauf der ersten 39 Die drei ???-Hörspiele mit den Kompositionen von Carsten Bohn untersagt. Die gängigsten Folgen wurden dann mit neuer Musik und ohne Nummerierung auf dem Frontcover neu aufgelegt. So waren 1991 zwar *Der Super-Papagei* (1), *Der Phantomsee* (2), *Der Karpatenhund* (3), *Die flüsternde Mumie* (10), *Das Gespensterschloß* (11), *Der Zauberspiegel* (16), *Die silberne Spinne* (24), *Das Riff der Haie* (30), *Der Ameisenmensch* (32), *Der Super-Wal* (36), *Der unsichtbare Gegner* (38) und *Die Perlenvögel* (39) weiterhin erhältlich, insgesamt 27 Folgen mussten aber aus dem Katalog genommen werden. Das wurmte die Produktmanagerin dermaßen, dass sie immer wieder bei ihrem damaligen Chef auf deren Wiederveröffentlichung drängte. Steter Tropfen höhlt den Stein. Irgendwann hatte Feldhahn von der Nachfragerei die Nase voll. ›In Gottes Namen‹, habe er dem Sinn nach gesagt, ›wenn du es für 30.000 D-Mark schaffst, die 27 Folgen zu überarbeiten und wieder zu veröffentlichen, dann mach es halt!‹[365]

Pro Folge hatte Wodrich also etwas mehr als 1.000 D-Mark zur Verfügung. »Das Geld musste zwischen drei Beteiligten aufgeteilt werden: Der Graphiker Manfred Schoedsack musste alle Booklets überarbeiten – vor allem auch, weil sich zu dem Zeitpunkt einige Standards (BMG Ariola Miller GmbH statt Miller International, Titelnummern, etc.) geändert hatten. Im Studio Körting mussten die entsprechenden Musiken ausgetauscht werden, was der größte Aufwand war. Und schließlich musste auch unser Mastering-Studio (Peter Harenberg und sein hamaudio.de) die Folgen neu mastern und in die Fertigung hochladen«, erklärt die damalige Produktmanagerin.[366] »Normalerweise wären diese drei Jobs für zusammen jeweils 1.000 D-Mark nicht möglich gewesen, aber irgendwie ist es mir damals gelungen, alle drei zu überreden, hier auch mal für ›ganz kleines Geld‹ zu arbeiten und die Wiederveröffentlichung möglich zu machen. Ich muss damals ziemlich überzeugend gewesen sein – oder nervig … haha!«[367]

Der Austausch der Musik stieß bei vielen Fans auf Unverständnis. Auch André Minninger gefiel das ganz und gar nicht: »Ich bin selbst Fan und Liebhaber der alten Musik. Ich habe gekämpft, dass wenigstens die alte Titelmelodie verwendet werden kann. Aber es half nichts«, erinnert er sich.[368] »Der Austausch der Musik hat mir in der Seele wehgetan. Ich habe große Hochachtung für die Musik von Carsten Bohn. Ich hätte sie gerne drin gelassen. Aber es ging nicht anders. Ansonsten hätte es keine Neuauflagen gegeben.«[369]

Die neuen Versionen begannen nun alle mit der Vocoder-Titelmelodie von Jan-Friedrich Conrad. Carsten Bohns Musik wurde auch durch Stücke von Andris Zeiberts und Constantin Stahlberg ersetzt. Zeiberts war wie andere Hörspielmusiker Student bei Professor Beurmann. Erstmals wurden seine Stücke 1994 in *Tatort Zirkus* (57) verwendet. Zeiberts Hörspielmusik war vor allem Mitte der 90er Jahren sehr präsent in den drei ???-Hörspielen. Das schlug sich auch in der Neuauflage des Soundtracks *Die Originalmusik* (29) nieder, auf dem neben Stücken von Jan-Friedrich Conrad auch Musik von Zeiberts ist. Aus der Feder von Zeiberts stammt auch der Rap, das einzige Stück mit Gesang von Oliver Rohrbeck, Jens Wawrczeck und Andreas Fröhlich. Auch Heikedine Körting und André Minninger erhielten Credits für das Lied.

Auf der neuen *Originalmusik* sind auch zwei Stücke von Constantin Stahlberg enthalten. Stahlberg wurde 1946 in Seevetal südlich von Hamburg geboren. Der musikbegeisterte Unternehmer bereichert seit 1996 Die drei ???-Hörspiele mit seinen

Kompositionen. Im Jahr 2002 gründete der Mäzen die Stahlberg Stiftung, in deren Vorstand auch Heikedine Körting sitzt. Im Eigentum der Stiftung befindet sich mittlerweile auch das Gut Hasselburg.

Bei den Neuauflagen wurden auch ein paar weitere Korrekturen an den Hörspielen vorgenommen. Bei *Die drei ??? und die bedrohte Ranch* (33) wurde Peter Kirchberger durch Andreas Beurmann ersetzt. Onkel Titus wird in dieser Folge seitdem wieder von seinem Stammsprecher gesprochen. Die Haushälterin Elsie wurde neu mit Hansi Jochmann besetzt. In der Folge wurde generell einiges geändert. So fiel beispielsweise bei Mr Barrons Wutausbruch »Kommunisten, Anarchisten, Pack« das »Pack« der Schere zum Opfer.

Diese und viele weitere Änderungen in der Neuauflage sind im Schnittbericht auf rocky-beach.com dokumentiert. Viele Kürzungen hatten technische Gründe. Denn die Kassetten wurden nicht mehr wie früher in Eigenregie hergestellt, sondern es wurden MCs mit standardisierten Bandlängen – 20, 25, 27 oder 30 Minuten Spielzeit je Seite – verwendet. Je länger die Kassette war, desto teurer wurde auch die Produktion. Manchmal waren die Hörspiele nur ein paar Sekunden zu lang, sodass Minninger angehalten wurde, entsprechend zu kürzen. Minninger ging dabei keinesfalls leichtfertig vor, musste aber letztendlich Entscheidungen fällen.

In *Die drei ??? und der seltsame Wecker* (12) störte Minninger bereits als Kind ein Dialog zwischen Justus und Peter übers Mittagessen.[370] Also flog die Sequenz raus. Das gleiche Schicksal traf in der Neuabmischung von *Die drei ??? und der rote Pirat* (34) die Sätze: »Warum sind Zombie-Filme Dreck? Es gibt auch gute ihrer Sorte.« Hierzu sagt Minninger: »Diese ›Witze‹ stammen aus der Feder von H. G. Francis und nicht aus der Buchvorlage. Diesen ›Humor‹ setzte Francis bis Folge 48 konsequent fort. Der Charakter der Serie verwässerte so mehr und mehr. Ab Folge 49

habe ich mich eingesetzt, zum ›alten Stil‹ zurückzukehren und sich strenger an die Buchvorlage zu halten. Somit halte ich die Neuauflagen dieser Periode für das Original.«[371]
Vielleicht hätte es die Rokokokokotte oder den Haschimitenfürst ebenfalls getroffen, doch die dazugehörigen Fälle gehörten nicht zu den 27 Hörspielen, die überarbeitet und neu aufgelegt wurden. Der Zombie-Gag von H. G. Francis hat natürlich eine Hintergrundgeschichte. Als H. G. Francis gerade an dem Hörspielskript zu *Die drei ??? und der rote Pirat* (34) saß, wurde ein Indizierungsantrag gegen eines seiner Hörspiele von der Gruselserie gestellt: *Die Insel der Zombies.* »Anfang der 80er Jahre wurde der Horrorfilm *Ein Zombie hing am Glockenseil* verboten. Die Folge aus der Gruselserie wurde vermutlich nur deshalb herausgepickt, weil es da auch um Zombies ging«, mutmaßt André Minninger.[372] Damals wurden auch andere Horrorserien von EUROPA vom Jugendschutz unter die Lupe genommen. Macabros, Larry Brent und die Gruselserie wurden infolge von Indizierungsanträgen gegen einzelne Folgen eingestellt. Um seinen Unmut darüber kundzutun, ließ H. G. Francis den Zweiten Detektiv eine Lanze für Zombie-Filme brechen, obwohl dies gar nicht zu dem ängstlichen Peter passte.
Und es gibt weitere Beispiele für vorgenommene Änderungen: In der Neuabmischung von *Die drei ??? und das Bergmonster* (14) fehlt der Kommentar des Erzählers: »Justus ist aufgeschmissen. Geht es meinen Hörern auch so?« »Auf dem Rohband war dieser Satz von Peter Pasetti nicht drauf. Er hatte ihn damals nachträglich eingesprochen. Er stand uns einfach nicht zur Verfügung. Es steckt also keine böse Absicht dahinter«, sagt Minninger.[373] »Auf dem Rohband befinden sich nur die trockenen Dialoge ohne Geräusche und Musik«, erläutert er.[374] »Hin und wieder hat die damalige Cutterin Heikedine Arbeit abnehmen wollen und gewisse Sequenzen auf dem Rohband bereits mit Musik unterlegt. Daher mussten leider oft gerade Sätze am Anfang ei-

ner Musik gestrichen werden.«[375] Das war zum Beispiel bei *Die drei ??? und die gefährliche Erbschaft* (17) der Fall. Nachdem die drei Detektive am Ende einer falschen Spur angelangten, motzt Peter: »Ein Betrug ist das!« Im Original folgte darauf noch ein ironisches Lachen von Kommissar Reynolds. »Dieser Satz lag leider nur mit unterlegter Musik vor. Da wir die Musik rausnehmen mussten, mussten wir den Satz leider streichen. Wir waren froh, dass überhaupt Peters ›Ein Betrug ist das‹ nicht von Musik unterlegt war, sodass wir wenigstens diesen Spruch behalten konnten.«[376]

Im EUROPA-Katalog 1996/97 hieß es dann endlich: »Alle wieder da!« Der Handel war aber noch nicht bereit für Die drei ??? und eine großflächige Rückkehr. Also fädelte Corinna Wodrich einen Deal mit Music Direct ein. Den Hörspielen lag ein Bestellschein bei, über den man nun alle Folgen direkt bestellen konnte. Auch hier war Wodrichs Chef zunächst skeptisch, ließ sie aber gewähren, solange der Eifer seiner Mitarbeiterin keine Kosten verursachte. Der Direktvertrieb hatte den Vorteil, dass man einen besseren Überblick über die Abverkäufe hatte. Viele Kunden bestellten nicht einfach ein paar Hörspiele, sondern nicht selten alle wiederveröffentlichten Folgen. Spätestens als die erste Abrechnung von Music Direct kam, waren auch in der Chefetage von BMG alle Zweifel beseitigt. Im Handel wurden Die drei ??? nun ebenfalls wieder sichtbarer. Jetzt setzte auf einmal eine Aufwärtsspirale ein. Gegen Ende der 90er Jahre zogen die Hörspielverkäufe auch insgesamt wieder an. »Besonders merklich war das an den Die drei ???«, sagt Heikedine Körting. »Ich denke, wenn Die drei ??? nicht wiedergekommen wären, wäre das Kinder- und Jugendhörspiel heute tot.«[377]

Schon früh herrschte bei EUROPA dank unkonventioneller Marktforschungsmethoden Klarheit darüber, wer die Hörspiele noch oder wieder hörte. Das kam so: Corinna Wodrichs jüngerer Bruder Alexander jobbte damals für einige Wochen bei

EUROPA. Seine Aufgabe war, all diejenigen anzurufen, die Die drei ???-Kassetten über den Direktvertrieb bestellt hatten. Die Umfrage ergab, dass fast alle Käufer bereits erwachsen waren und die Hörspiele für sich selbst bestellt hatten. Nachdem man genau Bescheid wusste, mit welcher Art von Kunden man es zu tun hatte, konnte das Marketing zielgruppengerecht erfolgen.

Das Internet wirkte dabei wie ein Katalysator. Im Sommer 1996 hatten zwei Studenten aus Münster und Bielefeld die *Rocky Beach Homepage* ins Leben gerufen. Im Jahr darauf ging rocky-beach.com online. Hatte man sich früher in Schule und Kinderzimmern über die geliebte Serie unterhalten, so tummelten sich die Fans nun in den Foren und Chats. Angesteckt vom Enthusiasmus der Fans, die Die drei ??? seit ihrer Kindheit durchgehend gehört hatten, entdeckten viele alte Fans die Serie neu für sich.

Gemäß einer Umfrage der Münsteraner *Rocky Beach Homepage* war der durchschnittliche Hörer 24 Jahre alt und hatte mit neun Jahren seine Liebe für die Serie entdeckt. Natürlich wurde die Umfrage nicht unter streng wissenschaftlichen Standards durchgeführt. Verzerrungen kommen allein schon dadurch zustande, dass Ende der 90er Jahre fast nur junge Erwachsene im Internet surften. Und trotzdem war die Grundaussage der Statistik aus dem Mai 1999 richtig. Und sie deckte sich mit den Ergebnissen der unkonventionellen Marktforschung von Corinna Wodrich. »Den größten Anstieg insgesamt hatten wir damals in den Jahren 1997 bis 2001«, sagt Wodrich.«[378] Ende der 90er Jahre wurden Die drei ???-Hörspiele überwiegend von jungen Erwachsenen gehört.

Noch heute ist die Bücher-Zielgruppe hingegen eine andere. KOSMOS hat die acht- bis zwölfjährigen Kinder im Blick, auch wenn einige erwachsene Hörspielfans ebenfalls zum Buch greifen. Zwar gab es zwischen EUROPA und KOSMOS Absprachen, aber von einer richtigen Zusammenarbeit konnte damals noch keine Rede sein. Jenseits der geschäftlichen Belange kochte jeder sein eigenes Süppchen. Und dennoch begann auch in Stuttgart eine neue Ära. Nach 16 Büchern wurde Brigitte Johanna Henkel-Waidhofer von einem Autorenteam abgelöst: André Marx, André Minninger und Ben Nevis sowie später – und nur für kurze Zeit – Katharina Fischer. Die neuen Autoren hatten in Kindheitstagen selbst gerne Die drei ??? gelesen und gehört. Ihre Fälle gingen wieder mehr in Richtung der Klassiker. Jetzt wurden auch die alten Fans wieder abgeholt. Gleich in seinem Debüt *Die drei ??? und der Poltergeist* (73) kredenzte André Marx dem Publikum wieder einen Fall mit Mystery-Elementen. Und hinter all dem inszenierten Spuk steckte auch gleich noch ein alter Bekannter: Victor Hugenay. Gleichwohl drehte der KOSMOS Verlag das Rad der Zeit nicht vollends zurück. Die klassisch angehauchten Fälle ergänzte KOSMOS weiterhin mit Sport- und Trendfolgen. Es gab aber beim KOSMOS Verlag keinen Retrohype. Die drei ???-Bücher verkauften sich vor, während und nach der BJHW-Ära konstant gut. Der ausbrechende Hype war eindeutig von den Hörspielhörern losgetreten worden.

Das Vollplaybacktheater

Der Aufschwung wurde allen Beteiligten erst allmählich bewusst. Jens Wawrczeck erinnert sich: »Ende der neunziger Jahre. Auf einer Unterhaltungsmesse in Köln ließ eine Gruppe Studenten eine Folge der drei ??? laufen und machte dazu den Mund auf und zu. Hunderte Fans haben die ganze Folge mitgesprochen.«[379] Mit der Gruppe von Studenten ist das Vollplaybacktheater (VPT) gemeint. Das VPT wurde 1997 in Wuppertal von SupaKnut und Nikolaus Hartmann gegründet. Die Theatergruppe inszeniert die Hörspiele – wie der Name schon sagt – als Vollplayback. Die Schauspieler sprechen also nicht selbst, sondern bewegen ihre Lippen synchron zum Hörspiel. »Das mit den Hörspielen war am Anfang nur ein Teil des Konzeptes von SupaKnut und seinem Kollegen Nikolaus. Letzterer war leidenschaftlicher Fotograf, und so war der andere Teil des Konzeptes, ein ›Dia-Theater‹ zu machen. Daher waren Rückprojektions-Leinwände von Anfang an ein wichtiger Teil der VPT-Bühnenbilder«, erklärt David J. Becher vom Vollplaybacktheater.[380]

Als erstes Stück wählte das Ensemble ausgerechnet *Die drei ??? und das Geheimnis der Särge* (67) aus. »Wir hatten im Mai 1999 unsere allererste Deutschlandtour gemacht und in zehn (west-) deutschen Großstädten festgestellt, dass es offensichtlich ein dringendes Bedürfnis unter jungen Erwachsenen gab, gemeinsam die 80er-Jahre-Kindheit zu feiern. An manchem Abend fühlte es sich fast wie in einer Selbsthilfegruppe an: Die Leute stellten vor Ort fest, dass sie nicht die einzigen Verrückten waren, die immer noch ihre Kinderhörspiele hörten«, so Becher.[381]

Am 22. August 1999 trat das Vollplaybacktheater auf der Popkomm in Köln auf. Die Fachmesse für Musik und Unterhaltung gibt es heute nicht mehr, war damals aber ein großes Event. »Als wir 1997 unsere ersten Shows spielten, waren diese Hörspiele ja, außer in ein paar Spezialistenforen im Internet, eigentlich kein Thema in der (Pop-)Kultur. Daher war natürlich auch die Platzierung explizit bei der Popkomm damals ein geschickter Zug unseres Managements – so haben wir aus Kinderkassetten Pop gemacht«, sagt Becher.

Der Erfolg war natürlich auch den Verantwortlichen bei EUROPA und BMG nicht entgangen. »Denen haben wir mit unserer Tour gut das Potenzial ihres Produktes aufzeigen können. Also kamen Überlegungen auf, was man daraus machen könnte«, blickt Becher zurück. Denn 1999 wurde die Hörspielserie schließlich 20 Jahre alt. »Und so entstand der Plan, das irgendwie zu kombinieren.«[382]

Auf der Messe präsentierte das Vollplaybacktheater ein Double Feature ihrer ersten beiden Shows, *Die drei ??? und das Geheim-*

nis der Särge und *Die drei ??? und der Super-Papagei.* »Dazu wurde extra eine kurze Dialogsequenz mit Justus, Peter, Bob und ihren Freundinnen geschrieben«, erzählt Becher. Die drei Detektive wurden dabei wie immer von Dokter Thomas, SupaKnut und Sascha Gutzeit gespielt. Da es in den Reihen des Vollplaybacktheaters nicht genügend weibliche Mitglieder gab, halfen Corinna Wodrich und Hilla Fitzen von BMG neben Britta Lemon als Freundinnen aus. Das war nicht das einzige Besondere. Das Playback kam nicht vom Band, sondern wurde live von Oliver Rohrbeck, Jens Wawrczeck und Andreas Fröhlich gespielt. »Eine Szene, die darin gipfelte, dass eben die Sprecher in dichtem Nebel und mit Beleuchtung von hinten auf die Bühne traten und bis zum Ende nicht so ganz richtig erkennbar wurden. Damals war noch der klare Plan, sie lieber weiter ein Mysterium sein zu lassen«, sagt Becher.[383]

»Wir haben damals lange überlegt und viel diskutiert, ob es eine gute Idee wäre, den Sprechern ein Gesicht zu geben oder nicht. Auf der einen Seite war uns durchaus bewusst, dass es der Wunsch von vielen Fans war, doch auch mal die Menschen hinter den Stimmen ihrer Helden zu sehen und kennenzulernen«, erklärt Wodrich.[384] »Auf der anderen Seite war uns aber auch bewusst, dass dadurch – zumindest bei einigen Hörern – vielleicht auch eine Illusion zerstört werden könnte. Außerdem waren sich auch die drei Sprecher untereinander nicht ganz einig, inwieweit sie ihre Hörspiel-Stimmen nun mit ihren eigenen Gesichtern in Verbindung gebracht sehen wollten.«[385] Als Kompromiss ließ man den Auftritt zunächst hinter einer Papierleinwand mit Gegenlicht stattfinden. So waren die drei Sprecher zwar live vor Ort, aber auch nicht vollends im Rampenlicht.

Dieser Auftritt sei ein »Schlüsselerlebnis« gewesen, erinnerte sich Jens Wawrczeck später: »Wir wurden gefragt, ob wir am Ende der Veranstaltung als Überraschung auf die Bühne gehen würden. Da waren wir dann also in dieser Halle, und da waren

1.500 Leute, die teilweise die Texte dieses Hörspiels, das aus den Lautsprechern schallte, auswendig mitsprachen.«[386] Wawrczeck hat noch genau die Worte im Kopf, die er damals in dieser in seinen Augen skurrilen Situation zu seinen beiden Kollegen sagte: »›Die kennen das Hörspiel auswendig. Das ist unglaublich.‹ Wir sind dann durch eine Papierwand auf die Bühne gesprungen. Da gab es ein Gejohle und Gegröle, als wäre Madonna aufgetreten. Ich glaube, da haben wir zum ersten Mal gemerkt, dass eine unglaubliche Fangemeinde existiert.«[387]

Toteninsel: Das erste große Jubiläum

Allein im Jahr 2000 wurden über 2,1 Millionen Die drei ???-Hörspiele verkauft. Seitdem 1979 die erste Folge herauskam, waren es über 21 Millionen Exemplare. Die drei ??? surften auf einer Erfolgswelle ihrem ersten großen Jubiläum entgegen: Im Jahr 2001 stand Folge 100 an. Als Andreas Fröhlich zwei Jahre vorher nach seinen Wünschen für diesen Fall gefragt wurde, antwortete er augenzwinkernd: »Ne Mischung aus Picknick am Valentinstag und unheimlicher Begegnung der dritten Art, und dann verschwinden Die drei ??? für immer!«[388] Tatsächlich dachten Oliver Rohrbeck & Co. mal wieder ans Aufhören, hatten es sich dann aber anders überlegt.

Jetzt kam der Hype um Die drei ??? auch beim KOSMOS Verlag an. »Spätestens jetzt war klar, dass die über 30 Jahre alte Jugendbuchreihe so quicklebendig wie nie war«, schwärmt Silke Arnold, die damals für die Serie von Verlagsseite zuständig war. André Marx hatte die Idee, zu diesem besonderen Jubiläum auch etwas Besonderes zu machen: einen Dreiteiler. »Ich erinnere noch heute meine Gänsehaut, als André mir seine Ideen zum 100sten Band schilderte. Da war Musik drin und auch die anderen Verlagsabteilungen wie Vertrieb, Marketing und Presse ließen sich von unserer Begeisterung anstecken und schmiedeten sofort ihre Kampagnenpläne«, erinnert sich Arnold.[389] »Die Fans waren erfreut von dem 390 Seiten langen, extrem spannenden neuen Fall ihrer Lieblingsdetektive. In der Bewertung dessen sich übrigens Hörspielhörer und Buchleser sehr einig sind. Das Phänomen Die drei ??? war ab sofort sehr präsent in der breiten Öffentlichkeit angekommen.«[390]

Bei EUROPA gab es bei *Stimmen aus dem Nichts* (76) schon einmal Pläne für einen Zweiteiler. Die Idee wurde aber wieder verworfen. Mehrteiler ließen sich schlechter in die Verkaufsdisplays stellen und hatten dazu noch eine niedrigere Gewinnspanne. Doch die Buchvorlage sollte natürlich adäquat umgesetzt werden. »Die *Toteninsel* ist [...] eine ganz besondere Aufnahme gewesen, alle Sprecher waren gleichzeitig im Studio anwesend und haben ihren Text zusammen eingesprochen, wodurch einiges an Zeit eingespart wurde, als wenn man nachher die Sequenzen einspielen muss«, erinnert sich André Minninger.[391] Für Oliver Rohrbeck fühlten sich die Aufnahmen nicht anders als bei anderen Folgen an, wie er damals in einem Interview verriet: »Zur Produktion der 100. Folge waren wir, wie gewohnt, in Hamburg und haben uns noch einmal einen Nachmittag zusammengesetzt. [...] Aber richtig groß haben wir es nicht gefeiert.«[392]

Dafür feierten die Fans. Das Team von rocky-beach.com organisierte eine große Jubiläumsparty. Unter den Gästen war damals auch Kari Erlhoff, die heute zum Autorenteam gehört. Sie erinnert sich an die alten Zeiten des unbeschwerten Fan-Daseins: »Die drei ??? waren in aller Munde. Und in Frankfurt feierten die Fans der rocky-beach.com gemeinsam mit André Marx ein rauschendes Fest. Ich war mit von der Partie und hatte zwei großartige Tage. Nachträglich würde ich sagen, dass das die Hochphase der Fans war. Die Zeit, als sich durch das Internet eine bemerkenswerte Gemeinschaft gebildet hat ... und das alles wegen drei Jungs aus Rocky Beach.«[393]

Einige Fans hatten Die drei ??? früher noch auf Langspielplatte gehört. Für Liebhaber gab es nun eine auf 3.000 Exemplare limitierte Vinyl-Ausgabe. Und überhaupt hatte EUROPA die Marketing-Maschine angeworfen. Es gab Werbepartnerschaften mit großen Firmen und ein Mega-Gewinnspiel mit Familienauto als Hauptpreis. Auch schlossen sich EUROPA und das Vollplaybacktheater erneut zusammen. Das VPT ging zeitgleich mit Erscheinen des Hörspiels mit *Toteninsel* auf Tour. »Das war für uns eine sehr seltsame Produktion, weil wir eben nicht entlang von Tönen arbeiten konnten, sondern auf dem Papier anfangen mussten. Wir bekamen zuerst die Buchvorlage, dann das Hörspielskript, dann die Rohaufnahmen und dann das fertige Hörspiel, sobald die Bänder fertig waren«, erinnert sich David Becher an den ungewöhnlichen Ablauf.[394] »Die Premiere war in Hamburg, in unserer Stammspielstätte Große Freiheit 36. Dort hat Bastian Pastewka uns für vollkommen verrückt erklärt, Mola Adebisi für VIVA interviewt und Enie van de Meiklokjes hat mir an der Bar ihren Drink überlassen. Also ein ganz normaler Abend in Hamburg«, schwärmt der Schauspieler noch heute.[395]

Innerhalb von zehn Wochen gingen mehr als 150.000 Hörspiele von der *Toteninsel* über die Ladentische – Gold. »Gigantisch! Das hätten wir uns alle nicht träumen lassen, dass das wieder so stark wird. Ich kann's mir nicht erklären«, freute sich Rohrbeck damals.[396] Auf die Frage, ob er von dem Erfolg von *Toteninsel*, überrascht gewesen sei, gab Andreas Fröhlich unumwunden zu: »Da war ich wirklich sehr überrascht, ja, das hätte ich nicht für möglich gehalten. Das finde ich aber auch wirklich klasse, das hat mich sehr, sehr, sehr gefreut, dass es dann wirklich noch so viele alte Fans gibt, die sagen ›So, jetzt die Hundertste, die kaufen wir uns auch alle.‹ Das ist schon wirklich ein Hammer, und es sind ja auch wieder ganz neue Leute dabei; ich denke mal, das sind mittlerweile auch schon wieder Kinder von den alten Fans.

Da wächst so eine zweite Generation heran, und das freut mich natürlich sehr, find ich sehr schön.«[397]

Die Hörspielmusik von Jens-Peter Morgenstern

Eine Goldene Schallplatte erhielt auch Jens-Peter Morgenstern: Der Großteil der in *Toteninsel* verwendeten Musik stammt von ihm. Morgenstern, am 7. Februar 1951 in Hamburg geboren, gründete mit 16 Jahren seine erste eigene Popband, bei der er Gitarre spielte. Nach und nach erlernte Morgenstern weitere Instrumente. »Ob ein Gitarrenriff von George Harrisson, ein Basslauf von Noel Redding, das Drum-Solo von Ginger Baker. Ich hörte und spielte nach. So kam ich von der Gitarre zum Bass, vom Bass zum Schlagzeug und so weiter«, erzählt der Autodidakt.[398] »Später hörte ich zufällig eines Abends im Radio den Mephisto-Walzer von Franz Liszt, gespielt von Vladimir Ashkenazi. Damit begann meine Reise in die Welt der Klassik!«[399]
Es dauerte aber ein wenig, bis Morgenstern sein Hobby zum Beruf machte. Zunächst begann er eine Ausbildung zum Grafiker, studierte dann Geologie, verschrieb sich aber schließlich doch voll und ganz der Musik. Im Gegensatz zu vielen anderen seiner Vorgänger bei EUROPA studierte Morgenstern aber nie Musikwissenschaften, sondern brachte sich alles in Eigenregie oder mithilfe von Privatlehrern bei.
»Als die ersten Sequenzer-Keyboards und Workstations erschienen, begann ich dann zum Beispiel die Ouvertüre der Meistersinger auf einem Ensoniq-Keyboard zu programmieren – um zu lernen und um hinter die Geheimnisse eines Meisters zu kommen«, erklärt Morgenstern.[400] »All diese Einflüsse führten zwangsläufig zur Film- und Hörspielmusik. Denn nur dort besteht die Möglichkeit, all diese unterschiedlichsten Musikstile miteinander zu verbinden.«[401]

Seit 1997 besitzt der Musiker ein eigenes Studio. »Zu dieser Zeit produzierte ich einen Song mit der wunderbaren Sängerin Isgaard. Im Refrain verwendete ich die Urbi-et-orbi-Litanei des Papstes Johannes Paul II. Diesen Song bot ich Heikedine Körting an. Und sie war sehr interessiert an einer gemeinsamen Vermarktung. Im weiteren Verlauf ergab sich schließlich die bis heute anhaltende Zusammenarbeit im Bereich der EUROPA-Hörspiele«, erzählt Morgenstern, dessen Musik erstmals in *Im Bann des Voodoo* (79) verwendet wurden.[402]

Morgensterns Musik ist aus den EUROPA-Hörspielen nicht mehr wegzudenken. »Musik für Die drei ??? zu produzieren, macht mir immer wieder großen Spaß. Die Suche nach dem passenden Sound oder einer Atmo, die die Stimmung der Szene trifft, ist nicht selten Detektivarbeit par excellence! Stets ergeben sich neue Fragen, die musikalisch beantwortet werden wollen. Wer genau hinhört, entdeckt in jedem Musikstück eine kleine Geschichte«, sagt der Musiker.[403] »Wer die Stakkatostreicher des Walkürenritts kennt, findet sie vielleicht in abgewandelter Form in einer Musikuntermalung von dem ein oder anderem Die drei ???-Hörspiel wieder.«[404]

Die Suche nach neuen Klängen für seine Hörspielmusik führte Morgenstern schon bis Kambodscha, Myanmar und Thailand. Das passt auch insoweit sehr gut, weil er gerne Percussions für seine Sequenzen verwendet, unter anderem auch eine große afrikanische Urwaldtrommel.

Zur Besonderheit von Hörspielmusik erklärt Morgenstern: »Das Ganze ist natürlich etwas anders aufgebaut als normale Popmusik [...]. Hörspielmusik hat eben eine ganz spezielle Struktur, die immer wieder neu entsteht. Die meisten Songs sind viel länger, weil die Hörspielproduzenten es gerne haben, sie beim Abmischen im Studio im Hintergrund laufen zu lassen und mehrere Variationen bzw. Übergänge zu haben. Ähnlich wie in der Filmmusik, wo ein Thema immer wieder neu aufbereitet wird.«[405]

Neuauflagen, Teil 2

Parallel zur *Toteninsel* erschienen am 15. Oktober 2001 auch die Folgen eins bis 62 erstmals auf CD. BMG brachte zur Aufbewahrung sogar eine eigene Die drei ???-Schatzkiste auf den Markt, sozusagen der Kassettenkoffer 2.0 zum 100. Fall. Die Neuauflage nutzte André Minninger für eine weitere Ausbesserungsrunde. »Die ersten 39 Folgen wurden inhaltlich nicht noch einmal überarbeitet, aber der Übergang von Seite A zu B wurde auf den CDs fließend gestaltet. Dieses trifft auch auf die Folgen 51 bis 62 zu. Bei den Folgen 40 bis 50 hingegen haben wir eine Menge getan«, erläutert Minninger.[406] »Man höre sich mal den *Schrulligen Millionär* (46), *Die gefährlichen Fässer* (48) oder den *Höllischen Werwolf* (43) an.«[407]

Corinna Wodrich ergänzt: »Bei einigen Folgen wurden zu diesem Anlass ein paar Sprecherrollen gewechselt. Vermutlich waren die Originalsprecher bei den ursprünglichen Aufnahmen nicht greifbar gewesen, und die eh fällige Überarbeitung der Folgen konnte jetzt genutzt werden, um das gerade zu ziehen.«[408] So waren Onkel Titus und Tante Mathilda in *Die drei ??? und der Automarder* (40) ursprünglich mit Gottfried Kramer beziehungsweise Ingeborg Kallweit besetzt worden. Nun nahmen Andreas Beurmann und Karin Lieneweg ihre angestammten Rollen ein. Auch in *Der gestohlene Preis* (44) und *Das Gold der Wikinger* (45) ist seitdem Karin Lieneweg in ihrer Paraderolle zu hören. Und noch was: »Beim *Höllischen Werwolf* habe ich den lächerlichen Werwolf durch einen authentischeren ersetzt«, sagt André Minninger.[409] Das war ihm gerade deshalb ein großes Anliegen, weil dieser Fall sein Favorit unter den Büchern ist. Auch bei der Musik wurden wieder einmal Veränderungen vorgenommen. Nun begannen ausnahmslos alle Folgen mit der Vocoder-Titelmelodie von Jan-Friedrich Conrad. Manuel Backerts *Piper Beta* wanderte ins Archiv. Aber auch unter den ersten

39 Folgen waren Hörspiele, bei denen nochmals Musikstücke ausgetauscht wurden. »Es handelt sich hierbei um Stücke, die nicht streitbefangen sind. Aber man hat sich entschlossen, auf Nummer sicher zu gehen.«[410]

Master of Chess: Die erste Tour

»Im Sommer 2001 rief Andreas [Fröhlich] bei mir an und machte den Vorschlag, mal für die Fans ein Hörspiel ›sichtbar‹ zu machen«, erinnert sich Corinna Wodrich.[411] Die Idee zu einem Live-Hörspiel war Oliver Rohrbeck, Jens Wawrczeck und Andreas Fröhlich beim gemeinsamen Bier in der Kneipe gekommen. »Unsere Idee war, dass es nach der gemeinsamen Zeit im Studio doch einmal nett wäre, überhaupt etwas live zu machen«, sagt Wawrczeck.[412] »Wir dachten zuerst an eine Lesung in einer Buchhandlung, so vor 100 Leuten«, meint Fröhlich.[413] Aber die Produktmanagerin sah darin mehr Potenzial. Es wurden deutlich größere Locations gebucht.

»Ich war und bin schon immer ein leidenschaftlicher Musik-Fan und habe auch immer wieder nebenher für Bands gearbeitet, in der Zeit von *Master of Chess* für Fury in the Slaughterhouse, und kannte mich dadurch relativ gut in diesem Business aus. Außer mir war vorher keiner mal irgendwo mit auf Tour gewesen, insofern sind natürlich auch viele der Entscheidungen mit über meinen Tisch gelaufen. Und weil ich halt nur Rock-Touren kannte, ist *Master of Chess* dann eben auch eine kleine Rock-Tour geworden. Dazu kam auch, dass Steffen Rabe, der die Tour für den Konzertveranstalter A.S.S. aus Hamburg gebucht hat, auch aus dem Musik-Geschäft kam und A.S.S. sonst auch nur ›Rock-Touren‹ veranstalteten«, blickt Corinna Wodrich zurück.[414] Mit Rabes Hilfe konnte die Tour auf die Beine gestellt werden. »Er hat von vornherein voll an das Thema geglaubt und es – teilweise auch gegen eine große Skepsis im eigenen Haus – durchgesetzt und sich die Ohren wundtelefoniert, bis er endlich die örtlichen Veranstalter zusammen hatte, die die Tour möglich werden ließen«, erzählt Wodrich.[415] Es war nämlich gar nicht so einfach, geeignete Locations für ein Live-Hörspiel zu finden. »Ich weiß noch genau, wie Steffen am Jammern war, weil er sich anfänglich überall nur Absagen einhandelte. CinemaxX waren damals so ziemlich die Ersten, die auch an das Thema glaubten – deswegen fanden auch einige der Shows von *Master of Chess* in CinemaxX-Kinos statt. Und vermutlich war es auch da so, dass das nur deswegen klappte, weil bei CinemaxX im Büro ein Die drei ???-Fan saß«, hält Wodrich für möglich. Aber am Ende stand die Tour.[416]

Für die Tour wurde ein ganz neuer Fall konzipiert. Zunächst war mit dem Gedanken gespielt worden, einen Klassiker oder eine der neueren Folgen auf die Bühne zu bringen, der Plan wurde dann aber doch verworfen. Das Stück sollte in jeglicher Hinsicht bühnentauglich sein. Es durfte nicht zu viele Nebenrollen geben und auch keine, die nur kurz am Anfang und dann erst am Ende wieder auftauchten. Die einzelnen Figuren mussten sich deutlich voneinander unterscheiden. Der Fall durfte einerseits nicht zu dialoglastig sein, sollte andererseits aber auch mehr action- und vor allem comedyartige Elemente enthalten. Natürlich versprach man sich von einem neuen Stück auch eine positive Auswirkung auf den Ticketverkauf. Der englische Titel wurde bewusst gewählt, um *Master of Chess* von den anderen Fällen abzugrenzen. Die drei ??? überhaupt auf die Bühne zu bringen, war für sich genommen schon ein Wagnis. Ein weiteres Risiko sollte nicht eingegangen werden.

Master of Chess schrieb keiner der üblichen Autoren vom KOSMOS Verlag. Die Vorlage für den ersten Live-Fall der drei Detektive stammte von der Schauspielerin und Autorin Stefanie Burkhart. Die Bühnenfassung des Stücks stammt von Andreas

Fröhlich. André Marx sagte dazu ein paar Jahre später: »Im Nachhinein denke ich, dass es diese Show rein rechtlich gesehen niemals hätte geben dürfen. [...] Bei *Master of Chess* hatte noch niemanden interessiert, wer da eigentlich rechtlich gesehen etwas machen oder nicht machen darf. Alle dachten wahrscheinlich: Egal, die Fans freuen sich. Es macht Die drei ??? populär. Also was soll's? Warum sollen wir hier jetzt eine Welle machen? Ist doch schön, wenn's alle schön finden. Eine sehr angenehme, entspannte Haltung, geradezu undeutsch, wenn ihr mich fragt.«[417] Für den Hinterkopf: Die drei ??? war seit 1999 eine eingetragene Marke des KOSMOS Verlags.

Oliver Rohrbeck, Jens Wawrczeck und Andreas Fröhlich sollten bei dem Live-Hörspiel nicht alleine auf der Bühne stehen. Den Erzähler gab größtenteils Helmut Krauss. Dieser hatte zwar nichts mit Die drei ??? am Hut, war aber dafür wenigstens mit einem anderen Kult vertraut: *Löwenzahn*. Seit 1981 spielte Krauss in der beliebten Kinderserie den Nachbar Hermann Paschulke an der Seite von Peter Lustig. Bei den letzten vier Shows musste Krauss aber aus terminlichen Gründen von Detlef Bierstedt, der deutschen Stimme von George Clooney, ersetzt werden.

Die Regie führte Holger Mahlich, der aber nicht als Inspektor Cotta in Erscheinung trat. Die Nebenrollen wurden allesamt von Frauke Poolmann und Olaf Kreutzenbeck gesprochen. Letzterer musste jedoch ebenfalls im Laufe der Tour ersetzt werden. Joachim Lautenbach sprang ein, da Kreutzenbeck noch ein anderes Engagement hatte. Keiner der das Kernteam ergänzenden Schauspieler hatte zuvor jemals in einem Die drei ???-Hörspiel mitgespielt. Das änderte sich erst später. Auch gehörten sie allesamt zu einer Generation, die in ihrer Kindheit noch nicht mit Die drei ???-Hörspielen in Berührung gekommen war.

Bei der Auswahl der Sprecher war vor allem wichtig, dass die Chemie in der Truppe stimmte. Krauss und Bierstedt hatten schon oft mit Oliver Rohrbeck und Andreas Fröhlich zusam-

mengearbeitet. Der Kontakt zu Frauke Poolmann, Olaf Kreutzenbeck und Joachim Lautenbach kam über Jens Wawrczeck zustande. Mit Kreutzenbeck hatte er schon gemeinsam Theater gespielt; Pohlmann kannte er aufgrund gemeinsamer Hörspielproduktionen beim öffentlich-rechtlichen Rundfunk.
Eine weitere Voraussetzung für die gemeinsame Tournee war ausreichend Bühnenerfahrung. Man brauchte gestandene Schauspieler, die mit vielen, teils sehr unterschiedlichen Figuren umgehen konnten. Frauke Poolmann musste Ana, die Gräfin und Virginia Burnett verkörpern – und zwar allein mit der Macht ihrer Stimme, ohne Kostümwechsel. Olaf Kreutzenbeck und Joachim Lautenbach mussten mit Passfellow, dem Grafen und dessen Diener Moe ebenfalls drei Rollen sprechen. Für die Schauspieler stellte das aber kein Problem dar. Am Theater ist die Besetzung mehrerer Rollen mit nur einem Schauspieler gang und gäbe. Zwar musste man für *Master of Chess* keine Texte auswendig lernen, auch Proben gab es verhältnismäßig wenige, geschauspielert wurde aber sehr wohl, so Lautenbach. Entscheidend ist die Körperhaltung bei der Darbietung einer Rolle.
Die Premiere fand schließlich am 16. September 2002 im ausverkauften Hamburger Audimax vor 1.700 Zuschauen statt. Die Angaben schwanken etwas, je nachdem wen man fragt. »Damals im April, als Steffen von A.S.S. damit begann, diese Tournee zu buchen, waren wir ja noch davon ausgegangen, dass das Audimax I mit seinen 1.100 Plätzen völlig ausreichen würde. Aber dann ging der Kartenvorverkauf ab wie Schmidts Katze und Steffen kam auf die Idee, doch einfach das Audimax II mitzubuchen und die Trennwand zwischen den beiden Hallen im Boden versinken zu lassen: ›Du meine Güte – ist das dann eine FETTE Halle!‹ Ich denke schon, dass dem einen oder anderen Beteiligten ein bisschen mulmig wurde, als wir morgens in der Halle ankamen und einen ersten Blick auf den riesigen Zuschauerraum warfen …«, schrieb Wodrich am Tag der Premiere in das Tourtagebuch.[418]

Wie würde das Publikum nur darauf reagieren, anstelle von drei 16- bis 17-jährigen Teenagern drei Männer Ende 30 serviert zu bekommen? »Was hatten wir für Angst, die Jungs vor einem Publikum auftreten zu lassen und zum Beispiel zu zeigen, dass Oliver und Jens längst keine jugendliche Haarpracht mehr haben. Wir hatten doch keine Fotos mehr von ihnen erlaubt. Und wenn, dann nur von hinten und mit einer Mütze auf dem Kopf – damit die Kinder nicht die Illusion der Figur verlieren!«, sagte Heikedine Körting.[419] Ein Justus Jonas mit Irokesenschnitt war genauso undenkbar wie mit einer Glatze

Andreas Fröhlich hatte selbst einmal die Illusion einer Figur verloren. »Mit sechs oder sieben Jahren bekam ich meine ersten EUROPA-Schallplatten. Und die Hörspiele, die den meisten Eindruck auf mich machten, waren die Karl May-Vertonungen mit Michael Poelchau als Old Shatterhand. Als ich ihn dann im Studio erlebte, war ich wirklich sehr beeindruckt und voller Ehrfurcht. Er war seit Kindheitstagen eine Art Held für mich«, erinnert sich Fröhlich an die Aufnahmen von *Tatort Zirkus* (57) und *Giftiges Wasser* (59) zusammen mit seinem Held aus Kindheitstagen.[420]

Aber wenn man es genau nahm, war das Geheimnis um die drei Sprecher sowieso schon längst gelüftet. Es gab Autogrammkarten und in den Inlays einiger Hörspiele waren Porträts abgedruckt. Aber ein Live-Auftritt würde ein ganz anderes Ausmaß haben. Was tun? Hinter einer Wand aufzutreten, war für die drei Sprecher genauso ausgeschlossen wie sich als Teenager zu verkleiden. ›Also, Augen zu und durch‹, erinnert sich Andreas Fröhlich: »Wenn es nicht klappt, hören wir sofort damit auf. Vielleicht schmeißen die Leute mit Tomaten am Ende, weil wir ihre Vorstellung von Justus, Peter und Bob zerstören. Denn wenn drei alte Herren vor ihnen stehen, machen wir im schlimmsten Fall ihre Kindheitsidole kaputt. Es stellte sich aber anders dar: Die Leute guckten an sich herunter und stellten fest: ›Mein Gott, wir sind ja auch gealtert!‹. In dem Moment war eigentlich schon der Schulterschluss da. Danach funktionierte das Ganze reibungslos.«[421] Corinna Wodrich entdeckte im Publikum aber auch Zuhörer, die demonstrativ die Augen schlossen und dadurch in manchen Fällen auch einschliefen. Im Großen und Ganzen war die Reaktion des Publikums aber überwältigend positiv.

Am Tag danach reflektierte die Produktmanagerin ihre Eindrücke beim Schreiben ihres Tagebuchs: »Wenn Oliver, Jens und Andreas zusammen im Studio sitzen, wissen sie natürlich, dass es ›da draußen‹ Hunderte und Tausende von Menschen gibt, die das lieben, was Die drei ??? tun. Nur haben diese Fans zunächst keine Gesichter und keine Namen. Man sieht sie nie (oder zumindest nur relativ selten) von Angesicht zu Angesicht. Seit gestern Abend ist das nun anders. Und das ist schon ein ›Erkenntnis-Schock‹, den es erst mal zu verarbeiten gilt! Langer Rede kurzer Sinn: Wir alle waren heute noch komplett überwältigt von dem, was in Hamburg passiert ist, und brauchten eine ganze Weile, um langsam wieder mit der Realität vertraut zu werden.«[422]

Einige Jahre später erinnerte sich Oliver Rohrbeck: »Während dieser Tour haben wir gespürt, dass es bei den drei ???-Fans offenbar einen sehr großen Bedarf danach gibt, zusammenzukommen. Denn es hören zwar sehr viele Menschen seit ihrer Kindheit diese Kassetten und CDs. Das tun sie aber natürlich meistens zu Hause. Deshalb kamen sich die meisten wohl auch schon etwas komisch vor, auch als 30-jähriger Erwachsener immer noch gern mal so ein Hörspiel wie früher zum Einschlafen aufzulegen. Und dann kamen die zu uns zum Live-Hörspiel und haben sich plötzlich unglaublich wohlgefühlt, mit so vielen Gleichgesinnten zusammen ihren Kindheitshelden zu lauschen. Da haben sie gemerkt: Eigentlich bin ich ziemlich normal.«[423]

Das Konzept der Show sah vor, das Hörspielstudio zu den Fans zu bringen. Immer wieder hatte es Anfragen von Fans gegeben, einmal Mäuschen bei EUROPA spielen zu dürfen. Das ging aber nicht. Viel zu klein war das Studio. Doch jetzt wurde der Spieß umgedreht. Das Studio wurde zu den Fans gebracht. Konsequenterweise wählte man als Bühnenbild: *kein Bühnenbild*. Heikedine Körting und André Minninger hatten hingegen mit der Tour fast gar nichts zu tun. »Nicht, weil wir das nicht gewollt hätten, sondern weil ein Studio bei einer Live-Tour einfach nicht benötigt wird. Wenn die Rolling Stones auf Tour gehen, dann ist da auch niemand aus dem Studio involviert, in dem sie ihr letztes Album aufgenommen haben«, erklärt Corinna Wodrich.

Die Studioatmosphäre wurde auf die Bühne gebracht. Die Show war gewollt spartanisch. Es gab keine Kostüme und wenig Lichteffekte. Mit voller Absicht wurde das gesamte Equipment deutlich erkennbar auf der Bühne postiert. Überall lagen Kabel herum. Zentral im vorderen Bereich der Bühne standen Oliver Rohrbeck, Jens Wawrczeck und Andreas Fröhlich vor einfachen Mikrofonständern, an denen zur Dekoration ein weißes, ein rotes und ein blaues Fragezeichen befestigt waren.

Oft versuchte gerade Andreas Fröhlich, seinen Bühnennachbarn Oliver Rohrbeck aus dem Konzept zu bringen – mit Erfolg. Es gab wohl keine Show, bei der nicht einzelne Dialoge wegen Pannen, Versprechern oder Lachkrämpfen wiederholt werden mussten. Aber auch das gehörte zum Konzept. »Die Graft neu tuppezieren« – Versprecher wie dieser von Jens Wawrczeck hauten alle aus den Socken. Bei den Shows konnte praktisch nichts schiefgehen, so Andreas Fröhlich: »Denn wenn man mal einen Hänger oder Versprecher hat, ist man abgesichert: Das Publikum honoriert dies mit tosendem Beifall. Was Besseres gibt es eigentlich nicht. Die Zuhörer wollen erleben, dass was schief geht und uns nicht als Maschinen sehen, die den Text auswendig lernen und diesen dann runternudeln.«[424] Manchmal dauerten Szenen nicht wie üblich weniger als eine Minute, sondern gut und gerne auch einmal fünf oder gar 15 Minuten. Wie im

Studio wurde eine Szene dann abgebrochen und komplett neu angesetzt.
Die drei ??? wurde mit ganz viel Ironie und Humor auf die Bühne gebracht. Wenn Peter zum Beispiel fragte: »Was fummelst du denn da am Türrahmen rum?« Und Justus antwortete: »Meine Vorsichtsmaßnahme. Ich habe vorhin die Tür mit einem meiner Haare fixiert. Aha! Das Haar ist noch da. Eigentlich kann niemand während unserer Abwesenheit das Schachzimmer betreten haben«, dann johlte der ganze Saal. Urkomisch war die Antwort des kahlköpfigen Oliver Rohrbeck. Die Überzeichnung der Charaktere war gewollt, da sie sich als sehr bühnenwirksam erwies. Das Publikum erwartete geradezu, dass ihm die Klischees nur so um die Ohren gehauen wurden. Wenn es sich gar nicht mehr beruhigen wollte, ließ Helmut Krauss auch schon mal ein »Bitte Ruhe« aufblinken.
Nachdem bei den Auftritten im Jahr 2002 eher kleinere Locations bespielt wurden, kamen 2003 auch Open Airs mit mehreren Tausend Zuschauern dazu. Insgesamt wurden knapp 40 Städte mit über 50 Auftritten beglückt. Um den Osten Deutschlands wurde ein großer Bogen gemacht – mit einer Ausnahme. Es gab einen Auftritt in Jena, der aber bei Weitem nicht ausverkauft war. Nur knapp die Hälfte der Plätze war besetzt. Der Osten war immer noch kein gutes Pflaster für Die drei ???. In anderen Städten lief der Vorverkauf hingegen so gut, dass noch eine weitere Show – am gleichen Tag! – angesetzt wurde.
Ein Highlight war auch der Open Air-Auftritt Mitte Mai 2003 vor 3.000 Zuschauern auf der Museumsinsel in Berlin vor der Alten Nationalgalerie – gerade weil es für einige ein Heimspiel war. Der Besucherrekord wurde jedoch mit 4.000 Zuschauern im Hamburger Stadtpark erreicht. Inklusive der Open Airs besuchten etwa 60.000 Zuschauer die *Master of Chess*-Tour.
Das Fazit der Tour fiel auf allen Seiten äußerst positiv aus. »Also das war schon der absolute Höhepunkt bisher«, sagte Oliver

Rohrbeck in einem Interview aus dem Jahr 2004.[425] Heikedine Körting wurde erst jetzt bewusst, welchen Kultstatus Die drei ??? mittlerweile erreicht hatten. »Da saßen Tausende von Leuten – für ein Hörspiel!«[426] Das Konzept ging voll auf, freute sich Rohrbeck: »Das hat ja schon ganz grandios hingehauen, diese Illusion, dieses Kopfkino so gestalten zu können, dass aus den Lautsprechern eine Geschichte kommt, die im Kopf Bilder auslöst, aber auf der Bühne passiert visuell etwas ganz anderes.«[427]

Jens Wawrczeck erging es ähnlich: »Die enorme Wirkung, die Die Drei ??? offensichtlich auf Tausende von Hörern haben, war mir nicht bewusst. Ich fühlte mich nicht immer wohl in meiner Haut. [...] Da schlich sich manchmal das Gefühl ein, ich hätte den Applaus nicht wirklich ›verdient‹. Natürlich war die Tournee bzw. die überwältigende Reaktion des Publikums unglaublich bewegend. Ich sehe es als Privileg, das erlebt haben zu dürfen.«[428]

»Die Tour hat eigentlich so ziemlich alles verändert«, sagt Corinna Wodrich. »Durch die Tour merkten ›die Fans‹, dass sie mit ihrer Leidenschaft nicht allein waren. Das schaffte ein großes Zusammengehörigkeitsgefühl, und auch für uns bekamen die Hörer plötzlich ein Gesicht.«[429] Die Sprecher traten aus dem Schatten ihrer Figuren hervor. »Bis dahin waren die Sprecher ja ›nur‹ zu den Aufnahmen ins Studio gekommen, hatten dort ihre Texte eingesprochen, waren vielleicht noch zusammen essen gegangen, und waren dann jeder wieder seines eigenen Weges gegangen. Ohne das abwertend zu meinen, war es für die Sprecher bis dahin vermutlich eher einer von vielen Sprecher-Jobs gewesen«, sagt Corinna Wodrich.[430] »Das änderte sich durch die Tour dann, weil die Sprecher natürlich aktiv an der (Aus-) Gestaltung und Umsetzung der Tour beteiligt waren. Also von der Entwicklung des Manuskriptes, über die Besetzung der Rollen, die technische Umsetzung, Proben und Regie, bis hin zur eigentlichen Durchführung der Tour.«[431] Nach vielen Jahren traten sie nun auch selbst künstlerisch in Erscheinung und gaben den Figuren somit eine weitere Ebene der Rezeption. Die drei ??? waren Justus, Peter und Bob, also literarische Figuren. Die drei ??? war eine eingetragene Marke des KOSMOS Verlags. Und nun verschmolzen auch Oliver Rohrbeck, Jens Wawrczeck und Andreas Fröhlich mit ihren Rollen und wurden mit den drei ??? gleichgesetzt.

Der grandiose Erfolg der Tour setzte ganz viel Die drei ???-Energie frei – insbesondere bei Oliver Rohrbeck. Im Jahr 2003 gründete er die *Lauscherlounge*. Seit 2004 veranstaltet er Record Release Partys. »Nachdem wir festgestellt hatten, dass es da ganz offensichtlich bei den Fans eine echte Nachfrage gab, gemeinsam den Abenteuern von Justus, Bob und Peter zu lauschen, haben wir das [...] als regelmäßige Veranstaltung eingeführt. Die waren vom Start weg gut besucht und werden immer noch größer. Wir haben seitdem keinen Fall mehr ausgelassen«, so Rohrbeck. [432] Die Premiere fand am 5. Februar 2004 in Berlin statt. Die erste *Die drei ???*-Folge, die die Fans gemeinsam mit Justus Jonas vorab und in voller Länge hören konnten, war *Die Villa der Toten* (114). Rohrbeck begrüßte jeden der mehr als 400 Hörspielfans persönlich mit Handschlag.

25 Jahre Super-Papagei

2004 fusionierte BMG mit Sony, sodass das Label EUROPA nun zu Sony BMG Music Entertainment gehörte. Corinna Wodrich blieb aber als Produktmanagerin weiter für Die drei ??? zuständig. Ihr Schreibtisch wanderte jedoch von Quickborn nach Hamburg. Im Oktober des gleichen Jahres feierte Sony BMG das 25jährige Die drei ???-Hörspiel-Jubiläum. Für diesen Anlass wurde eigens die erste Folge *Die drei ??? und der Super-Papagei* neu aufgenommen. Das Remake ist näher an der Buchvorlage und enthält einige Szenen, die bei der Erstaufnahme gestrichen wurden. Leider konnten nicht alle Sprecher von einst wieder ihre Rollen einnehmen. Richard Lauffen (Mr Fentriss) und Katharina Brauren (Miss Waggoner) waren zu diesem Zeitpunkt bereits verstorben. Dafür schlüpften neben Andreas von der Meden und Wolfgang Kubach auch Stefan Brönneke und Gerlach Fiedler in ihre alten Rollen. Fiedler konnte leider selbst nicht ins Studio kommen, sondern nahm seine Takes am Krankenbett auf, was die schlechte Tonqualität entschuldigt. In der Szene, in der Mr Claudius von Carlos gebissen wird, gingen mit Fiedler die Pferde durch. Er sagt: »Verdammter Hurensohn.« Ein Kraftausdruck, der garantiert so nicht im Skript stand, es aber dann doch aus unerfindlichen Gründen aufs finale Master-Tape schaffte.

Am 2. Oktober 2004 wurde das Remake mit einer einmaligen Aufführung in der Hamburger Color Line Arena vor 12.000 Zuschauern aufgeführt. Im Gegensatz zur *Master of Chess*-Tour waren bei diesem Auftritt auch Urgesteine wie Andreas von der Meden und Stefan Brönneke auf der Bühne. Den Erzähler gab Thomas Fritsch. Die weiteren Nebenrollen wurden von Detlef Bierstedt, Brigitte Böttrich und Ben Hecker gesprochen. »Wir saßen ziemlich weit hinten und hatten vor uns diese Menschenmenge. Wir kamen uns vor wie auf dem Fußballplatz – die Leute waren so begeistert«, schwärmt Heikedine Körting.[433] Im Nachgang des Live-Hörspiels hielt Ulli Feldhahn eine Rede, in der er die Color Line Arena unter tosendem Applaus als das größte »Kinderzimmer der Welt« bezeichnete.

Rohrbeck war nach der Show noch tagelang hin und weg: »Vor 12.000 Leuten aufzutreten, vor den Leuten, die da alle mit so guten Gedanken hinkommen – das sind alle von der Anlage her so unterschiedliche Menschen und trotzdem kommen die da hin und schicken einem so gute Energien auf die Bühne – und dann gibt es schon Standing Ovations vor der Show, das war echt ein Hammer. […] Ich bin […] die ganze Woche morgens mit dem

Gedanken aufgewacht: ›Oh Mann ey, was du da erlebt hast, das war ja ein Wahnsinn‹! Also ich spür' das die ganze Woche noch nach; bis das Gefühl erstmal wieder rausgeht, das dauert wahrscheinlich noch ein bisschen.«[434]

Die ganze Show schaffte es damit sogar in die Abendnachrichten. »Also einmal im Leben in die Tagesthemen, ohne jemanden umgebracht zu haben, das ist doch toll!«, sagte Oliver Rohrbeck wenige Tage nach dem Auftritt.[435] Doch eitel Sonnenschein herrschte nur im Vordergrund, am Horizont zogen dunkle Wolken auf. Im Verhältnis zwischen KOSMOS und Sony BMG hatte sich einiges angestaut.

Der Rechtstreit zwischen Sony BMG und KOSMOS

Auf der Super-Papagei-Gala in der Color Line Arena wurde regelrecht ignoriert, dass die Hörspiele auf Buchvorlagen basierten. Ulli Feldhahn erwähnte den KOSMOS Verlag mit keiner Silbe. Buchautor André Marx sagte später dazu: »Ich fands nicht richtig, aber auch nicht sonderlich überraschend. Im Gegenteil, es war sogar sehr typisch. Schließlich hatte es in der Vergangenheit schon etliche Situationen gegeben, in denen BMG sich in den Vordergrund manövriert hatte. [...] Am peinlichsten an der Super-Papagei-Gala fand ich allerdings, dass EUROPA-Boss Ulli Feldhahn sich praktisch selbst einen Preis überreichte. Aua, aua.«[436]

Es knirschte also schon im Gebälk. Als dann noch ein Blitz einschlug, brannte es lichterloh: Seit 2003 reklamierte Elizabeth Arthur die Rechte an den zehn von ihrem Vater verfassten Bänden für sich. Daraus leitete sie einen Alleinanspruch auf die gesamte Reihe ab. Das betraf nicht nur KOSMOS, sondern auch Random House, da nach dem Tod Robert Arthurs viele andere Autoren an der Serie mitschrieben. Die beiden Verlage einigten sich relativ schnell. KOSMOS übernahm von Random House die Rechte an sämtlichen Bänden, die nicht von Robert Arthur stammten. Zu einer einvernehmlichen Lösung zwischen KOSMOS und den Arthur-Erben kam es jedoch leider nicht. Einerseits waren deren Forderungen in den Augen des KOSMOS Verlags zu hoch gegriffen, andererseits gab es Zweifel, ob Robert Arthurs Kinder tatsächlich im Besitz der Rechte waren. In dieser Situation ergriff Sony BMG die Initiative und schnappte sich die deutschsprachigen Rechte der Arthur-Bände.

Die Situation war verfahren, die Rechtslage – gelinde gesagt – unübersichtlich. Jeder konnte aus seiner Perspektive darlegen, warum er nicht nur im juristischen Sinn im Recht, sondern auch moralisch auf der richtigen Seite war. Der KOSMOS Verlag sah sich von einem Branchenriesen bedroht. Aus Sicht von Elizabeth Arthur beschützte sie aber gerade dieser internationale Großkonzern vor dem unbotmäßigen Gebaren eines mittelständischen Familienunternehmens aus Deutschland. Die Öffentlichkeit bemerkte erst, dass etwas im Busch war, als nach *Der schwarze Skorpion* (120) kein weiteres Hörspiel mehr auf den Markt kam, obwohl zu *Spur ins Nichts* und *Geisterzug* bereits Aufnahmen stattgefunden hatten. Das belegte nämlich ein entsprechender Studiobericht.

Doch bei diesem Spiel konnte es keinen Sieger geben. Die Parteien hatten sich gegenseitig patt gesetzt. Die Sprecher hingen genauso in der Luft wie alle anderen. »Es ist ja so, dass zwei weitere Folgen bereits aufgenommen wurden, die auf eine Veröffentlichung warten. Wir übrigens auch, da wir es schon gerne möchten, dass die Serie fortgesetzt wird. Gerüchte, dass wir uns untereinander gestritten hätten oder wir überzogene Gagen gefordert hätten, stimmen absolut nicht«, sagte Oliver Rohrbeck im Januar 2006, nachdem fast auf den Tag genau ein Jahr kein neues Hörspiel herauskam.[437] Viele Fans wünschten sich, dass die Sprecher einmal richtig mit der Faust auf den Tisch hauen würden, überschätzten damit aber vollkommen deren Position. »Manchmal war ich überfordert, weil ich nicht mehr wusste, was man überhaupt von uns erwartet. Wir hatten auf einmal eine Wichtigkeit, die mir Angst machte«, sagt Jens Wawrczeck.[438] »Im Endeffekt sehe ich mich nach wie vor und ausschließlich als Schauspieler, der mit dieser Rolle Peter identifiziert wird, weil er sie schon sehr lang spielt/spricht, aber mehr als meine schauspielerische Leistung habe ich nicht unter Kontrolle. Aber ich kann meine Hand dafür ins Feuer legen, dass wir alle weder fahrlässig noch zynisch mit dem Produkt umgehen.«[439] Wawrczeck machte aber auch deutlich, dass er nur unter der Regie von Heikedine Körting weitermachen wollte: »Ich wüsste nicht, warum ein anderes Label die Serie übernehmen sollte! Und wenn, glaube ich nicht, dass ich die Rolle weiterhin sprechen würde.«[440]

Ob und wie es mit den Die drei ???-Büchern und Hörspielen weitergehen sollte, beschäftigte mittlerweile die Gerichte. Sony BMG hatte per einstweiliger Verfügung erreicht, dass KOSMOS zwei neue Titel der Reihe nicht mehr verkaufen durfte. Drohte nun sogar die Einstellung der gesamten Serie? »Ich halte dies aufgrund der Rechtslage für ausgeschlossen, allerdings ist man bei Gericht oder auf hoher See immer in Gottes Hand«, gab Michael Fleissner damals zu bedenken.[441]

Zwar konnte Sony BMG nun auf Grundlage der von Robert Arthur erdachten Figuren und Schauplätze neue Fälle produzierten. Aber zwischen den zehn Arthur-Bänden und den Die drei ???-Geschichten aus dem Jahr 2006 gab es ein paar signifikante Unterschiede, die alle der KOSMOS Verlag auf der Habenseite verbuchen konnte. Die drei Detektive hießen bei Robert Arthur Jupiter Jones, Peter Crenshaw und Bob Andrews. Patrick und Kenneth waren keine Iren, sondern zwei Brüder aus Deutschland: Hans und Konrad Schmid. Auch Morton hieß in der Originalausgabe nicht Morton, sondern Worthington. Kommissar Reynolds war längst in Pension. In Rocky Beach sorgte inzwischen Inspektor Cotta für Recht und Ordnung. Selbst den Namen Die drei ??? hatte sich KOSMOS ausgedacht. Bei Robert Arthur hieß das Detektivunternehmen schlicht *The Three Investigators*, also Die drei Detektive.

DiE DR3i

Sony BMG konnte die Serie also nicht einfach in Eigenregie fortsetzen, wie es beispielsweise bei den Fünf Freunden oder Hanni und Nanni gemacht wurde. Notgedrungen brachte Sony BMG am 13. Oktober 2006 eine neue Serie auf den Markt: DiE DR3i. Der Name war eine Anspielung auf den Originaltitel. Denn in den USA wurde The Three Investigators mit T3I abgekürzt. »Dies hätte für uns natürlich auch der Punkt sein können, mit der Serie aufzuhören. Wir hingen sehr an dem Namen – wir waren Die drei ???. Aber nach fast 27 Jahren identifizieren wir uns so mit den Figuren, dass wir nicht einfach von heute auf morgen alles hinschmeißen konnten. Wir haben uns entschlossen, weiter zu machen, weil es immer noch ein gewaltiger Spaß ist und wir auch den Fans gegenüber eine große Verantwortung haben«, erklärte sich damals Andreas Fröhlich.[442]

»Die Arbeit an DiE DR3i hat mir persönlich sehr viel Spaß gemacht. Es war für mich das erste Mal, dass ich eine Serie ›von Anfang an‹ mit entwickeln konnte – auch wenn es für die Serie natürlich einen gewissen Rahmen gab, der ›so nah dran wie möglich und so weit weg wie nötig‹ hieß. Trotzdem gab es bei der Entwicklung der Serie die Möglichkeiten und Chancen, ein paar Dinge anders und nach unseren eigenen Vorstellungen zu gestalten«, erzählt Corinna Wodrich.[443] Sony BMG hatte zwar André Marx ein entsprechendes Angebot unterbreitet, der Autor blieb dem KOSMOS Verlag aber loyal verbunden. Für DiE DR3i musste Corinna Wodrich ein neues Autorenteam auf-

bauen. Es bestand aus Hendrik Buchna, André Minninger, Tim Wenderoth, Ivar Leon Menger und Markus Winter. Eine neue Titelmelodie musste allein schon deswegen verwendet werden, weil in dem Vocoder-Song von Jan-Friedrich Conrad mehrfach Die drei ??? sowie Justus Jonas, Peter Shaw und Bob Andrews gesagt wurde. Die Wahl fiel schließlich auf ein Stück von Michael Berg und Szina Pätzold. Die Coverillustrationen stammten von einem in Deutschland lebenden Amerikaner, der unter dem Pseudonym Phoenix künstlerisch tätig war, also nicht von der angestammten Die drei ???-Illustratorin Silvia Christoph.
Als Pilotfolge sah SONY *Das Seeungeheuer* vor. Die Produktion der Doppelfolge forderte Heikedine Körting mehr als andere Hörspiele, verrät die Regisseurin: »Es waren sehr viele wichtige Rollen, die man miteinander aufnehmen musste. Ausgerechnet bei der Folge gab es viele Absagen wegen Krankheit und ähnlichem. Der Druck war zudem besonders hoch, denn DiE DR3i mussten ja ebenso gut werden wie Die drei ???, da war ich wirklich mal fix und fertig mit den Nerven. Aber es ist dann ja doch gut gelungen, und ich hoffe, die Probleme, die wir hatten, haben sich nicht auf die Produktion niedergeschlagen und die Fans enttäuscht.«[444] Zeitweise waren bei den Aufnahmen zehn Sprecher gleichzeitig im Studio.
Die Zeit im Studio fühlte sich für Oliver Rohrbeck, Jens Wawrczeck und Andreas Fröhlich wie eh und je an. »Es macht Spaß, endlich wieder unsere Rollen zu spielen. Wir kommen ins Studio, sehen Produzentin Heikedine Körting wieder und eigentlich ist es so, als hätte es nie so eine große Aufnahmepause gegeben«, sagte Rohrbeck in einem Interview, das Sony BMG anlässlich des Serienstarts als Teil eines Pressekits veröffentlichte.[445]
Anfangs habe ihm der Namenswechsel ziemliche Kopfschmerzen bereitet. »Aber während der Aufnahmen haben wir festgestellt, dass wir damit ganz natürlich umgehen können. Dieser Namenswechsel ist wesentlich unspektakulärer als gedacht. Ju-

piter Jones ist ja auch der Originalname, sodass man gegen ihn gar nichts haben kann. Ich finde, der Name hätte auch damals, vor 27 Jahren, schon seinen Charme gehabt. Der Name Justus Jonas war ja eher eine Diskrepanz: Alle in der Serie hatten englische Namen, nur er musste Justus Jonas heißen. Warum hatte ausgerechnet der so einen komischen Namen, und alle anderen durften coole englische Namen haben? Deshalb gehen wir damit jetzt ganz offensiv und natürlich um. Ich konnte bei den Aufnahmen jedenfalls nichts feststellen, was meine anfänglichen Zweifel bestätigt hätte. Dieser plötzliche Namenswechsel bedeutete auch keinen Imageverlust. Ich habe immer gedacht, das schwächt vielleicht die Figur, wenn sie nicht mehr unter dem gleichen Namen auftritt. Aber es ist nach wie vor die gleiche Figur – Pummelchen bleibt Pummelchen«, sagte Rohrbeck damals.

»Es ist ein paar Mal passiert, dass wir statt Jupiter noch Justus oder statt Jupe noch Just gesagt haben. Jupe spricht sich auch nicht ganz so leicht und flockig wie Just«, erinnert sich Andreas Fröhlich.[446] Deshalb wurde bei den Aufnahmen auch darauf geachtet, dass Jupiter von seinen Kollegen öfter mit »Erster« angesprochen wurde. Augenzwinkernd ergänzte Jens Wawrczeck: »Ich habe mildernde Umstände bei diesem Namenswechsel bekommen.«[447] Aus Shaw wurde Crenshaw. Äußerungen wie diese müssen natürlich aus der Zeit heraus verstanden werden. Sony BMG unternahm damals große Anstrengungen, die Fans von den Bäumen zu holen. Die waren nämlich alles andere als begeistert, dass sich die drei Detektive von ihren Satzzeichen verabschiedet hatten.

Das Seeungeheuer wurde zeitgleich mit zwei weiteren Folgen, *Die Pforte zum Jenseits* und *Verschollen in der Zeit*, am 13. Oktober 2006 veröffentlicht. Sechs Wochen später brachte Sony-BMG mit *Zug um Zug* ein weiteres Hörspiel sowie mit *Hotel Luxury End* sogar einen Mitmachfall auf den Markt. Das DiE

DR3i-Sprecherensemble unterschied sich bei den neuen Produktion nicht merklich von dem der Die drei ???. »DiE DR3i ist die Fortsetzung von Die drei ??? – mit kleinen Veränderungen. Aber mit Veränderungen, die in der ›Wurzel wurzeln‹. Es ist weder ein neues Produkt, noch ein wirklicher Neubeginn. So wie sich manche Tiere häuten müssen, gab es auch bei uns eine kleine Häutung«, sagte Wawrczeck damals.[448] Es erschienen noch vier weitere DiE DR3i-Fälle: *Das Haus der 1.000 Rätsel, Tödliche Regie, Der kopflose Reiter* und *Der Jahrhundertstein.* Dann wurde die Serie eingestellt, obwohl bereits weitere Folgen fertig eingespielt waren.

Einem Wunder gleich einigten sich KOSMOS und Sony BMG doch noch außergerichtlich. Das Testament von Robert Arthur war aufgetaucht. Dessen Tochter hatte Rechte an Sony BMG verkauft, in deren Besitz sie selbst gar nicht war – auch wenn sie davon bis zuletzt überzeugt war. Im Besitz der Rechte war und ist die Universität Michigan. Die außergerichtliche Vereinbarung sah folgende Elemente vor: Die Buch- und Markenrechte verblieben bei KOSMOS. Das schloss auch Kalender, Sachbücher, Handy- und Computerspiele, Experimentierkästen und Brettspiele mit ein. EUROPA behielt die Audionutzungsrechte, wobei sich das Label an den Originalen des Buchverlages bedienen musste. Die Weiterführung der inzwischen bei der KOSMOS-Tochter USM gestarteten Hörspielreihe Die drei ??? Kids ging auf EUROPA über. Bei Bühnen- und Theatershows sollte es in Zukunft keine Alleingänge mehr geben. »Diese einvernehmliche Regelung war nur möglich, weil der ganzheitliche Fortbestand der beliebtesten Jugend-Krimireihe für beide Seiten höchste Priorität hatte«, wurde KOSMOS-Chef Michael Fleissner in einer gemeinsamen Pressemitteilung des Verlags mit Sony BMG zitiert. Ulli Feldhahn sagte: »Mit der neuen Klarheit und Sicherheit für beide Unternehmen und die beteiligten Künstler haben wir die Basis einer starken Partnerschaft für Die drei ??? geschaffen.«

Ein paar Tage später sagte Heikedine Körting: »Dass es nun tatsächlich zu einer Einigung kam, ist wirklich glücklich und überraschend, obwohl wir die Hoffnung nie aufgegeben hatten.«[449]

Die drei ??? in der Zeitblase

Am 4. April 2008 war es dann endlich soweit. Nach drei Jahren Verzögerung wurden die beiden Folgen 121 und 122 veröffentlicht. Zu diesem Zeitpunkt produzierte Heikedine Körting aber schon längst neue Die drei ???-Hörspiele, allen voran die nächste Jubiläumstrilogie *Feuermond* (125), dessen Buchvorlage wieder von André Marx stammte. »Die Folgen werden nahtlos an die alten Folgen anknüpfen. Das bewährte Team [...] wird daran arbeiten. Grundsätzlich bleibt alles wie gehabt. Aber: Nach den positiven Erfahrungen, die EUROPA mit DiE DR3i gemacht hat, wird es vielleicht auch mit der traditionellen Marke gewisse Anpassungen an die Moderne geben – das aber zu gegebener Zeit und zu gegebenem Anlass. Auf jeden Fall kann man für die neuen drei ???-Folgen frischen Wind erwarten«, hatte Körting bereits im Februar 2008 angekündigt.[450]

Hörspielmusik aus dem Studio STIL

Die Regisseurin spielte damit darauf an, dass die Serie eine neue Titelmelodie bekommen sollte. Die alte Titelmelodie von Jan-Friedrich Conrad hatte mittlerweile 20 Jahre auf dem Buckel. »Die Vocoder-Musik klang einfach zu sehr nach den 90er Jahren. Damals war sie sicher absolut richtig und modern, aber sie war eben nicht wirklich zeitlos«, gibt Corinna Wodrich die Stimmungslage aus dem Jahr 2008 wieder.[451] Die Produktmanagerin bat eine ganze Reihe von Musikern um Vorschläge für eine neue Erkennungsmelodie. Als die wichtigsten Kriterien definierte sie: Eingängigkeit, hoher Wiedererkennungswert und Zeitlo-

sigkeit. Die Melodie sollte etwa 45 Sekunden dauern, aber auch gut kürz- und streckbar sein. Das Stück sollte unbedingt auch als Score-Musik verwendet werden können. Dazu musste die neue Titelmelodie in unterschiedlichen Variationen – langsam, uptempo, traurig oder verspielt – funktionieren. »Die Drei ???[-Hörspiele] haben eine über 40-jährige Tradition und Geschichte. Deswegen finde ich nicht, dass wir der Serie unbedingt eine ›top-moderne‹ 2008er-Titelmusik verpassen sollten. Irgendwie kreisen meine Gedanken in letzter Zeit immer häufiger um das, was die Beatles gemacht haben. [...] Im Gegensatz zu vieler ›heutiger‹ Musik kommen die Songs aus den frühen 60er Jahren mit einer meist sehr spärlichen Instrumentierung und einem ›dünnen‹ Arrangement aus und überzeugen durch die Eingängigkeit ihrer Melodien«, hieß es 2008 in der Ausschreibung von Corinna Wodrich. Die Produktmanagerin war zwar nicht auf der Suche nach dem Sommerhit des Jahres, aber dennoch sollte nicht vergessen werden, dass die Hörspiele in Südkalifornien spielten. Am Ende beteiligten sich 22 Musiker mit 75 Vorschlägen. Unter den Einsendungen waren auch Vorschläge von Musikern, deren Titel bereits in Die drei ???-Hörspiele verwendet wurden.
Das Rennen machte schließlich eine Einreichung von Simon Bertling und Christian Hagitte vom Berliner Studio STIL. Bertling, am 9. Februar 1973 in Paderborn geboren, studierte Rechtswissenschaften in Bielefeld und Berlin, wo er auch das Zweite Staatsexamen ablegte. Während Bertling hauptsächlich Klavier spielt, absolvierte Hagitte, am 23. Oktober 1970 in Aschaffenburg geboren, ein Studium als Tonmeister an der Hochschule der Künste Berlin. »Nach einigen Filmmusiken haben Christian und ich das Studio STIL gegründet und seitdem einige Hundert Hörspiele und noch mehr Hörbücher produziert und natürlich auch die Musik dazu geschrieben«, erzählt Bertling.[452] Weil die beiden schon Musik für die neuen Hui Buh-Folgen komponiert hatten, wurden Bertling und Hagitte auch auf die Suche nach

einer neuen Titelmelodie für Die drei ??? aufmerksam gemacht. »Wir haben dann zwei Vorschläge eingereicht. Ich bin selbst großer Die drei ???-Fan. Als der Anruf von Corinna Wodrich kam, dass einer unserer Titel tatsächlich ausgewählt wurde, habe ich mich natürlich wahnsinnig gefreut«, sagt Bertling.[453]
Die Titelmelodie produzierte Studio STIL, eingespielt wurde das Lied aber in zwei unterschiedlichen Sessions von der Band Radiopilot und dem Filmorchester Berlin. »Unser Demo war noch deutlich gechillter. Corinna Wodrich wollte lieber eine etwas flottere Version. Das war aber kein Problem. Wir haben bei den Sessions ganz viele verschiedene Versionen aufgenommen«, erzählt Bertling. Seit dem Dreiteiler *Feuermond* (125) beginnen Die drei ???-Hörspiele nun mit der STIL-Melodie.

Die drei ??? – Autoren

Viele Jahre hatten KOSMOS und Sony nebeneinanderher gearbeitet – eine Zeit lang sogar erbittert gegeneinander. Nachdem beide Parteien festgestellt hatten, dass sie nur miteinander die Erfolgsgeschichte der Die drei ??? fortschreiben konnten, wurde aus dem nüchternen Geschäftsverhältnis eine enge Partnerschaft. Daran hat sich bis heute glücklicherweise nichts geändert. Daher kann die chronologische Erzählung hier enden und generell ein Blick auf die Entstehung der Die drei ??? Hörspiele geworfen werden.
Am Anfang steht die Programmplanung zwischen KOSMOS und seinen Autoren. Zum Team gehören neben den programmverantwortlichen Redakteuren und Außenlektoren von Verlagsseite derzeit André Marx, André Minninger, Ben Nevis, Marco Sonnleitner, Kari Erlhoff, Hendrik Buchna und Christoph Dittert. Hinzu kommen Christopher Tauber mit seinen Graphic Novels, sowie Evelyn Boyd, die einige Sonderbände

geschrieben hat. Neben Sonderveröffentlichungen wie Kurzgeschichten, Midi-Bänden oder Weihnachtsbüchern erscheinen bei KOSMOS jährlich sechs reguläre Fälle.

André Marx erzählt: »Mir ist beim Schreiben durchaus bewusst, dass aus meiner Geschichte ein Hörspiel werden wird, aber das heißt nicht, dass ich deswegen anders schreibe. Ich denke höchstens: Das wird gut umzusetzen sein – zuletzt bei *Geheimnis des Bauchredners* (196). Oder: Das wird schwierig umzusetzen sein – zuletzt bei *Feuriges Auge* (200). Aber ich bin Buchautor und fühle mich dem Medium Buch verpflichtet, nicht dem Medium Hörspiel.«[454] André Minninger nimmt im KOSMOS-Autorenteam eine Sonderrolle ein. Er schreibt nicht nur Die drei ??? Bücher, sondern verfasst auf Basis derer – auch der der anderen Autoren – die Hörspielskripte. »Bei meinen eigenen Bücher achte ich natürlich beim Schreiben schon auf das Hörspiel«, sagt er.[455] Ben Nevis ergänzt: »Beim Schreiben spielt die Umsetzung in das Hörspiel kaum eine Rolle, auch wenn ab und zu die Sprecher bei den Dialogen innerlich ›mitsprechen‹ oder ein Gedanke an die akustische Umsetzung einer Szene aufblitzt. Aber die Umsetzung ist Job von André Minninger. Ich versuche in erster Linie, gute Bücher zu schreiben.«[456] Auch Marco Sonnleitner, der Autor mit den zweitmeisten Die drei ??? Geschichten, hält es ähnlich: »Ich berücksichtige das, soweit es nicht meinen gesamten Plot über den Haufen wirft. Ich weiß ja von André Minninger, was sich im Hörspiel nicht so leicht umsetzen lässt, zum Beispiel vertrackte Sprachrätsel, und wenn möglich, vermeide ich das. Geht aber nicht immer«, sagt Sonnleitner mit einem Augenzwinkern.[457] »Die Hörspielumsetzung meiner Bücher ist mir durchaus wichtig, aber nicht meine Zielsetzung beim Schreiben des Romans. Manche Szenen oder Abläufe eignen sich für ein Hörspiel weniger – es ist ein anderes Medium und erfordert eine andere Dramaturgie. Aber das ist nicht die Frage beim Entstehen des Buches«, erklärt Christoph Dittert.[458]

Als die Retrowelle Ende der 90er Jahre einsetzte, gehörten Kari Erlhoff und Hendrik Buchna noch der Fanszene an. Erlhoff wirkte sogar aktiv an diversen Fanprojekten mit. Und dennoch hört die Autorin beim Schreiben im Kopf nicht unbedingt die Hörspielstimmen. »Mein Justus Jonas hat zum Beispiel eine ganz andere Stimme als Oliver Rohrbeck. Tante Mathilda wiederum klingt sehr ähnlich. Sprecherwünsche habe ich bislang nur bei wiederkehrenden Charakteren gehabt. So nach dem Motto: ›Wäre toll, wenn ihr da dieselbe Sprecherin wieder nehmen könntet‹«, sagt Erlhoff.[459] Bei Buchna ist das ein wenig anders. »Wir Buch-Autoren agieren bei unserer Arbeit für Die drei ??? grundsätzlich frei und ohne einschränkende Rückkopplungen durch die nachfolgende Hörspiel-Auswertung. [...] Da ich jedoch seit meiner Kindheit auch mit den Kassetten aufgewachsen bin, ist es für mich ganz natürlich, dass ich beim Schreiben mitunter Stimmen im Kopf habe, die den ›Ton‹ meiner Protagonisten bereits in einem sehr frühen Stadium prägen«, erzählt der Autor, der Heikedine Körting auch regelmäßig Sprecher für bestimmte Rollen und manchmal sogar auch Musik vorschlägt.[460] Sobald die Druckfahne vorliegt, bekommt Sony das Manuskript und die Hörspielproduktion kann beginnen. Das Buch ist zu diesem Zeitpunkt längst noch nicht auf dem Markt. »Vom Erarbeiten und Erdenken, von der ersten Vorbesprechung bis zum fertigen Hörspiel haben wir einen Vorlauf von einem halben bis einem Jahr«, erklärt Heikedine Körting.[461] »Wir machen immer mehrere [Hörspiele] nebeneinander. Wir haben schon bis zu sechzig Hörspiele in einem Jahr gemacht, das ist im Schnitt etwas mehr als eins pro Woche. Heute machen wir nicht mehr ganz so viele, im Augenblick mache ich vielleicht noch dreißig im Jahr. Also knapp alle 14 Tage eines.«[462] Im Jahr produziert Heikedine Körting sechs reguläre Die drei ???-Folgen plus Specials. Während KOSMOS aber jeweils drei Bücher im Frühjahr und im Herbst auf den Markt bringt, werden die Hörspiele einzeln im Abstand von zwei Monaten herausgebracht. Die Hörspiele erscheinen etwa ein Jahr nach den zugehörigen Büchern.

Das Hörspielskript

Am Anfang jeder Produktion schreibt André Minninger auf Grundlage des jeweiligen Buchs eine Dialogfassung. Hierbei muss er von Anfang an das fertige Hörspiel im Kopf haben. Denn das Skript muss auch Regieanweisungen für den Einsatz von Sprechern, Musik und Geräuschen enthalten. Skripten bedeutet aber vor allem eines: kürzen. Das ist schade, aber nicht zu verhindern, sagt Heikedine Körting: »Es fällt uns und auch André Minninger immer schwer, die Inhalte der Bücher zu kürzen. Aber es muss leider schweren Herzens gemacht werden, um aus einem Buch mit [derzeit] 144 Seiten eine Hörspiel-Folge zu produzieren.«[463] In der Regel wird alles, was nicht zum Hauptplot gehört, gestrichen. So beginnt *Das rätselhafte Erbe* (205) nicht mit Peters Sturz bei einem Fahrradrennen, sondern setzt später ein. Einige Kürzungen ergeben sich auch automatisch. Denn viele Beschreibungen aus dem Buch werden im Hörspiel durch Geräusche ersetzt. »Es muss einem ja niemand erzählen, wie doll es gewittert, wenn man es gleich donnern lassen kann«, veranschaulicht Körting.[464]

Trotz dieser Grundregeln unterscheidet sich André Minningers Herangehensweise teilweise sehr von der seines Vorgängers H. G. Francis. Während Franciskowsky die Hörer oft regelrecht in den Fall hineinkatapultierte, sehr frei mit dem Stoff umging und großzügig kürzte, orientiert sich sein Nachfolger André Minninger mehr an der Buchvorlage. Neben der unterschiedlichen Philosophie liegt das natürlich auch daran, dass die Bearbeitungen von H. G. Francis seinerzeit nur 40 bis 50 Minuten dauerten. Heute ist es mindestens eine Stunde, oft sogar 80 Minuten, während der Textumfang der Bücher in all den Jahren eher abgenommen hat.

Die Laufzeit der Hörspiele ist unter Fans ein viel diskutiertes Thema. »Die Geschichten sind heute einfach anders als die früheren. Man kann die heutigen Folgen nicht mehr in 30 Minuten vertonen«, gibt Minninger zu bedenken.[465] »Zum Beispiel bei *Villa der Toten* (114) muss […] erst zehn Minuten erklärt werden, worum es geht. […] Auch früher ist nicht alles optimal verlaufen. Man denke nur an das Ende des *Doppelgängers* (28) im Hörspiel – das hätte ich mir mal heutzutage erlauben sollen. Und hier könnte man noch dutzend weitere Beispiele anbringen. Die alten Folgen hört man zudem mit ganz anderen Gefühlen. Da erinnert man sich an seine Kindheit. Ich versuche, die Hörspiele originalgetreu zu machen, deshalb sind sie auch etwas länger als die alten Hörspiele.«[466] Heikedine Körting mag es selbst nicht, wenn in den Hörspielen zu viel rumgequatscht wird. Von BMG oder SONY gab und gibt es in Bezug auf die Länge keine Vorgaben. Die natürliche Obergrenze ist heute die Kapazität einer CD.

Während sich H. G. Francis ab und an mit eigenen Witzen im Skript verewigte, verzichtet Minninger auf solche Stilmittel. Gags landen bei André Minninger dann im Hörspiel, wenn sie spontan bei den Aufnahmen passieren. So entstand der Abschlusslacher in *Das brennende Schwert* (74), als Jens Wawrczeck sagte: »Also Kollegen, ich brauche jetzt dringend eine Aspirin.« Bei *Stimmen aus dem Nichts* (76) sagt Katharina Brauren: »Scheiße, ich verlier mein Gebiss.« Hierzu kann André Minninger folgende Anekdote erzählen: »Sie kam damals drei Stunden zu spät ins Studio und war aufgrund ihres hohen Alters sehr schwach und gesundheitlich angeschlagen. Wir dachten schon, dass die Aufnahmen nicht stattfinden können. Als sie sich dann aber ans Mikrofon setzte, war sie plötzlich wie ausgetauscht und sprach ihren Text hervorragend. Während des Sprechens fiel ihr das

Gebiss aus dem Mund, was sie sogleich auch auf ihre humorvolle Art und Weise kommentierte. Das war so witzig und authentisch, dass Heikedine Körting und ich uns dazu entschlossen, selbstverständlich mit ihrer Zustimmung, den Ausspruch ›Scheiße, ich verlier mein Gebiss‹ am Ende des Hörspiels als Schlusspointe einzusetzen. Die Hauptrolle in *Stimmen aus dem Nichts* als Abigail Holligan war für Katharina Brauren leider die letzte große Rolle. Kurz danach verstarb sie.«[467]

Spontane Aktionen bei den Studioaufnahmen zu Die drei ??? haben eine lange Tradition. So konnte zum Beispiel bis heute nicht geklärt werden, was Gottfried Kramer mit seinem Ausspruch »masagypt« in *Die drei ??? und der Phantomsee* (2) eigentlich sagen wollte. »Ich habe im Hörspielskript nachgeschaut. Dort steht bei Java Jim: stammelt Unverständliches!«, so Minninger.[468] Als Fröhlich das erste Mal »Bob Andrews ist zuständig für Recherchen und Archiv« sagte, betonte er das Wort Recherchen falsch. Alle hätten laut gelacht. »Wieso? Steht doch hier«, fragte Fröhlich daraufhin verdutzt in die Runde. Die falsche Betonung hat mittlerweile Kultstatus. Und die Sprecher nehmen sich damit auch gerne selbst auf die Schippe. In *Tal des Schreckens* (98) hat es der Wortwitz sogar ins Hörspiel geschafft. »Andreas hat vor vielen Jahren – noch als kleiner Junge – bei den Aufnahmen einmal Rächerchen statt Recherchen gelesen. Als er es jetzt mal wieder sagen musste, hat er es wohl aus Spaß gesagt. Aber das ist im Prinzip ein ganz alter Running-Gag. Bei den Aufnahmen sagen wir das immer einmal wieder, aber ich dachte, so etwas würde man herausschneiden«, sagt Oliver Rohrbeck.[469]

Regelmäßig tauscht André Minninger beim Schreiben des Hörspielskripts Kelly gegen Jeffrey aus, wenn in den Buchvorlagen Peters Freundin erwähnt wird. Dadurch entsteht beim Hören manchmal der Eindruck, Peter sei nicht mit Kelly zusammen, sondern homosexuell. »Davon habe ich noch nie gehört, und er ist es ganz sicher nicht. Aber es würde mich auch nicht interessieren«, sagt Heikedine Körting.[470] Während im Buch Peter und Kelly zu Beginn von *Geisterschiff* (93) gemeinsam von einem Discobesuch in Malibu zurück nach Rocky Beach fahren, war der Zweite Detektiv im Hörspiel zusammen mit Jeffrey dort und sitzt alleine in seinem MG. »Das hatte zwei Gründe, erstens wollte ich Kelly aus dem Spiel lassen, weil die Freundinnen zum einen nicht sonderlich beliebt sind und sie in diesem Fall keine tragende Rolle spielen, zweitens konnte ich so Peter alleine nach Hause fahren lassen. Bei Kelly hätten sich alle gewundert, warum Peter sie nicht mitnimmt. Letztendlich steckt auch ein Spaß dahinter, keiner weiß genau, was nun mit Jeffrey ist, eine Art Running Gag. Ich habe das mit André Marx abgesprochen, der voll dahinter stand und das genau so witzig fand, weil Jeffrey immer nur erwähnt wird, aber nie auftaucht. Der ist auch nicht schwul oder sonst irgendwas, das ist doch auch egal! Auch die drei ??? sind weder schwul noch hetero oder bi, das ist doch albern und spielt in den Geschichten keine Rolle«, betont André Minninger.[471]

Dennoch hält sich dieses Gerücht in einigen Fankreisen hartnäckig. »Ach herrjeh!«, seufzt Wawrczeck. »Ob Peter schwul ist oder nicht, spielt überhaupt keine Rolle, weil diese Thematik bei den drei ??? auch keine Rolle spielt. Das Sexualleben von Justus, Peter und Bob ist weitgehend tabu bzw. nicht relevant. Wir lösen Kriminalfälle. Der Rest bleibt der Fantasie der Hörer überlassen. Die ist bunt genug, denke ich.«[472]

André Minningers Doppelrolle als Autor und Skriptschreiber führt zwangsläufig dazu, dass er zu seinen eigenen Büchern die Dialogbücher schreiben muss. H. G. Francis sah so etwas – ganz unabhängig von Minningers Doppelrolle – immer skeptisch: »Ein Schriftsteller sollte sich tunlichst nicht dazu verführen lassen, sein eigenes Buch in ein Drehbuch umzuschreiben. Ein Buch und ein Drehbuch sind gänzlich verschiedene Welten und stellen markant andere Anforderungen an den Autor. Ein Drehbuch erfordert eine andere Perspektive als ein Buch. Daher ist es notwendig, Szenen zu verändern, zu kürzen oder gar wegzulassen. Es lässt sich eben nicht alles in einem Drehbuch unterbringen, was in einem Buch erzählt wird. Bei einem eigenen Buch wertet man die Handlung ganz anders als bei dem Buch eines anderen Autors. Daher versucht man, so viel wie möglich in dem Drehbuch unterzubringen und möglichst nichts wegzulassen. Das führt dann zu einer Überladung des Drehbuchs, sodass die klare Linie verloren geht. Je mehr Distanz ein Autor jedoch zu seinem eigenen Buch gewonnen hat, desto weniger schwer wird es ihm allerdings fallen, es in ein Drehbuch umzusetzen. Für mich als Autor war es immer ein Vergnügen, in das Werk eines anderen Autors einzutauchen und ein Drehbuch daraus zu machen.«[473] Diese Aussage Franciskowskys stammt zwar aus dem Jahr 2000, als André Minninger schon ein paar Jahre seine eigenen Buchvorlagen als Hörspiele umgesetzt hatte, bezog sich aber nicht explizit auf dessen Arbeit.

Manchmal sieht sich Minninger dem Vorwurf ausgesetzt, er würde in die Umsetzung seiner Buchvorlagen mehr Herzblut stecken als bei der anderer Autoren. Das möchte er nicht so stehen lassen: »Im Gegenteil! Ich bin mit der Vertonung der Hörspiele der anderen Autoren oft viel mehr zufrieden als mit den Hörspielen zu meinen eigenen Büchern. Das liegt zum Teil auch daran, dass ich zu den Geschichten der anderen viel mehr Abstand habe. Ich gebe mir bei den Büchern der anderen genauso, wenn nicht sogar mehr Mühe«, betont Minninger.[474]

Einen direkten Einfluss auf die Arbeit ihres Kollegen nehmen die anderen Autoren nicht. »Beim Entstehen des Hörspiels lehne ich mich entspannt zurück und warte gespannt auf das Ergebnis. Und das nicht, weil ich zu faul wäre, sondern weil ich mich aus einem einfachen Grund nicht einmische: Ich sage mir, dass diese Leute wissen, was sie tun«, sagt Christoph Dittert.[475] André Minninger achtet aber darauf, die Formulierungen seiner Kollegen zu übernehmen. »Ich würde es auch nicht schön finden, wenn meine Autorensprache in den Hörspielen von jemand anderem abgewandelt werden würde«, sagt er.[476] Wie groß sein Einfluss aber letztendlich ist, kann exemplarisch an *Die drei ??? und der Schatz der Mönche* (107) aufgezeigt werden. »An dieser Folge hat mich das Meditative gereizt, weil wir so etwas bis dahin nicht hatten. Man hätte den Schwerpunkt bestimmt auch auf eine Actionfolge legen können, aber dann wäre viel von den Mönchen verloren gegangen«, erklärt Minninger.[477] Deshalb schaffte es auch eine beliebte Nebenfigur nicht ins Hörspiel, legt er dar: »Skinny Norris fand ich in dieser Geschichte sehr unpassend. Er diente nur als Ablenkungsmanöver ohne viel dahinter.«[478]

Wenn André Minninger mit dem Hörspiel-Manuskript fertig ist, wird der Text noch einmal von der Sony-Produktmanagerin Maike Müller gegengelesen. Müller ist seit 2015 für Die drei ??? zuständig. Zuvor betreute sie bei Sony andere Themen und Produktionen, zum Beispiel auch TKKG. Beim Label ist sie aber – unterbrochen von zwei kleinen Ausflügen – schon seit Mitte der 90er Jahre. Wie ihre Kollegin Corinna Wodrich gehört Maike Müller zum norddeutschen Außenposten von Sony und zog 2007 nicht mit nach München um. Seitdem BMG 2008 seine Anteile am gemeinsamen Joint-Venture an Sony verkaufte, gehört das Label EUROPA zur Sony Music Entertainment Germany GmbH, einer 100-prozentigen Tochter von Sony.

Sobald alle Rollen besetzt sind, kann das Hörspielskript an die ausgewählten Sprecher versandt werden. In den 80er Jahren war alles noch ein wenig enger getaktet als heute. »Die Sprecherinnen und Sprecher bekamen die Texte […] in der Regel mindestens 14 Tage vorher, heutzutage mindestens einen Monat vor dem Aufnahmetermin. Auf jeden Fall niemals später als eine Woche vorher. Lutz Mackensy kam zum Beispiel nicht, wenn er nicht mindestens eine Woche vorher das Skript hatte«, erzählt

Heikedine Körting.[479] »Wenn ich die Skripte vorab an die Sprecher weitergab, bat ich sie immer darum, ihren Texten ihren eigenen Wortlaut zu geben. Ob eigener Änderungswunsch oder zusätzliche Fantasie, das war und ist immer willkommen.«[480] Es gab Zeiten, in denen Oliver Rohrbeck, Jens Wawrczeck und Andreas Fröhlich den Umschlag mit dem Hörspielskript erst im Studio öffneten. Aus Zeitgründen ließ sich das manchmal nicht anders realisieren, zumal es früher nicht die Möglichkeit gab, ein Skript per E-Mail zu versenden. Heute läuft alles viel professioneller ab. Unklarheiten werden vorab mit André Minninger geklärt und – falls notwendig – auch Umstellungen vorgenommen. »Schon seit vielen Jahren gehen wir das Skript durch. [...] Deswegen sind wir jetzt viel, viel vorbereiteter als früher«, sagt Andreas Fröhlich.[481] »Man muss wissen, worum es geht, darf nicht überprobt sein oder sich zu viel vornehmen. Man muss darauf achten, wie der Partner bei der Leseprobe spricht.«[482] Darsteller von kleineren Nebenrollen bekommen im Vorfeld indes nicht das gesamte Skript. Sie erhalten nur Auszüge mit ihren Textteilen.

Erzähler III – Thomas Fritsch

Schon dreimal musste ein Nachfolger für Peter Pasetti gefunden werden. Auf Matthias Fuchs folgte Thomas Fritsch. Fritsch wurde am 16. Januar 1944 in Dresden geboren, wuchs aber in Hamburg auf. Schon seine Eltern waren bekannte Schauspieler. Der Vater Willy Fritsch war ein UFA-Star, die Mutter trat unter dem Pseudonym Dinah Grace zusätzlich als Tänzerin auf. Thomas Fritsch schlug ebenfalls eine Schauspiellaufbahn ein. 1962 feierte er sein Filmdebüt. Zwei Jahre später spielte er zusammen mit seinem Vater in *Das hab ich von Papa gelernt* mit. In diesen Jahren nahm Fritsch – teilweise ebenfalls zusammen mit seinem

Vater – mehrere erfolgreiche Alben und Singles mit Schlagermusik auf. Die frühen Erfolge fielen ihm insoweit auf die Füße, dass an ihm das Image des jugendlichen Schönlings haftete. Doch Fritsch kämpfte sich zurück. Seit seinem Comeback Ende der 70er Jahre war er ein äußerst gefragter Schauspieler. In den 90er Jahren kamen Synchronrollen hinzu. Thomas Fritsch war die deutsche Stimme von Russel Crowe, William Hurt und Jeremy Irons.

Als ein Nachfolger für Matthias Fuchs gesucht wurde, fiel schnell auch Fritschs Name. Das erste Mal war Thomas Fritsch in *Gift per E-Mail* (104) als Erzähler am Start. Als es wenig später auf *Master of Chess*-Tour ging, saß Fritsch aber nicht mit im Nightliner. »Das war eine Mischung aus verschiedenen Gründen«, sagt Corinna Wodrich. »Zeitlich wäre es bei ihm sicher schwierig(er) gewesen (als bei anderen Schauspielern) und finanziell hätte er vermutlich auch eine höhere Gage verlangen wollen, was dann auch im Vergleich zu den anderen unfair gewesen wäre.«[483] Vor diesem Hintergrund wurde Fritsch gar nicht erst gefragt. Schlafen im Nightliner, Duschen in einer Autobahnraststelle oder Frühstück in einem versifften Backstageraum – eine typische Rock-Tour konnte man gedanklich einfach nicht mit Thomas Fritsch zusammenbringen. »Last but not least sollte der Fokus bei der Tour auch auf den Sprechern liegen. Es sollten ganz bewusst keine ganz allzu großen Namen neben ihnen auf der Bühne stehen«, erzählt Corinna Wodrich.[484]

Kein anderer hatte vor und nach Thomas Fritsch so viele Einsätze als Die drei ???-Erzähler. Er wirkte in 83 regulären Folgen, etlichen Specials sowie bei DiE DR3i mit. Letztmalig gab er den Erzähler 2017 in *Insel des Vergessens* (186). Die später veröffentlichten, speziell für Planetarien konzipierten 3-D-Hörspiele wurden lange vor ihrer Veröffentlichung produziert.

Erzähler IV – Axel Milberg

Seit *Die drei ??? und das silberne Amulett* (187) heißt der Erzähler Axel Milberg. Er wurde am 1. August 1956 in Kiel geboren. Nach dem Abitur studierte er in seiner Heimatstadt zunächst Literaturwissenschaften, zog dann aber nach München, ohne sein Studium zu beenden. Er ging lieber auf die Schauspielschule. 15 Jahre spielte er fast ausschließlich Theater, entdeckte dann aber ab Ende der 80er Jahre die Arbeit vor der Kamera für sich. Zunächst spielte er in Fernsehserien mit. Mitte der 90er Jahre kamen Kino- und Fernsehfilme dazu. Seit 2003 verkörpert er den Kieler Tatort-Kommissar Klaus Borowski.

Es war Andreas Fröhlich, der den Schauspieler als neuen Erzähler bei Die drei ??? ins Gespräch brachte. »Wir haben gemeinsam gesucht und überlegt, wer dafür geeignet ist. Die Stimme sollte dem ersten Erzähler Peter Pasetti ähnlich sein«, erzählt Heikedine Körting.[485] Über eine gemeinsame Freundin, die Schauspielerin Claudia Michelsen, fühlte Fröhlich bei Milberg vor, ob sich der Schauspieler das überhaupt vorstellen konnte. »Später rief mich dann Heikedine Körting an. [...] Ich habe keine Sekunde gezögert und zugesagt«, sagt Milberg.[486] Die drei ??? kannte er schon lange. »Wir haben vier Söhne [...]. Sie alle haben Die drei ??? gehört und ich manchmal mit ihnen«, erzählt der Schauspieler.[487] »Ich kann mich noch gut an einige lange Autofahrten erinnern. Von Süddeutschland, wo wir leben, bis nach Verona in Italien dauert es zum Beispiel ungefähr fünf bis sechs Stunden. Da weiß man vorher: Da brauchen wir ein paar Kassetten im Auto.«[488] Es verging nicht viel Fahrzeit, bis die Begeisterung für Die drei ??? auf die gesamte Familie übersprang. »Wir hatten den Ton am Radio so eingestellt, dass er nur über die hinteren Lautsprecher kommt. Irgendwann habe ich gemerkt, dass das Gespräch zwischen meiner Frau und mir immer mehr versiegte, weil wir mithören wollten.«[489]

Gerade die Klassiker mit Peter Pasetti als Alfred Hitchcock gefielen Milberg. »Und zufällig hatten wir, kurz bevor jetzt der Anruf mit der Anfrage aus Hamburg kam, im Auto eine wohl 35 Jahre alte Folge der drei ??? mit ihm als Erzähler gehört.«[490] Axel Milberg trat in große Fußstapfen. Doch gerade das reizte ihn. Gerade die Interpretation des Erzählers von Peter Pasetti bewunderte er. »Ihn habe ich zeit meines Lebens geschätzt, ihn geradezu verehrt, allerdings leider nie persönlich kennengelernt«, sagt Milberg.[491] Nach Pasetti, Matthias Fuchs und Thomas Fritsch ist Milberg der vierte Erzähler in der langer Hörspiel-Historie der Serie. »Es ist toll, in diese Spur einzutreten. Ich denke, meine Stimme passt in diese Welt ganz gut hinein. Der Erzähler ist ja so etwas wie eine Drohne oder ein Kolibri, die über dem Geschehen schweben, um die Erzählung herumflattern und die Geschichte zusammenhalten. Der Erzähler nimmt den Faden auf und spinnt die Geschichte weiter, wenn die Sprecher der drei Detektive dramaturgische Unterstützung brauchen.«[492]

Die ersten Aufnahmen mit Milberg als Erzähler fanden im Frühjahr 2017 statt. »Es war zwar ein wenig aus der Hüfte geschossen, weil recht kurzfristig anlässlich eines Hamburg-Aufenthaltes. Aber gemeinsam mit Heikedine Körting haben wir sehr schnell gemerkt: Das passt!«, so Milberg.[493] »Die Geschichte war schon vorher aufgenommen. Ich bin den drei Detektiven also nicht begegnet. Es fehlten nur noch die Sätze des Erzählers.«[494] Milberg weiter: »Ich habe [...] an einem Nachmittag drei Folgen eingesprochen. Jeden Text spreche ich zweimal in deutlich unterschiedlichen Varianten, und Heikedine Körting als Regisseurin wählt die passende aus.«[495] Heikedine Körting ergänzt: »Mit ihm nehmen wir, wenn wir mehrere Folgen haben, alle Erzählparts auf. Herr Milberg muss meistens von München anreisen.«[496]

In der Interpretation seiner Rolle ist Milberg relativ frei. »Es gibt kein Korsett für meine Arbeit. Allerdings haben Heikedine Körting und die drei Sprecher eine Welt erschaffen, die sie schützen möchten und müssen. Deshalb muss ich das, was ich erzähle, sichtbar werden lassen und glaubhaft machen, dass ich in dieser Welt ebenfalls zu Hause bin«, sagt der Schauspieler.[497] Zur Vorbereitung liest Milberg das komplette Buch. »Der Erzähler begleitet ja und atmet mit. Mal leise, manchmal überrascht, triumphierend, ironisch, flüsternd, er beschreibt das Unsichtbare.«[498] Milberg ist gekommen, um zu bleiben. »Ich freue mich jedenfalls auf eine lange Zusammenarbeit«, sagt er.[499]

Der Cast, Teil 3

Das Medium Hörspiel macht die Illusion möglich, dass Oliver Rohrbeck & Co. seit über 40 Jahren Figuren sprechen, die in dieser Zeit um gerade einmal vier Jahre gealtert sind. Wie treffen die Sprecher dabei immer noch den richtigen Ton? »Ich stelle die Rolle ja nicht mit der Stimme her, sondern aus einer schauspielerischen Haltung heraus. Ich versetze mich in einen 18- oder 19-Jährigen hinein. [...] Dadurch verändert sich die Stimme ganz von alleine. Ich verstelle sie auf gar keinen Fall«, erklärt Oliver Rohrbeck.[500] »Es ist eine schauspielerische Aufgabe, nicht zu alt zu denken und eine gewisse Naivität in die Stimme zu packen«, sagt Jens Wawrczeck.[501] »Unsere Stimmen sind einfach so, wie sie sind. Wir klingen inzwischen schon älter, wenn man es mit den ersten Folgen vergleicht. Aber schon als Kinder hatten wir recht markante Stimmen. Ich glaube, es ist diese Stimmfarbe, die die Fans immer noch hören.«[502] Auch für Andreas Fröhlich stellt es kein Problem dar, in den Tonfall von Bob Andrews zu wechseln: »Bei ihm muss ich meine Stimme etwas anpassen, da Bob ja eigentlich 17 Jahre alt ist. Aber da reicht es oft schon, wenn ich mich ein bisschen strecke, denn damit klingt meine Stimme auch sofort jünger.«[503]

Einen besonderen Trick, um die Stimme jung zu halten, gibt es nicht. »Ich pflege sie auch nicht, ich benutze sie«, sagt Rohrbeck.[504] »Ich habe Dauerkarten bei den Fußballvereinen Hertha BSC und St. Pauli und schreie da gern und laut Fäkalwörter in Richtung Rasen. Natürlich wird meine Stimme dann hin und wieder angekratzt«, gesteht Rohrbeck.[505] »Da hilft mir auch meine klassische Schauspielausbildung. Im Theater lernt man, mit dem Zwerchfell zu sprechen und zu schreien. Und: Man muss die langen ›Oooooohs‹ weglassen, das geht total auf die Stimme.«[506]

Die Nebenrollen müssen so besetzt werden, dass es insgesamt stimmig klingt. Figuren im Teenager-Alter dürfen also nicht mit Teenagern besetzt werden, sonst fällt auf, dass Justus, Peter und Bob nicht von Teenagern gesprochen werden. Für die Rolle einer 18-Jährigen wählt Heikedine Körting also keine gleichaltrige Sprecherin aus, erklärt Rohrbeck: »Da achtet man schon darauf, dass das schon eine etwas erwachsenere Frau spricht, die schon Mitte zwanzig ist oder Ende zwanzig, damit das sich nicht völlig entlarvt.«[507] Unter diesen Voraussetzungen immer geeignete Sprecher zu finden, wird immer schwieriger, sagt Körting: »Wenn ein 50-Jähriger einen 17-Jährigen spricht, muss im Hörspiel ja jeder 40-Jährige bald schon von einem 60- bis 70-Jährigen gesprochen werden.«[508]

Leider mussten in den letzten Jahren Onkel Titus und Skinny Norris mit neuen Sprechern besetzt werden. Seit dem Tod von Andreas Beurmann am 24. April 2016 wird Onkel Titus von Rüdiger Schulzki gesprochen, der bereits bei den Klassikern mitgewirkt hat. In *Die drei ??? und die singende Schlange* (25) ist er zum Beispiel als Asmodi zu hören. Bei *Die drei ??? Kids* wird Onkel Titus seit Anbeginn von Achim Schülke gesprochen. Es wäre vielleicht eine interessante Variante gewesen, ihm nach dem Tod Beurmanns auch die Rolle bei Die drei ??? anzuvertrauen. Das hätte vielleicht sogar vielen Kids-Fans den Übergang zur Originalse-

rie erleichtert. »Ich habe in meinem Leben noch nie ein einziges Kids-Hörspiel gehört. Von daher hatte die Rollenbesetzung bei den Kids auch bei der Suche nach einem Nachfolger von Andreas Beurmann überhaupt keinen Einfluss«, sagt André Minninger.[509]
Achim Schülke ist dafür bei Die drei ??? seit über 20 Jahren in ganz verschiedenen Rollen zu hören. Sein Debüt feierte er 1989 in *Das Gold der Wikinger* (45) als William Manning. Seitdem wurden gerade handlungstragende Nebenrollen gerne mit Schülke besetzt: Alpha in *Nacht in Angst* (86) oder Loomy in *Höhenangst* (201). Achim Schülke ist ein gutes Beispiel dafür, dass es Heikedine Körting auch nach der Klassikerzeit immer wieder gelang, neue ikonische Stimmen für Die drei ??? zu casten.
Am 26. April 2017 starb Andreas von der Meden. Die Rolle des Skinny Norris übernahm infolge Michael Harck. Dieser gehörte bei EUROPA zeitweise fast schon zum Inventar, wurde bei Die drei ??? aber selten eingesetzt, zum Beispiel als Pandro Mishkin in *Der Giftige Gockel* (47), Trainer Tong in *Gekaufte Spieler* (55) oder Branson Barr in *Angriff der Computer-Viren* (56). Mehr als zwanzig Jahre später sprach er in *Die flüsternden Puppen* (180) erstmals Skinny Norris. Es kamen noch weitere Auftritte in zwei Kurzgeschichten hinzu. Aber dann verstarb auch Harck am 11. Mai 2019 wenige Wochen vor seinem 65. Geburtstag.
Neben Onkel Titus, Tante Mathilda, Skinny Norris und Morton sowie Inspektor Cotta gehören auch Ben Peck, Jelena Charkova, Clarissa Franklin, Dick Perry und Rubbish-George zum erweiterten Kreis wiederkehrender Nebencharaktere.
Ben Peck ist Peters Opa. Dem eigenwilligen Erfinder widmete die Autorin M. V. Carey gleich bei seinem ersten Auftritt einen eigenen Fall: *Die drei ??? und der unsichtbare Gegner* (38). Damals schon wurde die Rolle von Wolfgang Völz gesprochen, der am 16. August 1930 in Danzig geboren wurde. Er legte eine große Karriere als Theater-, Film- und Fernsehschauspieler hin. Im Ohr ist er vielen als Stimme von Käpt'n Blaubär. Bei Die drei ???

sprach Völz in den 90er Jahren dreimal markante Rollen: Big Barney Crown in *Der giftige Gockel* (47), Hank Rivers in *Musikpiraten* (52) und Tim Portland in *Rache des Tigers* (61). Es dauerte mehr als zehn Jahre, bis Völz für die Rolle des Sylvester Meyzel im DiE DR3i-Fall *Die Pforte zum Jenseits* ins Tonstudio von Heikedine Körting zurückkehrte. Nach Auftritten in *Der Biss der Bestie* (146) und *Schattenwelt* (175) schloss sich in *Insel des Vergessens* (186) der Kreis. Wie auch bei seinem Debüt verkörperte Völz auch bei seinem letzten Auftritt bei Die drei ??? Peters Opa Ben Pack. Völz verstarb am 2. Mai 2018.

Jelena, die russischstämmige Bekannte der drei Detektive, wird von Alexandra Doerk gesprochen. Während das im Rollstuhl sitzende Mädchen in den Büchern ein paarmal mehr vorkommt, trat sie in den Hörspielen nur In *Musik des Teufels* (83), *Botschaft von Geisterhand*, *Toteninsel* (100) und *Spur ins Nichts* (121) in Erscheinung. Auf der im Jahr 2002 erschienenen DVD *Die drei ??? und das Museum* interviewte sie hörenswert Oliver Rohrbeck, Jens Wawrczeck und Andreas Fröhlich. Seit 2008 spielte Doerk bei TKKG, Fünf Freunde sowie Hanni und Nanni mit. Bei Die drei ??? muss sie darauf warten, bis einer der Autoren Jelena wieder einmal in Rocky Beach auftauchen lässt.

Die kriminelle Psychotherapeutin Clarissa Franklin verdankt Judy Winter ihre unnachahmliche Stimme. Die Schauspielerin und Synchronsprecherin heißt eigentlich Beate Richard und wurde am 4. Januar 1944 geboren. Zwischen 1982 und 1985 war sie bei EUROPA eine gefragte Sprecherin, unter anderem als Erzählerin bei der Pizza-Bande. Nach mehr als 20 Jahren Funkstille wurde Winter 1997 für die Rolle der Clarissa Franklin in *Stimmen aus dem Nichts* (76) engagiert. Der Figur lieh sie auch in *Rufmord* (99) und *Signale aus dem Jenseits* (188) ihre Stimme. Zwischendurch ließ sich Judy Winter nur noch einmal in Rocky Beach blicken. In *Tödliche Regie*, einer DiE DR3i-Folge, spielte sie Audrey Moonshadow.

Ernst Hilbich leiht dem zwielichtigen Privatdetektiv Dick Perry seit *Gift per E-Mail* (104) seine Stimme. Der Schauspieler wurde am 16. März 1931 geboren. In den 80er Jahren war Hilbich der Erzähler in der EUROPA-Hörspielserie Pitje Puck, wurde danach jedoch selten von Heikedine Körting engagiert. Bei Die drei ??? war Hilbich bislang nur als Dick Perry zu hören. Das war nach *Geister-Canyon* (124) zuletzt 2010 im Special *Die drei ??? und der dreiTag* der Fall.
Der Stadtstreicher Rubbish-George wurde viele Jahre von Utz Richter (geboren am 23. Juni 1927) gesprochen. Die Hörspielforscher verzeichnen für Richter insgesamt 146 Rollen in 139 Hörspielen, die meisten davon von EUROPA. Bereits in den 80er Jahren war er schon für Die drei ??? im Einsatz: als Salzwasser-Sam in *Der rote Pirat* (34), Nat McGee im *Höhlenmensch* (35) oder Karl Ragnarson in *Das Gold der Wikinger* (45). In den 90er Jahren war er Matt Garfield in *Spuk im Hotel* (62) sowie Mylnár in *Das Geheimnis der Särge* (67). Rubbish-George streicht zwar schon seit *Der Schatz der Mönche* (107) durch Rocky Beach, tauchte jedoch erstmals in *Feuermond* (125) in einem Hörspiel auf. Seitdem wurde Utz Richter von Heikedine Körting nur noch für diese Rolle besetzt, und zwar in *SMS aus dem Grab* (129) und *Skateboardfieber* (152). Am 10. September 2015 verstarb Richter. Als die Rolle 2019 für *Feuriges Auge* (200) neu besetzt werden musste, entschied sich Heikedine Körting für Hans Peter Korff als neue Stimme für Rubbish-George. Korff hatte bereits zwei Jahre zuvor bei *Insel des Vergessens* (186) Doktor Burke gesprochen.
Während die wiederkehrenden Charaktere bereits Stammsprechern zugeteilt sind, macht sich André Minninger schon beim Verfassen des Hörspielskripts Gedanken über die Besetzung der Nebenrollen. »Danach liest Heikedine Körting das Manuskript, denkt ebenfalls darüber nach, und wir setzen uns zusammen und tauschen uns aus. Bei kleineren Rollen – also diesen

Ein-Satz-Einsätzen – nimmt man natürlich schon mal die Leute, die eh im Haus sind.«[510] Früher wurde das noch häufiger so gehandhabt, sodass auch Randfiguren mit hochkarätigen Sprechern besetzt wurden, zum Beispiel eine Bibliothekarin in *Phantomsee* (2) mit Katharina Brauren oder ein Polizist in *Bergmonster* (14) mit Horst Stark. An der Besetzungsliste feilen Körting und Minninger manchmal tagelang. »Gerade, wenn ich immer wieder die gleichen Serien mache, muss ich für die Nebenrollen immer wieder neue Schauspieler haben. Ich kann nicht nur immer auf mein Kontingent zurückgreifen«, sagt Körting.[511]

André Minningers absolute Lieblingssprecherin ist leider schon verstorben: Marianne Kehlau. Die am 31. Januar 1925 geborene Schauspielerin gehörte seit den Anfangstagen der Hörspielserie fest zum Sprecherensemble, ohne aber eine feste Rolle zu haben. Zweimal spielte sie Peters Mutter, aber beispielsweise auch Lydia Green in *Der grüne Geist* (8) oder Letitia Radford in *Der Ameisenmensch* (32). Letzteres ist sogar das Lieblingshörspiel von André Mininger, der mit *Insektenstachel* (97) das Thema Insektenphobie erneut aufgriff. Janet Hazelwood besetzte Minninger dabei mit Marianne Kehlau. »Sie ist als Synchronsprecherin der absolute Oberhammer. Sie ist so gut, sie kann einfach alles sprechen«, schwärmt Minninger.[512] »Es gibt kaum ein von mir selbst verfasstes Hörspiel, in dem sie nicht mitspricht«, sagt Minninger.[513] Ihren letzten Auftritt bei Die drei ??? hatte die Schauspielerin in *Der Mann ohne Kopf* (106) kurz vor ihrem Tod. »Ich bin sehr froh und auch ein bisschen stolz darauf, dass Marianne Kehlau trotz Krankheit ins Studio gekommen ist und alles gegeben hat.«[514] Kurz nach Kehlaus Tod sagte Jens Wawrczeck: »Ich liebe diese etwas hysterischen Diven. Marianne Kehlau, das war für mich eine ganz tolle Sprecherin. (…) solche Leute bringen immer sehr viel Farbe ins Hörspiel.«[515] Und auch heute verehrt Wawrczeck die Sprecherin sehr: »Eine großartige Schauspielerin. Wandelbar, bescheiden. Eine der bedeutendsten

Synchronsprecherinnen der 50er, 60er Jahre. Ich habe sie ungemein bewundert und hatte die Ehre, häufig mit ihr zusammenzuarbeiten.«[516]

In der langen Hörspiel-Geschichte der Die drei ??? gab und gibt es viele großartige Sprecherinnen. Ein Name fiel bei den Recherchen besonders oft: Gisela Trowe. Die Schauspielerin erblickte am 5. September 1922 in Dortmund das Licht der Welt. Ihr Sprecherdebüt bei EUROPA feierte sie bereits 1969. Bei Die drei ??? gehörte Trowe von Anfang an zum Sprecherpool. In *Die drei ??? und die rätselhaften Bilder* (9) war sie die Gräfin, in *Zauberspiegel* (16) Catherine Darnley und in *Silbermine* (26) Brenda Macomber. *In Die drei ??? und der heimliche Hehler* (37) sprach Trowe Mrs Peabody. Nach ihrem unverwechselbaren Auftritt als Vogelnärrin Miss Maureen Melody in *Perlenvögel* (39) war sie viele Jahre nicht mehr in einem Die drei ???-Hörspiel zu hören, bis Trowe für die Rolle der Mrs Jones in *Labyrinth der Götter* (91) zurückkehrte. Wenige Jahre später lieh sie Alruna in *Das Auge des Drachen* (113) ihre Stimme. Letztmalig war die Schauspielerin in *Schatten über Hollywood* (128) als Casey Wye zu hören. Am 5. April 2010 schloss Trowe für immer ihre Augen. Im EUROPA-Archiv liegen noch unveröffentlichte Aufnahmen mit ihr. Sie gehörte in ein bis zwei DiE DR3i-Folgen zum Sprecherensemble. Die Folgen wurden aber aufgrund der Einigung zwischen Sony und KOSMOS nie fertig produziert. Jens Wawrczeck erinnert sich an die Sprecherin mit der unverwechselbaren Stimme: »Als ich als Kind beim NDR meine ersten Hörspiele aufnahm, sprach Gisela Trowe oft meine Mutter. Ein Vulkan mit feuerrotem Haar, sexy und wahnsinnig witzig. Wir haben uns sehr gemocht. Eine der ganz großen Stimmen wie auch Marianne Kehlau.«[517] Auch Andreas Fröhlich schätzte Gisela Trowe sehr: »Wenn es um die Aufnahmen in den 80er Jahren geht, ist Gisela Trowe eigentlich die einzige Sprecherin, an die ich mich richtig erinnern kann. Trowe habe ich sehr verehrt. Sie war nicht nur eine fantastische Hörspielsprecherin, sondern auch eine tolle Synchronsprecherin. Von ihr habe ich mir viel abgeschaut, wie man einen Text interpretiert zum Beispiel. Sie erweckte den Text manchmal sogar so sehr zum Leben, dass ich nur noch gebannt zuhörte und meinen Einsatz verpasste. Gisela Trowe bei der Arbeit zuzuschauen, war eine richtige Schule.«[518]

Als Faustregel gilt: Je jünger die Sprecher bei ihrem Auftritt bei Die drei ??? waren, desto wahrscheinlicher ist auch das Wiederhören ihrer Stimmen – gerade wenn es um die Klassikerzeit geht. Zu den dienstältesten Sprechern gehören Eckart Dux und Jürgen Thormann. Anlässlich der Record Release Party von *Feuriges Auge* (200) am 6. Juli 2019 in Berlin hatten beide einen viel umjubelten Auftritt im großen Sendesaal des RBB.

Eckart Dux wurde am 19. Dezember 1926 geboren. »Ihn lernte ich zum ersten Mal in seiner Rolle als dauerniesender Dr. Hoffer in *Der Höhlenmensch* (35) kennen«, schwärmt Autor Hendrik Buchna.[519] »Beginnend mit DiE DR3i wurde Herr Dux im Laufe der Jahre zu einer festen Konstante in meinem Schaffen. So verkörperte er nach dem exzentrischen Filmstar Jack Doolan in *Das Haus der 1.000 Rätsel* den kauzigen Trapper Samuel Cobble in *Der schreiende Nebel* (162) und zuletzt den skurrilen Zugbegleiter Cecil Arbuthnott aus *Der unsichtbare Passagier* (189).«[520]

Neben vielen weiteren Auftritten, zum Beispiel als der Einzige Inka im Special *Das Grab der Inka-Mumie*, sprach Dux auch in der Jubiläumsfolge *Feuriges Auge* (200) mit. Dort schlüpfte er in die Rolle von Mr Randour.

Jürgen Thormann feierte sein Debüt als Señor Santora im *Zauberspiegel* (16). Thormann, am 12. Februar 1928 in Rostock geboren, gehört zu den Sprechern, die konstant – mit größeren und kleineren Unterbrechungen – zum Ensemble gehörten: als Wesley Thurgood in *Silbermine* (26), Don Dellasandro in *Giftiger Gockel* (47), Dr. Freeman in *Rufmord* (99) oder zuletzt als Solomon Charles in *Feuriges Auge* (200). »Jürgen Thormann stand schon immer ganz oben auf meiner Wunschliste. Entsprechend stolz und dankbar war ich, als bestätigt wurde, dass Herr Thormann mit seinem unnachahmlichen Timbre die ambivalente Figur des Matthew Gabbin in meinem *Der Fluch der Sheldon Street* (2010) verkörpern würde. Eine echte Sternstunde«, schwärmt Buchna.[521]

Zur alten Garde gehört auch der Hamburger Horst Stark, geboren am 20. Juli 1934. Stark kehrte bereits zweimal mit Figuren in die Welt der drei Detektive zurück. Nachdem Stark bereits in der *Silbernen Spinne* (24) Bert Young sprach, tat er es auch viele Jahre später in *Skateboardfieber* (152). Ein weiteres Comeback erfolgte in einer Kurzgeschichte. »In meiner *Und täglich grüßt das Murmeltier*-Parodie *Immer und immer wieder* aus der Kurzgeschichtensammlung *Die drei ??? und der Zeitgeist* (2016) wird Peter – vermeintlich – in eine Zeitschleife versetzt, an deren Ende er auf einen höchst gewalttätigen Marvin Gray stößt, bekannt aus *Der magische Kreis* (1981). So bot sich die schöne Gelegenheit, Horst Stark in seiner damaligen Rolle zurückkehren zu lassen«, erzählt der Autor der Geschichte Hendrik Buchna.[522]

Nachdem der stimmgewaltige Schauspieler zwischen 1983 und 2012 nur einmal – nämlich in *Labyrinth der Götter* (91) – bei Die drei ??? von sich hören ließ, ist er seitdem wieder regelmäßig zu Gast im Studio von Heikedine Körting.

Horst Naumann, der 1986 erstmal als Ed Snabel in *Der unsichtbare Gegner* (38) in Rocky Beach aufkreuzte, kann sich ebenfalls bei Hendrik Buchna bedanken. »Er kehrte in meinem *Schreienden Nebel* (162) nach 26 Jahren in seiner Rolle als Professor Arnold Brewster aus *Das Volk der Winde* (41) wieder zurück. Als ich die ersten Aufnahmen von Naumanns Stimme im *Nebel*-Abenteuer anhörte, hatte ich tatsächlich Gänsehaut«, so Hendrik Buchna.[523] Erkennbar ist Buchna derjenige im KOSMOS-Autorenteam, der den größten Einfluss auf die Hörspielumsetzung nimmt – neben André Minninger natürlich.

Als Käpt'n Jason aus *Die drei ??? und das Riff der Haie* (30) in *Meuterei auf hoher See* (83) zurückkehrte, konnte dafür nicht mehr Karl Walter Diess als Sprecher gewonnen werden. Viele Fans hätten sich gefreut, die Stimme von Professor Yarborough aus *Die flüsternde Mumie* (10), Mr Eastland aus *Der rasende Löwe* (15) oder des zwielichtigen Rechtsanwalt Zindler aus *Das Volk der Winde* (41) einmal wiederzuhören. Doch dazu kam es nicht. In einem Interview sagte der Schauspieler ein paar Jahre später: »Ich musste früher häufiger Termine absagen, weil ich oft auf Tournee war [...]. Und die Telefonnummer von Frau Körting, die ich hatte, stimmte auch nicht mehr. [...] Und dann hatte es geheißen, dass die von EUROPA kaum noch was machen würden. Das scheint dann ja wohl ein Irrtum zu sein.«[524] Heute lässt sich der Sachverhalt leider nicht mehr richtig rekonstruieren. Diess verstarb am 30. März 2014. In die Rolle des Käpt'n Jason schlüpfte damals übrigens nach zwölf Jahren Die drei ???-Abstinenz Franz-Josef Steffens. Letztmalig war Steffens als Anthony Quinn in *Der geheime Schlüssel* (119) zu hören.

Manchmal braucht es für ein Comeback auch mehrere Anläufe. »Volker Brandt wollten wir immer mal wieder haben, aber das sieht terminlich sehr eng aus. Ich wollte ihn bei *Musik des Teufels* (84) als Teufelsgeiger haben. Aber das hat leider nicht geklappt«, sagt André Minninger.[525] Vanderhell wurde dann letztendlich trotzdem meisterhaft besetzt – mit Lutz Mackensy. Der Fünf Freunde-Erzähler sprach schon in allen Epochen bei Die drei ??? mit. Im *Bergmonster* (14) war er Kenneth, in der *Singenden Schlange* (25) Dr. Shaitan. Jüngst erweckte Mackensy Mr Giggles mit seiner Stimme in *Geheimnis des Bauchredners* (196) zum Leben.

Volker Brandt kehrte schließlich in Form von Mr Nostigon in *Stille Nacht, düstere Nacht* zurück. Den ehemaligen Kommissar hatten Die drei ??? einst in *Geisterinsel* (18) kennengelernt. In dem Fall von Hendrik Buchna gerät er nun als Sicherheitschef einer Spielzeugmesse ins Kreuzfeuer. Aber das ist nicht die einzige Besonderheit an dem Hörspiel: »In meinem Weihnachts-Special bot sich mir, einem großen Fan der *Masters of the Universe*, die Gelegenheit, eine Hommage für die Spielzeugreihe namens Heroes of the Universe und deren TV-Seriendarsteller zu präsentieren. Umso begeisterter war und bin ich, dass es tatsächlich geklappt hat, die Synchronsprecher der berühmten Masters-Zeichentrickserie zu gewinnen: Helgo Liebig (He-Man/Free-Man), Herbert Tennigkeit (Skeletor/Skulldor), Michael Grimm (Beast-Man/Beastor) und Monika Barth (Orko/Quorko). Eine Weihnachts-Überraschung der ganz besonderen Art«, erzählt der Autor.[526]

In den Klassikern wurden die drei ??? sehr oft von Kindern beauftragt oder lernten Gleichaltrige bei ihren Ermittlungen kennen. Wenn die Sprecher von einst als Erwachsene wieder in die Kinderrolle schlüpfen, ist der Nostalgiefaktor besonders hoch.

Stefan Brönnicke sprach 2004 in der Neuaufnahme von *Die drei ??? und der Super-Papagei* nach 25 Jahren erneut Carlos. Ein paar Jahre später schlüpfte er bei DiE DR3i wieder in die Rolle von Taro Togati. Brönnicke spricht alle paar Jahre bei Die drei ??? mit. Zuletzt war er im Special *Das versunkene Schiff* als Ricardo Yarbrough zu hören.

Ein klassisches Comeback mit einer Figur feierte Katrin Fröhlich in *Die feurige Flut* (148). Die Schwester von Andreas Fröhlich kehrte nach vielen Jahren als Allie Jamison zurück. Andere Rollen wurden mit ihr bei Die drei ??? nie besetzt. 2019 ging es für sie sogar mit auf Tour. »Mein Liebling auf der Drei Fragezeichen Tour. Wir ärgern uns von morgens bis abends und lieben uns heiß und innig«, sagt Jens Wawrczeck über Katrin Fröhlich.[527]

Bis zu dem Tag, als Stefan Schwade für die Aufnahmen von *Das Blaue Biest* (167) im Studio saß, hatte er seit Jahrzehnten bei keinem Hörspiel mehr mitgewirkt. »Bei Stefan Schwade lagen

35 Jahre zwischen seiner Rolle des Schausteller-Sohns Andy Carson im Klassiker *Die schwarze Katze* (4) und Andys Rückkehr in meiner Freizeitpark-Folge *Das blaue Biest* (167). Meiner Ansicht nach hat Stefan seine Arbeit trotz drei Jahrzehnten Hörspiel-Abstinenz wirklich fabelhaft gemacht. Bei seiner Stimme habe ich sofort Assoziationen an Zirkus, Zuckerwatte und natürlich an Radscha, den entlaufenen Löwen«, schwärmt Hendrik Buchna, der Autor des Falls. Wer an einem Vergleich zwischen dem jungen und alten Andy Carson interessiert ist, sollte sich die Neuauflage von *Die drei ??? und die schwarze Katze* anhören. Denn für das 3D-Hörspiel schlüpfte Stefan Schwade wieder in die alte Rolle.

In *Feuriges Auge* (200) verkörperte Stephan Chreszinski nach 40 Jahren erneut August August, genannt Gus, aus *Der Fluch des Rubins* (5). Im Gegensatz zu Schwade war es aber nicht Chreszinskis erstes Comeback bei Die drei ???. Nachdem er Chris Markos in *Geisterinsel* (18) sprach, besetzte Heikedine Körting erst in *Diamantenschmuggel* (65) wieder eine Rolle mit ihm. Seit 2015 kam er dreimal zum Zug. »Mit Stephan habe ich schon lange vor den Fragezeichen gemeinsam synchronisiert. Er war schon als Kind ein absoluter Profi. Wir verstehen uns unglaublich gut«, sagt Jens Wawrczeck über seinen Kollegen.[528]

Ein Festival für Nostalgiker ist auch das im Jahr 2010 erschienene Special *Die drei ??? und der dreiTag*. Es handelt sich dabei um drei völlig unterschiedliche Fälle, deren Handlungsstränge sich aber zum Teil kreuzen. Als Autoren fungierten Hendrik Buchna, Ivar Leon Menger und Tim Wenderoth. »Ein Charakteristikum unseres dreiTag-Specials bestand darin, dass wir Autoren diverse Sonderauftritte einflochten; unter anderem tauchen – in jeweils unterschiedlichen Szenen – kurz die legendären Fünf Freunde auf. Allerdings nicht in der vollen Besetzung, da Oliver Rohrbeck sonst in einer kaum unterscheidbaren Doppelrolle als Justus Jonas und Julian Kirrin hätte agieren müssen. Deshalb entschieden wir uns dafür, den Cameo-Auftritt auf George und ihren Hund Timmy – natürlich mit dem Original-Gebell – zu beschränken«, erzählt Buchna.[529] »Maud Ackermann war hier eine der wichtigsten Stimmen für uns alle! Eindeutig. Hätte sie abgelehnt, wären die Fünf Freunde-Verweise rausgefallen«, ergänzt Tim Wenderoth. Heikedine Körting war auch hier für Besetzungsvorschläge offen. »In meinen Fall waren es Stimmen, die ich gerne wieder einmal hören wollte: Douglas Welbat, Sky Du Mont, Harry Rowohlt, Udo Schenk und Horst Naumann«, legt Wenderoth offen. Naumann hatte sich der Autor bereits als Sprecher für seinen DiE DR3i-Fall *Der kopflose Reiter* gewünscht. Damit es diesmal endlich klappte, wurde der Schauspieler, der sich gerade zu Dreharbeiten auf Mallorca befand, telefonisch ins Studio geschaltet.

Rocky Beach wäre irgendwann von Greisen be- oder sogar entvölkert. Aber glücklicherweise können Heikedine Körting und André Minninger immer wieder gute Schauspieler für eine Rolle gewinnen. »Viele Sprecher sagen erst ab, aber wenn sie hören, dass es sich um eine Jugendserie handelt, machen sie gerne mit. Um Christian Brückner bemühen wir uns seit Jahren, leider ohne Erfolg. Wir werden es aber auch in Zukunft weiterhin versuchen«, sagte André Minninger bereits 2001.[530] Viele Jahre später gelang es dann doch, die deutsche Stimme von Robert De Niro für ein Die drei ???-Hörspiel zu gewinnen. In *Höhenangst* (201) feierte Brückner in der Rolle des Schriftstellers Ben Hustler endlich sein Debüt in der Kult-Serie.

Auch um Wolfgang Pampel bemühte sich André Minninger über zehn Jahre, bis es ihm endlich gelang, den Schauspieler und Synchronsprecher für eine Rolle in *Der tote Mönch* (134) zu begeistern. Dort spricht er Anthony Hearst. Und in *Geheimnisvolle Botschaften* (160) lieh er dem Schatzjäger Alan Jones seine Stimme. Da sich die Figur an Indiana Jones anlehnt, passte dies insoweit auch sehr gut. Denn Pampel ist die deutsche Stimme von Harrison Ford.

Santiago Ziesmer, die deutsche Synchronstimme von Spongebob, war das erste Mal im Jahr 2011 für das Mitrate-Hörspiel *House of Horrors (Haus der Angst)* sowie *Grusel auf Campbell Castle* (147) bei Die drei ??? mit dabei, obwohl er schon seit Anfang der 70er auch als Hörspielsprecher tätig ist. In dem 3D-Hörspiel *Die drei ??? und das kalte Auge* sprach Ziesmer sogar eine Doppelrolle: Luke und Colin Havering. Zuletzt spielte er Elliot Littlehorn in *Die Legende der Gaukler* (198).
Im Jubiläumsvierteiler *Feuriges Auge* (200) feierte auch endlich Till Hagen als Gabriel White nicht nur sein Die drei ???-, sondern auch EUROPA-Debüt. Warum Hagen erst mit 70 Jahren das erste Mal in einer Folge als Sprecher eingesetzt wurde, erklärt André Minninger so: »Nicht jeder Sprecher passt zu jeder Rolle. Und wenn wir so einen Hochkaräter wie Till Hagen einsetzen, muss es auch eine sehr wichtige Rolle sein. Für nur zehn Sätze holen wie jemanden wie ihn nicht ins Studio. Bei Gabriel White passte einfach alles zusammen.«[531] In *Feuriges Auge* stieß auch erstmals Michael Deffert als Vikram auf die drei Detektive. In den 80er Jahren sprach Deffert bereits einen der vier Funk-Füchse: Michael Dummer, genannt Meikel.

Promis in Rocky Beach

Immer wieder haben auch Prominente Gastauftritte bei Die drei ???: Musiker, Comedians, Schauspieler und Sportler. Diese Entwicklung fällt mit der einsetzenden Retro-Welle in der zweiten Hälfte der 90er Jahre zusammen. Die drei Hip Hopper von Fettes Brot waren die ersten Stars, die ihr Stelldichein gaben. »Das Ganze begann mit der Sendung *Live aus dem Schlachthof* im Bayerischen Fernsehen. Das Thema war *Popstars und ihre Idole*. Fettes Brot waren damals dort und haben Die drei ??? als ihre Idole angegeben. Der Bayerische Rundfunk hat dann bei

Heikedine angerufen, ob die drei von Fettes Brot mal mit einem Fernsehteam vorbeischauen könnten. Fettes Brot waren dann auch im Studio, aber die Sprecher der drei ??? waren nicht da. Ich war aber dort und arbeitete gerade am Manuskript von *Stimmen aus dem Nichts*. Dann habe ich mir überlegt, wie ich Fettes Brot in die Folge einbauen könnte. Zuerst sollte der Anwalt seinen Anrufbeantworter selber besprechen, jetzt gibt's halt ein Sekretariat, und jeder der drei spricht einen Satz. Das war der Einstieg, aber irgendwie sollte noch was Richtiges folgen. Fettes Brot baten dann darum, dass ich ihnen eine ganze Rolle in mein nächstes Skript schreibe. So kam es dann zu den drei Hip Hop-Jungs. Sie singen übrigens auch einen Song.«[532] In Minningers Fall *Im Bann des Voodoo* (79) spielen die drei Musiker als Wet Boys eine zentrale Rolle. Das Lied heißt *Mehr Schein als Sein*.

An diesem Aufnahmetag sei es in dem Studio derart wuselig gewesen, erinnert sich Corinna Wodrich, dass Heikedine Körting sich spontan entschloss, die drei Musiker auf dem Balkon auszusperren. Ob die drei überhaupt bemerkten, dass sich die Tür nur noch von innen öffnen ließ, ist nicht übermittelt. »Es hat übrigens auch schon andere Situationen gegeben, in denen jemand auf der Dachterrasse ausgesperrt wurde – in dem Fall aber eher aus Versehen. Ich bin mir nicht mehr ganz sicher, ob es Oliver oder Andreas war, der sich dann irgendwann durch das Toilettenfenster bemerkbar machte und bat, wieder reingelassen zu werden!«, plaudert Corinna Wodrich aus dem Nähkästchen.

In *Im Bann des Voodoo* (79) gibt es eine weitere Besonderheit. Die Rolle der Jessica Stevens wurde zwar nicht mit einem Promi, dafür aber mit einer Person besetzt, die tatsächlich keinen Kehlkopf mehr hatte. Wie es zu der Besetzung kam, verrät André Minninger: »Generell hätte ich das per Computer machen können, aber ich wollte keinen Schauspieler, sondern jemanden, der wirklich so spricht. Also habe ich mich bei Freunden umgehört und schließlich erfahren, dass in einem Kino auf dem Kiez ein Filmvorführer arbeitet, der mit seinem Kehlkopfapparat immer kleine Mädchen erschreckt. Ich bin dann hin, habe ihm *Stimmen aus dem Nichts* (76) in die Hand gedrückt und gefragt, ob er nicht Bock hätte, in der nächsten Folge eine Rolle zu sprechen. Er hat die Kassette gehört und fands gut. Wir haben ihn dann ins Studio geholt, und er hat den Part wie ein Profi gesprochen. Er ist aber schwer zu verstehen, man muss schon genau zuhören! Halt wie in Wirklichkeit!«[533]

In *Der Mann ohne Kopf* (106) sprechen die Mitglieder der Band Echt mit. Allerdings verkörpert nur deren Sänger Kim Frank eine tragende Rolle als Peters Surfkumpel Jeffrey. Das Hörspiel hat auch deshalb Seltenheitswert, weil es der bisher einzige Auftritt Jeffreys ist. In *Die Rache der Samurai* (145) hat Jasmin Wagner einen Gastauftritt. Die Sängerin landete gerade als Sängerin des Projekts Blümchen in den 90er Jahren ein paar Charthits.

Heikedine Körting lässt sich bei der Auswahl der Sprecher aber niemanden einfach so aufdrücken. »Oft fragen die Leute bei mir an. Die Freundin von Daniel Brühl hat mal geschrieben, ob er nicht eine Rolle als Geburtstagsgeschenk sprechen dürfe. Er sei ein so großer Fan. Ich wollte schon ablehnen, hab dann aber doch noch mal geschaut, wer das ist.«[534] Der Schauspieler durfte schließlich bei *Das düstere Vermächtnis* (118) mitsprechen.

»Viele Sprecher bewerben sich selbst! Sie wollen unbedingt mal mitsprechen wie zum Beispiel Bastian Pastewka«, erzählt André Minninger.[535] In *Die drei ??? und das Hexenhandy* (101) war der Edel-Fan schließlich als Giorgio Cade das erste Mal für seine Lieblingshörspielserie im Studio. Beim *DreiTag* ist Pastewka in allen drei Teilen als Sebastian Dawson zu hören. Pastewka hatte sich bereits im November 1999 bei Wetten, dass… ? als Die drei ???-Fan geoutet, als er die Titel der ersten 40 Folgen innerhalb von 90 Sekunden auswendig aufsagte. Während Pastewka auf dem Sofa von Thomas Gottschalk cool blieb, war er bei den

Aufnahmen zusammen mit Oliver Rohrbeck, Jens Wawrczeck und Andreas Fröhlich sehr aufgeregt.

Manchmal geben aber auch Stars dem Hörspielstudio einen Korb. »Ich hatte Nina Hagen für die Rolle der Cosma in *Geheimsache Ufo* (80) im Kopf. Aber sie wollte wohl nicht«, erzählt André Marx, der sich ansonsten mit Vorschlägen zurückhält.[536] Amanda Lear musste Minninger regelrecht hinterherlaufen. Schließlich gelang es ihm aber doch, sie für die Rolle der Monique Carrera in *Hexenhandy* (102) und *Der Mann ohne Kopf* (106) zu gewinnen. Mit der Besetzung gelang insoweit ein Volltreffer, als auch die Sängerin damit kokettiert, dass es sich bei ihr womöglich um eine Transsexuelle handelt. Monique Carreras Hit *Devil-Dancer* singt Amanda Lear übrigens auch selbst. In *Der Mann ohne Kopf* gab auch die TV-Moderatorin Enie van der Meiklokjes ihren Einstand und ist seitdem immer mal wieder in kleineren Rollen zu hören.

Bei der Jubiläumsfolge *Geisterbucht* (150) sprachen besonders viele Vertreter der deutschen Comedy-Szene mit: Dirk Bach, Olli Dittrich, Bernhard Hoëcker und Oliver Kalkofe. Sportler sind als Gastsprecher hingegen die Ausnahme. Der Formel 1-Star Nick Heidfeld sprach in *Feuermond* (125) einmal einen LKW-Fahrer. »Ich musste Nick Heidfeld damals mit meinem 1999er VW Caddy mit dem blauen Blümchen-Muster vom Flughafen abholen. Erst während der Fahrt ist mir bewusst geworden, dass ich gerade einen Formel 1-Rennfahrer – im Schneckentempo – durch die Stadt kutschierte«, erzählt Corinna Wodrich.[537]

In einem Interview mit dem Fußballmagazin 11 Freunde sprach sich Oliver Rohrbeck dafür aus, einmal eine Rolle mit Thomas Müller zu besetzen: »Mit seiner Art zu reden, seinem Humor, das passt super. Er quatscht frei weg.«[538] Leider ergab eine Anfrage, dass sich Müller überhaupt nicht für Die drei ??? interessiert. Bei den Profifußballern würden die Hörspiele schon lange nicht

mehr gehört, ließ das Management des Bayern-Stars wissen. »Mir ist tatsächlich auch noch kein Fußballer untergekommen, der sich als großer Die drei ???-Fan geoutet hätte. Gibt es aber mit Sicherheit auch. Und vielleicht schließen sich Hörspielhören und den ganzen Tag Fußballspielen auch ein bisschen aus«, mutmaßt Corinna Wodrich.[539] »Allerdings beweisen Fußballer in Interviews regelmäßig, dass es sich bei ihnen nicht unbedingt um gute Sprecher handelt. Stichwort: ›äh‹. Wir haben immer darauf geachtet, dass alle Promis auch halbwegs als Sprecher zu gebrauchen waren. Ausnahmen bestätigen die Regel!«[540]
Die Gastauftritte sind ein zweischneidiges Schwert. »Es bedeutet also für das Renommee solcher Persönlichkeiten durchaus etwas, wenn sie in ihren Lebenslauf auch mal Die drei ??? reinschreiben können«, so Rohrbeck.[541] Jens Wawrczeck sieht es differenziert: »Wir hatten schon so viele wundervolle Gastsprecher«, sagt er einerseits.[542] Aber andererseits profitierten die Gastsprecher eher von der Serie als umgekehrt. »Ich finde, dass es überhaupt kein Ritterschlag ist, wenn solche Stars mitmachen. Das ist völlig uninteressant. Wichtig ist, dass sie ihren Job gut machen. Es gibt ganz viele Leute, die zwar nicht diese Bekanntheit haben, aber Unglaubliches geleistet haben. Das Schöne an den drei ??? ist, dass sie es gar nicht brauchen. Sie hatten bereits tolle Erfolge, als noch gar nicht klar war, wer das überhaupt spricht.«[543] Und wenn sich Wawrczeck einen Gast wünschen könnte? »Wenn sie noch leben würden, wäre Heinz Rühmann, den ich als Knirps mal kennenlernen durfte, großartig gewesen oder Lilli Palmer.«[544]

Family & Friends

Bei EUROPA dürfen auch Familienmitglieder erste Erfahrungen als Sprecher sammeln. »In der ersten Zeit habe ich meine Mutter gebeten, mal mitzumachen. Aber es klingt einfach merkwürdig von einem unprofessionellen Sprecher«, erzählt Heikedine Körting. Seit Anbeginn der Serie sprachen mehrere Generationen von Körtings in den Hörspielen mit: Alexander Körting, Katinka Körting, Lilian Körting, Lilli Körting, Louis Körting und noch einige mehr. Nicolas Körting spielte in einigen Klassikerfolgen mit. In *Die drei ??? und der lachende Schatten* (13) war er Ted Sanchez.

André Minningers Mutter Apollonia durfte in *Hexenhandy* (101) Oma Scott sprechen. Sein Bruder Niko hatte sogar schon mehrere Auftritte, zuletzt als Tobin Muller in *Die Legende der Gaukler* (198). Seine Schwester Nina nahm Minninger bei *Tornadojäger* ins Studio. In *Pistenteufel* (77) verhalf der Erzähler Matthias Fuchs seiner Tochter Maria zu einem Sprechereinsatz. Sie spielt in der Folge Nicola, die teaminterne Konkurrentin von Karin Sulzenberger.

Familie Draeger ist ebenfalls fester Bestandteil der Hörspielszene. Während Wolfgang Draeger bei Die drei ??? fest Kommissar Reynolds spricht, lieh dessen Tochter Kerstin früher Justus' Freundin Lys de Kerk ihre Stimme. In *Der giftige Gockel* (47) sprach sie aber zunächst ausnahmsweise Peters Freundin Kelly Madigan. Seitdem die Freundinnen aus den Hörspielen verbannt wurden, hat Kerstin Draeger keine feste Rolle mehr. Ihr Bruder Sascha ist bei TKKG als Tim fester Bestandteil der Konkurrenzserie. Bei Die drei ??? ist er flexibel einsetzbar. »Als Insidergag agiert übrigens Sascha Draeger alias Tarzan (heute Tim) aus der Serie TKKG im *Biest*-Abenteuer als echter Dschungelkönig im Lendenschurz«, verrät Hendrik Buchna über die Hörspielumsetzung seiner Buchvorlage *Die drei ??? und das blaue Biest* (167).[545]

In den Sprecherdatenbanken finden sich noch Flemming, Harvey, Lili, Norma und Philipp Draeger mit vereinzelten, meist kleineren Neben- oder Kinderrollen wieder. Minninger sagt: »Bei den Draegers haben die Kinder das halt von klein auf mitbekommen. Wenn ein Kind eines Sprechers mal dabei war, hat man schon mal gefragt, ob es nicht eine kleine Rolle sprechen möchte. Aber ansonsten zählt die schauspielerische Qualität und nicht der Name.«[546] Kinder von Schauspielern sind aber grundsätzlich gut als Sprecher zu gebrauchen – nicht nur bei den Draegers.

Auch die Autoren dürfen ab und zu mitsprechen. Tim Wenderoth wurde in allen drei seiner Hörspiele der Wunsch nach einer kleinen Rolle erfüllt. »Ich mochte diese Cameo-Auftritte à la Hitchcock und bin dankbar dafür, dass man mir das ermöglichte. Es war faszinierend und eine unvergessliche Erfahrung, im Studio zu sein, die ganzen Akteure kennenzulernen und vor allem, direkt bei der Hörspielentstehung dabei sein zu dürfen«, sagt Wenderoth. »In *Der Fluch der Sheldon Street* übernahm ich die Minirolle des Rowdys Jack. Es war eine tolle Erfahrung, einmal in Heikedine Körtings berühmter Sprecherkabine zu sitzen«, erzählt Hendrik Buchna. Wenn Autoren bei den Aufnahmen dabei sind, übernehmen sie in der Regel eine Rolle in ihrem eigenen Fall. Nicht so bei Kari Erlhoff. André Minninger bot ihr von sich aus eine Nebenrolle an, als er die Autorin vorlesen hörte. Als für *Im Zeichen der Schlangen* (157) noch eine Felicity gesucht wurde, kam Minninger auf Kari Erlhoff zurück. Corinna Wodrich verewigte sich als Anne in *Toteninsel* (100). Auch im *dreiTag* hatte sie einen Einsatz. Es folgten noch ein paar weitere Gastauftritte der Produktmanagerin. Ihre Nachfolgerin Maike Müller hat bislang noch in keinem Hörspiel mitgesprochen. Der Musiker Jan-Friedrich Conrad ist die Dose im Werbespot bei *Angriff der Computer-Viren* (56) – mit gepitchter Stimme.

Viele Fans haben den Traum, selbst einmal in ihrer Lieblingsserie mitzuspielen. In den allermeisten Fällen wird dieser Wunsch unerfüllt bleiben. Das hat mehrere Gründe. Zum einen sind es viel zu viele Anfragen, sodass Heikedine Körting kein Schleusentor öffnen möchte. Und zum anderen sind geeignete Rollen rar gesät. »Ich habe die beste Erfahrung mit denen, die Schauspieler und Synchronsprecher sind. Das ist ein richtiger Beruf! Wenn Sie normale Leute ans Mikrofon lassen, das hört sich so laienhaft an«, sagt Heikedine Körting.[547] »Es ist nämlich schwieriger als man glaubt, eine solche Rolle zu sprechen. Als Laie glaubt man immer, es könne ja nicht so kompliziert sein, einen Satz in ein Mikro zu sprechen. Bei der Arbeit mit den Profis unter Studio-Bedingungen sieht es dann oft doch anders aus«, sagt die Regisseurin.[548] Oliver Rohrbeck sieht das genauso: »Es gibt zwar viele Talente, aber wir stellen doch immer wieder auch im Studio fest, dass es ein Gefälle gibt zwischen gelernten Schauspielern und Laien-Darstellern. Das hört man raus. Ich kann auch nicht bei einem Abfahrtsrennen mitmachen, obwohl ich eigentlich ganz gut Ski fahre. Das wird nicht funktionieren, ich werde da tierisch auf die Fresse fallen.«[549]

Ganz so chancenlos sind Laien aber auch nicht. Die Record Release Partys von Oliver Rohrbeck sind eine gute Gelegenheit, auf sich aufmerksam zu machen. Aber man muss ein bisschen Glück haben, so wie zum Beispiel Stefan Exner. Dieser überzeugte mit seiner Performance beim traditionellen Live-Hörspiel auf der Record Release Party von *Der unsichtbare Passagier* (186) derart, dass ihm am Ende von Heikedine Körting eine Visitenkarte in die Hand gedrückt wurde. »Sie sagte, dass ich mich bei Gelegenheit bei ihr melden sollte, es fände sich bestimmt eine kleine Sprecherrolle für mich. Im Studio wusste davon natürlich niemand etwas, aber irgendwann hatte ich Frau Körting tatsächlich selbst am Telefon«, erinnert sich Exner.[550] Bei *Im Auge des Sturms* (197) durfte er dann Brandon sprechen. »Ich war sehr aufgeregt. Die Rolle, die ich bei der Record Release Party sprechen durfte, war ziemlich überdreht – so etwas ist eher leicht. Aber im Studio Körting zu sitzen, war eine ganz andere Nummer, obwohl die Atmosphäre während der Aufnahme sehr entspannt war. Die Szenen wurden richtig gespielt, man sprach sich gegenseitig an, es wurde gestikuliert – und nicht einfach ein Text vorgelesen. Da konnte ich als Neuling nicht mithalten. Aber gerade Jens Wawrczeck tat alles dafür, um mir ein bisschen die Angst zu nehmen«, erzählt Stefan Exner von seinem Tag im Studio von Heikedine Körting.[551]

Die Aufnahmen

Ort des Geschehens ist eine Villa in der Hamburger Rothenbaumchaussee 116. Hier befindet sich seit dem Umzug von der Agnesstraße im Jahr 1993 das Tonstudio von Heikedine Körting. »Als wir [...] umgezogen sind [...], haben wir das Studio 1:1 mitgenommen. Es gab natürlich Verbesserungen, neue Maschinen etc., aber im Prinzip ist es dasselbe Studio geblieben.«[552]
Die Aufnahmen finden nach wie vor gebündelt statt. Heikedine Körting verrät: »Wir haben pro Jahr so mehrere Inseln. So nenne ich unsere Terminverabredungen. Wir müssen schon im Voraus planen, wann wir alle zusammenkommen können.«[553]
Die Terminfindung gestaltet sich dabei nämlich nicht immer einfach. Denn neben Oliver Rohrbeck, Jens Wawrczeck und Andreas Fröhlich sollen auch die Gastsprecher gemeinsam aufgenommen werden. »Für die Sprachaufnahmen brauchen wir etwa zwei, drei oder auch mal vier Tage«, erklärt die Regisseurin.[554] Im Prinzip dauert die Aufnahme einer Folge aber nur einen Tag, sagt Oliver Rohrbeck. »Nun machen wir aber bei einer Aufnahme-Session meist gleich zwei oder drei Folgen und fahren deshalb für drei Tage nach Hamburg.«[555]
Die Aufnahmesessions laufen immer nach dem gleichen Grundmuster ab. »Seit gefühlten 300 Jahren [...] treffen wir uns morgens gegen zehn Uhr [...]. Dann gehen wir in das kleine Studio, wo seit dem Jahr eins ein kleiner Tisch steht, über dem mehre-

re Mikrofone hängen. Da haben wir unsere Stammplätze. Ich sitze da seit Anbeginn der Serie immer gegenüber von Oliver und rechts neben mir sitzt Andreas«, erklärt Jens Wawrczeck.[556] Heikedine Körting und André Minninger sind zu diesem Zeitpunkt schon seit Stunden an der Arbeit. Die Regisseurin hat bei den Aufnahmen den Hut auf. »Ihre Kommentare sind sehr konkret: ›Mach das mal ein bisschen spannender‹, oder ›Das war zu schnell – nimm dir mehr Zeit.‹ Sehr klare und knappe Ansagen. An dieses Tempo muss man sich erst einmal gewöhnen, wenn man von außen kommt. Frau Körting hat unglaublich viel Energie. Diese Energie unterstützt und trägt uns seit Jahrzehnten«, erzählt Jens Wawrczeck.[557]

Oliver Rohrbeck, Jens Wawrczeck und Andreas Fröhlich drücken den Hörspielen ihren ganz persönlichen Stempel auf, auch wenn sie keinen direkten Einfluss auf deren Inhalt haben. Seit etwa 20 Jahren ist der Einfluss der Sprecher auf die Interpretation ihrer Figuren jedoch stark gewachsen. Das ging mit der steigenden Resonanz der Hörspiele Ende der 90er Jahre einher, als die Sprecher in gewisser Weise mit ihren Rollen verschmolzen. »Die waren ja am Anfang […] viel glatter, halt so Archetypen! Da gab es […] den ängstlichen Peter Shaw, den rechthaberischen Justus Jonas und was Bob war, wusste man am Anfang gar nicht so genau. Der war damals irgendwie auch ziemlich gesichtslos!«, sagt Oliver Rohrbeck.[558]

»Die drei Figuren haben sich auf jeden Fall sehr verändert. Vor allem untereinander. Es ist viel mehr Menschliches dazugekommen. Wenn die drei sich anzicken oder freuen zum Beispiel. Das ist alles viel inniger geworden. Ich glaube schon, dass wir sehr viel mehr an Gefühl reinbringen, als das geschriebene Buch es vorgibt«, sagt Rohrbeck.[559] »Oft sind auch die Autoren puristischer als wir. Ich erinnere mich an eine Diskussion mit einem Autor, der sagte: ›Das würde Peter jetzt aber nicht so sagen.‹ Ich habe ihm dann geantwortet: ›Ich bin Peter und ich würde das so sagen.‹ Diese kleinen Privatismen, die auch die Energie der Figuren ausmachen, die kommen schon auch von uns«, betont Jens Wawrczeck.[560] »Ich glaube, inzwischen ist Peter Shaw eine Mischung aus dem, was die Autoren in ihm sehen und meiner Interpretation.«[561]

Im Gegensatz zu früher wird heute bei den Aufnahmen viel mehr improvisiert. Dazu gehören auch die Sticheleien zwischen Peter und Bob. »Diese Geschichte hat sich eigentlich durch unsere Sitzordnung im Studio ergeben, weil ich dort eben neben Peter sitze, und wenn Peter und ich sprechen, dann müssen wir uns eben irgendwie dabei immer anfassen. Also wir rütteln aneinander rum, vor allem bei Verfolgungsszenen, und deswegen ist es so, dass wir immer irgendwie aneinanderhängen, das macht auch immer sehr viel Spaß«, erzählt Andreas Fröhlich.«[562] Manchmal albert auch nur einer herum, um den anderen aus dem Konzept zu bringen. »Das steht natürlich nicht im Drehbuch und ist improvisiert, manchmal wird auch einfach vergessen, es rauszuschneiden«, sagt Fröhlich.[563] Jens Wawrczeck ergänzt: »Wir sehen es als wichtige Aufgabe, auch nach so vielen Jahren frisch und unbefangen an jede neue Episode heranzugehen. Zum Glück herrscht eine sehr familiäre Atmosphäre im Team. Das gibt uns die Freiheit, spielerisch mit dem Manuskript umzugehen und Details zu verändern.«[564]

Bei den Aufnahmen von *Vampir im Internet* (88) tauschten Jens Wawrczeck und Andreas Fröhlich spontan die Rollen. Als die drei Detektive dabei erwischt werden, wie sie ein Foto aus dem Papierkorb holen, redet sich Peter damit heraus, dass er gerade ein Taschentuch weggeschmissen hätte. Eigentlich sollte Bob bei dieser Szene im Mittelpunkt stehen. Da Wawrczeck aber tatsächlich erkältet war, wurde spontan getauscht. Apropos Erkältung: Es kommt immer mal wieder vor, dass Sprecher krank im Studio sitzen. In *Die drei ??? und das Narbengesicht* (31) war Andreas Fröhlich sehr erkältet.[565] Wolfgang Condrus wollte sich aus gleichen Gründen schon entschuldigen, kam dann aber doch für *Doppelte Täuschung* (102) ins Studio. »Der war ja sowas von erkältet, dass man den gar nicht erkannt hat. Und das war eigentlich auch ganz traurig, weil er ja eine Superstimme hat«, erinnert sich Andreas Fröhlich an die Aufnahmen.[566]

Die einzelnen Szenen werden nicht in der Reihenfolge aufgenommen, in der sie später als Hörspiel erscheinen, sondern komplett durcheinander. Es kommt sogar vor, dass zwischen verschiedenen Fällen hin und her gesprungen wird. »Da nehmen wir zum Beispiel erst etwas vom Ende der dritten Folge auf und eine Stunde später etwas aus der Mitte der zweiten Folge – je nachdem, wie die anderen Schauspieler Zeit haben und bestellt sind. Wichtig dabei ist, immer zu wissen, an welcher Stelle einer Folge wir in dem Moment sind – ob es etwa gerade spannend sein soll oder wir vielleicht in der Zentrale rumdösen«, so Rohrbeck.[567] »Wir gehen meistens erst einmal die Szenen an, die in der Zentrale spielen«, ergänzt Jens Wawrczeck.[568] »Über den Tag verteilt kommen dann die Gastsprecher und müssen sich zwischen uns quetschen.«[569] »Die Reihenfolge der Szenen richtet sich immer danach, welcher andere Schauspieler gerade so Zeit hat. Meistens gehen wir schnell in Aufnahme und wiederholen sie lieber noch mal, weil manchmal sehr gute Sachen spontan passieren«, sagt Rohrbeck.[570] Und Wawrczeck: »Besonders spannend wird es, wenn Schauspieler das erste Mal dabei sind und in den sehr speziellen drei ???-Kosmos eintauchen.«[571] »Die sind dann immer ganz perplex, wie wir schon aufeinander eingespielt sind«, fügt Rohrbeck hinzu.[572] Elizabeth Volkmann, die in *Die drei ??? und die Karten des Bösen* (82) Milva Summer sprach, kam sich zu Beginn regelrecht überrollt vor. »Jetzt muss ich aber auch mal zu Luft kommen«, sagte die Schauspielerin bei den Aufnahmen, erinnert sich Rohrbeck.[573]

Wie so ein Aufnahmetag aus Sicht von erfahreneren Studiogästen aussieht, verrät Karin Lieneweg: »Man sitzt oben, es gibt Kaffee, Kuchen, Brote. Die anderen Sprecher kommen hinzu. […] Dann saust man ins Studio, nimmt die Szenen auf und geht wieder zurück und wartet. Das ist der normale Ablauf.«[574] In den Augen der Sprecherin von Tante Mathilda ist im Studio von Heikedine Körting die Zeit stehen geblieben: »Eigentlich hat sich für meine Begriffe überhaupt nichts verändert. Es hat sich an dem ganzen Aufnahmestil nichts geändert. Auch der Tonmeister ist der gleiche geblieben. Nur kennt man sich länger und geht anders miteinander um. Wir sind ein seit 40 Jahren eingespieltes Team. Freundschaft ist so ein großes Wort, aber man kennt sich. Da ist eine familiäre Grundlage vorhanden.«[575]

Heikedine Körting ist besonders wichtig, dass alle Sprecher, die in einer Szene vorkommen, auch gemeinsam am Aufnahmetisch sitzen. »Wenn es voll wird, steht auch mal einer«, sagt die Regisseurin.[576] »Das ist für viele ein großes Erlebnis, weil gerade jüngere Schauspieler es von anderswo so kennen, dass sie einzeln aufgenommen werden. Oder vielleicht mal zu zweit.«[577] Körting: »Wie wir hier so richtig alle zusammensitzen und das durchspielen, das gibt es kaum mehr. Das Zusammenspiel funktioniert aber viel besser so. Das Gemisch ist dann natürlich in der Aufnahme so, wie es eben ist: mit Versprechern und Fehlern. Dafür mache ich dann halt vier, fünf, sechs Fassungen, je nachdem, und wähle die beste aus.«[578] Auch für Maike Müller steht fest: »Sprachaufnahmen im Ensemble sind eine große Bereicherung für die Hörspiele. Die Schauspieler können miteinander und aufeinander reagieren, die Szenen gemeinsam spielen. Das macht das Ganze sehr lebendig.«[579] Nur der Erzähler wird grundsätzlich separat aufgenommen. Das hat sich seit den ersten Aufnahmen mit Hans Paetsch nicht geändert.

Das X-en ist für Heikedine Körting keine Alternative. Auch wenn diese Form der Aufnahme nicht nur leichter zu organisieren, sondern auch kostengünstiger ist, nimmt Körting lieber im Ensemble auf. Viele andere Studios nehmen die Sprecher getrennt voneinander auf. Wenn dann alle Einzeltakes im Kasten sind, werden die Spuren ge-x-t, damit es so klingt, als ob die Sprecher bei den Aufnahmen miteinander agiert hätten. »Dieses X-en finde ich schrecklich, das klingt nicht gut. Ich habe das mal für eine andere Auftragsproduktion gemacht. Das hat mir nicht gefallen. Hier bei uns sitzen immer alle an einem Tisch. Und wenn wirklich ein Sprecher mal nicht kann, dann ist X-en die absolute Notlösung«, sagt André Minninger.[580] »Das merkt man einfach. Manchmal ist die Betonung dabei dann so komisch.«[581] Nur die Minirollen werden ge-x-t. »Wenn da ein Polizist vorkommt oder ein Angler, der nur einen Satz sagt, den bestelle ich nicht extra dazu«, sagt Körting.[582]

Eine Sonderrolle nehmen die speziell für die Vorführung in Planetarien produzierten 3D-Hörspiele ein. Bei diesen Sonderfolgen führte Heikedine Körting zwar auch Regie, die Produktion fand aber nicht in ihrem eigenen Tonstudio statt. Bei diesen Aufnahmen saßen Oliver Rohrbeck, Jens Wawrczeck und Andreas Fröhlich wie immer zu dritt im Studio, mussten aber akustisch komplett voneinander getrennt werden. Damit später einmal ein 3D-Hörspiel entstehen konnte, durften sich die Sprecher nicht ins Wort fallen.

Was heute die absolute Ausnahme ist, war früher gar nicht so unüblich. In einem Interview aus dem Jahr 1999 sagte Oliver Rohrbeck »Wir kommen immer einen Tag nach Hamburg und machen dann zwei Folgen. Die anderen Sprecher sind meistens noch gar nicht mit dabei, wir sprechen viel alleine. Die anderen werden später aufgenommen und einfach reingeschnitten.«[583] Auch zwei Jahre später wurde noch ge-x-t. »Manchmal sind keine anderen Sprecher da, und wir müssen alles allein aufnehmen und werden dann zwischen die anderen Sprecher geschnitten. Das liegt an den Terminschwierigkeiten«, erzählte Rohrbeck.[584] In einem aktuellen Interview bestätigte Andreas Fröhlich die früheren Aussagen seines Kollegen: »Es waren auch früher schon andere Schauspieler mit uns im Studio dabei. Aber nicht immer und auch nie so viele wie heute. Es saßen maximal ein oder zwei weitere Sprecher mit uns am Tisch. Die großen Schauspieler wurden in der Regel separat aufgenommen. Womöglich standen einige dieser legendären Stimmen auch mal vor uns, aber mir war das nicht bewusst. Mit Hans Paetsch haben wir aber definitiv nie gemeinsam aufgenommen, den hätte ich sofort erkannt.«[585] Auftritte von Paetsch bei Die drei ??? waren rar gesät, obwohl er bei EUROPA eine Zeit lang ein- und ausging. Erstmals lieh Paetsch dem zwielichtigen Juwelier Parker Frisbee in *Die drei ??? und die Perlenvögel* (39) seine Stimme. Auch in *Die drei ??? und das Geheimnis der Särge* (67) verkörperte er mit dem Wirt des Gasthofs *Zur Brücke* einen wenig vertrauenswürdigen Charakter. Dafür war Paetsch in *Vampir im Internet* (88) in seiner Paraderolle zu hören – als Märchenerzähler.

Geräusche

Wenn alle Szenen im Kasten sind, macht ein Techniker den Rohschnitt. Das nimmt etwa ein bis zwei Tage Zeit in Anspruch. »Aber dann kommt für uns die richtige Fleißarbeit«, sagt Körting.«[586] Denn jetzt müssen die Einzelteile zu einem Hörspiel zusammengebastelt werden. Die Sprachaufnahmen werden nun zunächst mit Geräuschen hinterlegt. Dieser Prozess dauert in etwa drei Wochen. Die Geräusche haben in den Hörspielproduktionen von Heikedine Köring einen hohen Stellenwert. »Wenn man das Hörbuch einmal gehört hat, dann kennt man den Schluss und weiß, wie es ausgeht. Man hört es sicher auch gern noch ein zweites Mal. Aber bei dem Hörspiel, wie wir es machen, hat man ganz andere Möglichkeiten«, schwärmt die Regisseurin.[587] Bei jedem Hördurchgang könne man schwerpunktmäßig auf etwas anderes achten.

Früher wurden die Hörspiele bei den Aufnahmen regelrecht nachgespielt. Da wurde die Treppe heruntergerast oder ins parkende Auto gesprungen, erzählt Körting: »Wenn die Kinder im Hörspiel eine Räuberleiter machen, in ein Fenster sehen und dann wieder runterspringen, das sind Geräusche, die kann man nicht aus dem Archiv nehmen. [...] Das muss man alles fleißig selbst erarbeiten. Die Kinder rappeln sich auf, rennen aus dem Stall, knallen die Türen zu, dann rennen sie in den Garten und schleichen da weiter, dann müssen sie rascheln – das ist alles sehr speziell.«[588]

Auch heute noch versucht Heikedine Körting, möglichst viel Atmosphäre und Geräusche direkt während der Aufnahmen zu erzeugen. »Wenn wir eine Szene haben, in der telefoniert wird, [zum Beispiel] ich telefoniere mit Bob, Bob sitzt in der Zentrale, und ich rufe ihn an, dann sitzt er im Studio, und ich gehe mit einem Telefon raus in den Warteraum, und das andere Ende des Telefons wird unter das Mikrofon gelegt«, erzählt Rohrbeck.[589] »Das ist jedes Mal absurd. Wenn wir in Peters MG sitzen – ich frage mich immer noch, wie die zu dritt mit einem adipösen Justus Jonas in so einen kleinen Zweisitzer-Sportwagen passen –, kriegen wir im Studio Ledergurte und -taschen auf den Schoß und sollen darauf rumknautschen, als ob der Wagen rüttelt und wir auf Leder sitzen«, erzählt Oliver Rohrbeck.[590] Die besagten Ledertaschen wurden auch bei *Schlucht der Dämonen* (112) eingesetzt, um die Sattelgeräusche zu erzeugen. Einmal wurde auch extra ein knarzender Steg ins Studio gebaut. »Manche Schauspieler können gut gleichzeitig Geräusche machen, manche sind darin völlig unbegabt. Wenn sie ein Geräusch machen sollen, hören sie auf zu atmen«, erzählt Körting.[591] »Die beste Taschenlampe für jedes Hörspiel ist übrigens ein einfacher Kugelschreiber: Das Klicken wird im Kopf der Hörer zum Anschalten der Lampe.«[592] Im Studio gibt es Requisiten zur Erzeugung von Geräuschen in Hülle und Fülle. Dazu gehören neben vielen Alltagsgegenständen wie Lederhandschuhe, Strohmatten, Uhren oder Glocken auch solche Dinge wie Handschellen. Einmal spielte Andreas Fröhlich mit letzteren im Studio herum. Erst als die Handschellen einrasteten, wurde das Fehlen der dazugehörigen Schlüssel bemerkt. Der Sprecher musste sich auf der nächstgelegenen Polizeiwache befreien lassen.

Wenn ein Geräusch noch nicht vorhanden ist, muss es entweder selbst produziert oder irgendwo aufgespürt und aufgenommen werden. »Das habe ich früher lange alleine gemacht, bis unsere gute Freundin Hella von der Osten-Sacken aus Südamerika zurückkam. Sie hat dann mehr und mehr geholfen, die Geräusche vorzubereiten. [...] Pro Hörspiel arbeitet sie bestimmt eine ganze Woche daran, die speziellen Geräusche zu machen«, erzählt Körting.[593] »Wegen der Geräusche haben wir jedes Wespennest durchflöht und sind zum Beispiel nachts über Kies geschlichen, weil man ja tagsüber viel zu viele Nebengeräusche hat. [...] Diese selbst gemachten Geräusche waren für mich immer die feinsten: Vögel, Springbrunnen und alles, was dazugehört – Rennschritte, Schleichschritte, Käuzchen in der Nacht und Kirchenglocken.«[594]

Im EUROPA-Archiv befinden sich mittlerweile weit mehr als 100.000 Geräusche. »Wir haben jede Menge Tonbänder mit Geräuschen und auch auf sogenannten Rundbändern, diese laufen in Endlosschleife. Die sind zum Teil 20, 30 und 40 Jahre alt. Wir setzen sie nicht mehr oft ein, aber es gibt Situationen, wo ich darauf zurückgreife. Aber natürlich haben wir in unserem Studio auch Tausende von Geräuschen im Computer, auf CD's und auf MC's. Ein wirklich wunderbares Geräuschearchiv!«[595]

Im Archiv befinden sich zwar auch fertige Atmosphären wie zum Beispiel »Stall«, »Bahnhof« oder »Krankenhaus«, in der beispielsweise regelmäßig ein gewisser Professor Braun gerufen wird, aber pro Hörspiel steigt der Bestand um 50 bis 100 neue Geräusche. »Papier, Visitenkarte, Lichtschalter und so liegen hier bei den Mikrofonen, das machen die Jungs selbst. Aber die atmosphärischen Geräusche, die muss man aufnehmen. Die großen Soundbibliotheken, die man kaufen kann, habe ich zwar. Doch das passt nie. Bei *Schrecken aus der Tiefe* (193) da titscht einer der Detektive am Anfang einen Stein übers Wasser. So was finden Sie nicht. Oder es fällt jemand ins Meer. Das klingt ja völlig anders, je nachdem, ob jemand dick oder dünn ist«, erklärt Körting.[596]

Die Regisseurin nimmt auch weiterhin selbst Geräusche auf. »Ich bin nie ohne Mikrofon unterwegs, immer und überall habe ich es dabei«, erzählt sie.[597] Während Körting früher auf ein großes Gerät von Nagra zurückgreifen musste, reicht heute ein kleines Tonbandgerät aus. »Zur Not zeichne ich auch mal im Urlaub in Djerba einen Basar auf«, sagt die Regisseurin.[598] Denn für die Folge *SMS aus dem Grab* (129) verfügte Hella von der Osten-Sacken über keine brauchbaren Geräusche. »Das, was wir als Basar hatten, hörte sich alles so italienisch an. Da habe ich Heikedine angerufen, die gerade in Nordafrika im Urlaub war«, erzählt Osten-Sacken.[599] Körting ergänzt: »Da bin ich dann frühmorgens um sechs Uhr mit meinem Mann auf einen Kamelhof und habe die Kamel-Geräusche aufgenommen, so wie die mit der Zunge schlabbern. Und am nächsten Tag sind wir auf einen Arabermarkt gegangen und haben die Basarstimmung eingefangen.«[600]

Auch André Minninger nimmt gerne und oft Alltagsgeräusche auf: »Wenn ich Bus fahre, nehme ich manchmal den Rekorder raus und drücke auf Aufnahme. Letztens war ich auf dem Marktplatz und habe auch auf einem Wochenmarkt Geräusche aufgenommen. Dann war ich für die [TKKG-]Folge *Das lebende Gemälde* im Altenheim. Da bin ich mit dem Rekorder auf dem Flur herumgegangen und habe typische Geräusche eingefangen.«[601] Körting ergänzt: »Die Geräusche archivieren wir dann auf Magnetband, unverwüstlich. Und wenn ich was brauche, erinnere ich mich: Ah, Moment, bei TKKG ist doch schon mal

jemand mit dem Sessellift abgestürzt.«[602] Für Aufzuggeräusche machte sich Minninger einmal extra auf den Weg zu den Grindelhochhäusern in Eimsbüttel, weil es dort noch Aufzüge alter Machart gibt, so Minninger: »Paternoster knackern und rattern so schön. Bei einem echten Fahrstuhl hörst du kaum etwas.«[603]
In einem seiner Bücher – *Im Bann des Voodoo* (79) – hat sich André Minninger sogar selbst verewigt. »Um es knallhart zu sagen, Al Parker bin ich! Und auch die Beschreibung der Bude hat hier bei mir daheim seine Vorlage gefunden«, erzählt Minninger.[604] Im Hörspiel wurde Al Parker aber nicht von Minninger, sondern von Lennardt Krüger gesprochen. Dafür brachte er dort ein persönliches Geräusch unter: »Im Hörspiel habe ich für Al Parkers Hausklingel orginal meine eigene Klingel verwendet.«[605]
Minninger nimmt auch deshalb gerne neue Geräusche auf, um mehr Abwechslung in die Hörspiele zu bringen. Einmal hat er sich damit ordentlich in die Nesseln gesetzt – als er in *Verdeckte Fouls* (81) das alte Telefon in der Zentrale gegen ein neues Modell austauschte. »Danach hagelte es hier zigfache Proteste. Ich wurde sogar bei einer Vollplaybacktheater-Aufführung angesprochen, was denn das für ein doofes Klingeln sei. Schon bei der nächsten Folge haben wir dann das alte Klingeln wieder verwendet, und das bleibt jetzt auch so. Wir finden das alte Klingeln im Studio auch alle schöner«, so Minninger.[606]
Heikedine Körting ist einmal etwas Ähnliches passiert, als sie bei den Fünf Freunden und TKKG die Hundelaute erneuern wollte. »Es gab sofort großen Protest! Ich finde es deshalb auch gut, dabei zu bleiben. Leider leben die beiden ›Ur-Hunde‹ nicht mehr, mit denen wir das Bellen seinerzeit aufgenommen haben. Aber in Timmy und Oskar leben sie weiter! Schön, dass einige Dinge sich nie ändern«, sagt die Regisseurin.[607] Tiergeräusche stammen in den Hörspielen aber nicht zwangsläufig von Tieren. Das Gebrüll von Dunnerak in *Das schwarze Monster* (94) stammt von einem Tierstimmenimitator.[608]

Der seltsame – oder vielleicht besser gesagt schreiende – Wecker im gleichnamigen Fall ist Heikedine Körting höchstpersönlich. Eigentlich wollte sie einen ihrer Schauspieler schreien lassen, ließ dann aber doch Gnade walten. »Sonst wären sie 14 Tage heiser gewesen«, sagt Körting.[609] Also probierte sie selbst. Sie schrie, sie ließ die Bandmaschine ein bisschen langsamer und dann ein bisschen schneller laufen. Und dann hatte sie ihn, den Schrei. Danach hatte Körting eine Woche keine Stimme mehr. Heikedine Körting ist auch das *Hexenhandy*. Es war André Minningers Idee, den Klingelton zur Chefsache zu erklären.

Der Übergang zwischen Geräuschkulissen, Atmosphäre und Musik ist manchmal fließend. Die zu Beginn von *Feuerteufel* (90) eingespielte Orgelmusik stammt von einer Halloween-Platte aus den USA, erzählt Minninger: »Da sind alle Geräusche und die Musik so schon drauf.«[610] Die Musik setzte Minninger auch in *Spuk im Hotel* (62) ein, um die Kaufhauswerbung damit zu unterlegen. Wer sich immer schon gefragt hat, was die angepriesenen Monsterbälle eigentlich sind, erhält hier die Erklärung von Minninger: »Die Monsterbälle sind tennisballgroße Spielbälle mit Monstergesichtern, aufgeplatzten Gehirnen, Frankensteingesichtern und Ähnlichem. Ich fand die superlustig und habe mir welche aus den USA mitgebracht.«[611]

Wer sich auf eine akustische Entdeckungstour nach Rocky Beach begeben möchte, kommt an einem Ausflug nach Ostholstein nicht vorbei. Hier liegt auf halbem Weg zwischen Lübeck und Fehmarn das Gut Hasselburg in Altenkrempe. »Die [Geräusche] nehme ich zum allergrößten Teil hier in Hasselburg und Umgebung auf. Die ganzen Knarr- oder Steinschritte etwa stammen hier aus dem Herrenhaus. Das eignet sich dafür ganz wunderbar«, erzählt Körting.[612] »Wenn wir auf den Schrottplatz von Justus' Onkel Titus gehen […] und dort alle möglichen Sägen oder Ähnliches hören, dann habe ich den Klang mit Werkzeugen aus Hasselburg erzeugt.«

Der spezielle Schrottplatz-Sound entsteht so: »Als Standardgeräusch nehmen wir immer die Säge, dass man gleich weiß, wo man ist, auch wegen des Wiedererkennungswertes. Dazu den Hund, der zu gerne bellt, dann immer die gleichen Kiesschritte, die gleiche Pforte, den Papagei, den ich ab und zu auch mal anders mache, aber auch mal von der Konserve nehme. Der Lastwagen ist auch immer dabei«, erklärt Heikedine Körting.[613]
»Weil Rocky Beach am Wasser liegt, kommen öfter Meeresgeräusche vor – alle aufgenommen hier an der Ostsee. Rettin ist zum Beispiel ideal, das ist nicht so bevölkert.«[614] Die Ruderboottöne stammten allerdings von der Hamburger Alster. Körting weiter: »Kommen Krähen vor, habe ich mir die aus dem Wald unterhalb von Neustadt geholt. Hier ist es auch schön leise. Wenn ich in der Stadt Geräusche aufnehme, hat man immer dieses Rauschen der Autos.«[615]
Am Ende setzt Heikedine Körting am großen Mischpult alles zusammen. In dieser Situation fühlt sich die Regisseurin wie eine Dirigentin. Denn während der technische Fortschritt in die Welt der drei Detektive einfließt, werden die Folgen selbst wie eh und je analog aufgezeichnet. »Es ist noch gute alte Handarbeit. Es werden die Szenen, so wie man sie hört, aufgenommen«, sagt Jens Wawrczeck.[616] »Natürlich sind wir inzwischen auch digital ausgerüstet im Studio Rothenbaumchaussee. Aber ich selber liebe noch immer das analoge Arbeiten. Herrlich, die Bänder auf den Maschinen zu sehen, das Magnetband in die Hand nehmen und schneiden zu können! Ich finde es wunderbar, das die ›warme Akustik‹ der EUROPA-Hörspiele zu nennen, ich empfinde es genauso!«, schwärmt Heikedine Körting.[617]
»Sie nimmt das noch immer auf Schnürsenkelbändern auf und hat auch alle Geräusche, die benutzt werden, komplett auf Band. Das ist tatsächlich Hörspiel, wie es in den 1960er und 1970er Jahren stattgefunden hat«, kommentiert Rohrbeck.[618] »So entsteht ein bestimmter Sound.«[619]

Heikedine Körting geht ins Detail: »Wenn man das digital zusammensetzt, wie man es heute macht, dann hat man den Nachteil, dass man nur jede Spur einzeln hört – aber wenn ich es analog am Pult mache, dann merke ich, wenn etwas ein wenig zu laut wird, und drehe es ein klein wenig zurück, mache schnell die Vögel ein bisschen lauter oder steuere Geräusche von rechts nach links. Und weil ich alles auf einmal mache, muss ich manchmal sogar noch einen Regler mit dem Kinn bedienen, dafür habe ich inzwischen eine Technik entwickelt. Der Nachteil ist natürlich: Da alles nur mit einer rechten und einer linken Spur aufgenommen wird, also Stereo, muss es gleich stimmen. Wenn einer etwas falsch macht, daneben spielt oder zu laut pupst, oder ein Geräusch klappt nicht, oder das Band ist vielleicht nicht losgelaufen, dann muss ich alles noch mal machen. Das muss man beim Digitalen natürlich nicht. Bei mir ist es eher wie im Orchester. Das ist das Geheimnis.«[620] Seit einigen Jahren ist aber zur Sicherheit ein Computer an das Mischpult angeschlossen, sodass die Sprachaufnahmen parallel auch digital aufgezeichnet werden.

Hörspielmusik 2.0

Die Musikeinspielungen fallen mittlerweile in den Zuständigkeitsbereich von André Minninger. Die Titelmelodie wurde seit 2008 nicht mehr ersetzt. Es gibt ein großes Musikarchiv bei EUROPA, welches fortwährend um neue Musiken erweitert wird. Jens-Peter Morgenstern produziert für EUROPA weiterhin fleißig Hörspielmusik. Simon Bertling und Christian Hagitte haben neben der neuen Titelmelodie und deren Variationen in der letzten Jahren vier weitere Pakete mit Musik produziert. Nach einer längeren Pause von knapp 50 Folgen steuert Jan-Friedrich Conrad seit *Straße des Grauens* (170) wieder neue Musik bei.

Die jüngeren Die drei ???-Folgen enden seit einiger Zeit mit einer Electro Jazz-Version eines älteren Themas Conrads, das bereits seit 2008 als Zwischenmusik verwendet wird. Ursprünglich handelte es sich dabei um einen Vorschlag für die neue Titelmelodie. »Meine Hörspielmusik entstand früher unter viel primitiveren Bedingungen als heute. Das war damals MIDI-Recording ohne Audio-Multi-Track-Recording. Heute gibt es in der Produktion ganz andere Möglichkeiten und viel mehr Aufnahmespuren. In vielen Arrangements spiele ich Gitarre, Bass und diverse Schlaginstrumente manuell ein und kombiniere das Ganze meistens mit den bei mir dominierenden Electronica. Mitunter klingen aber die Electronica am akustischsten – wenn ich etwa ein Jazz-Trio produziere«, sagt Jan-Friedrich Conrad über die Hörspielmusik im Wandel der Zeit. Die Musik ist heute ein bunter Mix verschiedener Interpreten aus allen Epochen. In *Das Geheimnis des Bauchredners* (196) wird sogar ganz kurz die alte Titelmelodie von Carsten Bohn als Warteschleifenmusik eines Anrufbeantworters eingespielt. In *Das rätselhafte Erbe* (205) wurde viel der alten Orchestermusik eingesetzt, andere Folgen sind sehr elektronisch geprägt. »Im Studio Körting hat man einen über die Jahrzehnte geschliffenen Spürsinn entwickelt, wie die Fans, die ja inzwischen aus mehreren Generationen bestehen, am besten angesprochen werden können«, sagt Jens-Peter Morgenstern.

Viele Musiker haben ihre Hörspielmusik in den letzten Jahren veröffentlicht. Seit dem Jahr 2004 bringt Carsten Bohn Neueinspielungen seiner einzelnen Sessions in der Serie Brandnew Oldies heraus. Bislang sind vier Alben sowie eine Live DVD in der Serie – exklusiv beim Musikversandhändler jpc – erschienen. Carsten Bohns Sohn Dennis, Mastermind des Dance-Projekts *Brooklyn Bounce*, veröffentlichte im Jahr 2007 mit dem Tape Deck Project Remix-Versionen der Kompositionen seines Vaters. Auch Manuel Backert hat mittlerweile damit begonnen, seine Hörspielmusik zugänglich zu machen. Die Stücke bietet er auf der Homepage seines Labels Records4You zum Download an. Eine Veröffentlichung auf CD und im Streaming steht noch aus, ist aber fest eingeplant. Von Jan-Friedrich Conrad sind zwei Soundtracks mit Hörspielmusik erschienen, davon aber nur einer physisch. Dafür gibt es seit 2017 eigens einen Sampler exklusiv mit Musik aus Die drei ???-Hörspielen zum Download. Last but not least hat Jens-Peter Morgenstern insgesamt sechs Alben mit Hörspielmusik von Die drei ??? und DiE DR3i veröffentlicht. Die CDs können direkt über die Homepage des Musikers bestellt werden.

Viele Musiken gibt es aber nur exklusiv in den Hörspielen zu hören. Wie *In the Middle of the Night* haben auch viele andere Stücke eine eigene Geschichte. Das Geigenspiel Vanderhells in *Musik des Teufels* (84) stammt von Ernst Bötticher. »Das Stück gibt es so gar nicht. Wir haben das aus mehreren zusammengesetzt«, verrät Minninger.[621] Auch Andreas Beurmann ist mit eigenen Stücken vertreten. »Die Gurgelmusik stammt von Herrn Beurmann aus einem Mopsy-Mops-Hörspiel«, sagt der freie Studio-Mitarbeiter.[622] »Auf die Gurgelmusik bin ich schon vor Jahren zufällig im Archiv gestoßen. Einsetzen wollte ich sie schon immer, aber die Hörspielstoffe wollten nie so recht passen. Bei *Das schwarze Monster* (94) habe ich dann zugeschlagen.«[623]

Das Klavierspiel in der Kurzgeschichte *Das Lehrstück* stammt von der Autorin Kari Erlhoff: »Das Klavierstück existierte schon im Buch. Als die Hörspielumsetzung kam, fragte man mich, ob ich tatsächlich etwas komponiert hätte. Rätsel und Noten mussten ja stimmig sein. Tatsächlich hatte ich für die Ausarbeitung der Geschichte Experimente an der alten 90er Jahre Elektroorgel auf dem Dachboden gemacht. Frau Körting war daraufhin so lieb, mich ins Studio einzuladen. Ich durfte dann Peters ungelenke Anfänger-Version einspielen. Aber selbst das war alles andere als einfach. Ich hatte als Kind zwar Geigenunterricht und kann auch etwas Gitarre spielen, aber ich habe nie Klavierunterricht gehabt und nie ein Klavier besessen. Deswegen war ich ziemlich aufgeregt und habe mich oft verspielt. Schließlich hat es mir geholfen, mich in Peter hineinzuversetzen. Der fühlte sich am Klavier ja auch eher unwohl.«[624]

Ab und an wird in den Hörspielen auch diegetische Musik verwendet. Das ist Musik, die zur Geräuschkulisse einer Szene gehört. *Devil Dancer*, das Lied, das bei *Mann ohne Kopf* (106) in der Discoszene im Hintergrund läuft, ist wie *Living on Third Street* aus *Straße des Grauens* (170) ein solches Musikstück. Zu Letzterem erzählt Jan-Friedrich Conrad: »Den Track *Near or Far* hatte ich mit der Sängerin und Musical-Darstellerin Schirin Kazemi im Jahre 2014 gerade aufgenommen und produziert, als André Minninger Bedarf für einen Titel angemeldet hat, der in einem Club läuft. Das Living on Third Street ist ein Overdub auf dem Originaltitel.«[625]

André Minninger fasst zur Musikauswahl zusammen: »Jedes Hörspiel ist ein eigenes Kunstwerk und steht für sich. Daher erarbeite ich für jede einzelne Folge ein eigens maßgeschneidertes Musik-Konzept. Ich überlege schon beim Lesen des Buchs, welche Musik später ins Hörspiel kommt. Dieser Prozess dauert ein paar Tage. Manchmal entscheide ich mich auch um, wenn ein Sprecher etwas anders gesagt oder betont hat, wie ich es mir beim Schreiben des Skripts vorgestellt habe. Jedenfalls sind in jeder Folge neue Titel drin, manchmal sogar drei bis vier Stück. Ich nehme aber auch gerne ältere Musiken. Ich bin da immer mit viel Liebe zum Detail dabei.«[626]

Post Production

Wenn das Hörspiel im Kasten ist, kommen noch mehrere Zwischenstufen, bevor es gekauft oder gestreamt werden kann. Zunächst bekommt die Produktmanagerin Maike Müller eine erste

Version auf CD oder als Download. Das ist für Maike Müller immer wieder etwas ganz Besonderes. »Für mich sind bei jeder Folge die magischen Momente immer die im Studio. Die Dialoge aus dem Skript werden dank der SprecherInnen lebendig, die Erzählpassagen bekommen Farben. Das ist immer wieder faszinierend und zeigt sich dann natürlich in den Abhörfassungen zusammen mit der Musik, Effekten und Geräuschen richtig. Parallel zu den Abhörfassungen entsteht dann mit dem Grafiker das Artwork zur Folge. Das ist die Phase, wo es auch terminlich manchmal spannend wird. Spätestens jetzt muss alles zusammenpassen, alle Infos müssen stimmen und alle Beteiligten – also auch ich – müssen pünktlich abgeben, damit es mit der Herstellung von CD, MC und LP termingerecht losgehen kann. Aber in einem so langjährigen Team wie dem der ??? klappt das natürlich – meistens«, sagt die Produktmanagerin mit einem Augenzwinkern.[627]

Dieser gesamte Prozess dauert heutzutage viel länger als früher. »Wir konnten früher bei Miller mit einem eigenen Presswerk ohne Anmeldung, manchmal innerhalb von einer Woche, produzieren. Das Band ging raus, und sieben Tage später waren die Kassetten im Laden«, erzählt Minninger.[628] Bei Sony gibt es zwar mehr Vorlauf für die Erstveröffentlichung, danach werden die Hörspiele aber just in time nachproduziert. »Wir lassen für eine Neuheit jeweils eine Erstauflage fertigen – nachdem die abverkauft ist, wird nach Bedarf und in wenigen Arbeitstagen nachgefertigt. Die einzelnen Bestandteile wie Master, Druckdaten oder zum Teil auch schon fertige Druckwaren liegen dann beim Hersteller ja schon vor«, gibt Maike Müller einen Einblick in die internen Abläufe.[629]

Die drei ???
und der Kult – ohne Ende

In den letzten Jahrzehnten wechselten mehr als 50 Millionen Die drei ???-Hörspiele den Besitzer. Mittlerweile gehen die CD-Verkäufe zurück, während das Streaming weiter zunimmt. Man kann die Serie aber weiterhin auf Kassette und (wieder) auf Vinyl kaufen. Dafür greifen manche Fans auch gerne tiefer in die Tasche. Aber was macht Die drei ??? derart erfolgreich? Werfen wir zunächst einen Blick auf die Klassikerzeit.

Die drei ??? war bereits eine erfolgreiche Buchreihe, lange bevor überhaupt das erste Hörspiel auf den Markt kam. Den Grundstein für die Erfolge aus dem Haus EUROPA legten Robert Arthur, dessen Nachfolger sowie die Verlage Random House und KOSMOS. Einiges, was für Die drei ??? charakteristisch war, konnte bei der Hörspielproduktion einfach übernommen werden, zum Beispiel das schwarze Cover, das Logo und die charakteristischen Illustrationen von Aiga Rasch. Für Jens Wawrczeck waren die Titelbilder ein entscheidender Faktor für den Erfolg »Da waren diese coolen Cover mit der zeitlosen Ästhetik – der schwarze Rahmen, die Schrift«, sagt der Sprecher.[630] »Die Cover waren sehr einprägsam und stylish, nicht unbedingt wie bei Kinderhörspielen, daher konnten auch Erwachsene das kaufen, ohne rot zu werden.«[631]

Zudem befand sich auf den Covern das Konterfei Alfred Hitchcocks, unter dessen Namen Die drei ??? herausgebracht wurden. Hitchcock war Markenzeichen und Qualitätsmerkmal in einem. »Denn man muss ja immer wissen, dass man die Hörspiele für die Kinder macht, aber kaufen tun's die Eltern. Und insofern muss man denen auch vermitteln: Das ist etwas Seriöses«, sagt Oliver Rohrbeck.[632] Die drei ??? war dabei keine Mogelpackung. Der Inhalt hielt, was die Hülle versprach. »Die Fälle waren natürlich spannend«, sagt Oliver Rohrbeck.[633] Der Erfolg der Klassiker liegt auch in der Themenwahl begründet, denkt Körting: »Die Stoffwahl bei den Fragezeichen, auch dieses Mitmachen, dieses Mitraten – es sind für mich immer noch die schönsten Folgen, wo man Teile von Gedichten kriegt und sie Stück für Stück zusammensetzen kann.«[634] »Die Folgen hatten immer etwas Mysteriöses. So etwas gab es sonst nicht«, sagt Jens Wawrczeck.[635] »Wir stehen in der Tradition erfolgreicher Kinderbücher, die den Erwachsenen zeigen: Ihr wisst nicht alles, ihr könnt nicht alles. Zudem sind Justus, Peter und Bob sozusagen Teile eines gesplitteten Menschen. Jeder steht für verschiedene Eigenschaften: Justus ist das Gehirn, Peter eher die Emotion, Bob erdet alles.«[636]

Einen großen Anteil am Erfolg der Serie hatte mit Sicherheit der Exotik-Faktor. »Die drei ??? spielen in Amerika – da geht die Fantasie natürlich besonders weit auf, es ist das Land der unbegrenzten Möglichkeiten«, sagt Oliver Rohrbeck.[637] Die drei Detektive kommen aus Rocky Beach, einem fiktiven Küstenstädtchen zwischen Los Angeles und Malibu in Südkalifornien – ganz weit weg von den Kinderzimmern in Deutschland, besonders in den 80er Jahren. »Aufregend sind vor allem die skurrilen Charaktere aus Los Angeles und insbesondere Hollywood, oft Dinosaurier einer vergangenen Zeit, die hierzulande nicht denkbar sind. Das ist eine Fundgrube für ganz wundervolle Konstellationen und Geschichten«, erklärt Wawrczeck.[638]

Auf Basis all dessen produzierte Heikedine Körting mit einem erstklassigen Sprecherensemble Kino für die Ohren: »Augen zu, Ohren auf, Film ab!«, wie sie immer sagt.[639] Dieser Dreiklang war die Messlatte für sämtliche Hörspielproduktionen. »Wir wollten eine neue Ebene, ein komplett neues Medium schaffen, das sich dadurch auszeichnet, dass es sehr lebendig klingt«, sagt

Körting. »Man wurde in die Welt versetzt durch die Geräusche, durch die Musik.«[640]

Das trifft aber mehr oder weniger auf alle EUROPA-Produktionen zu. Die Sprecher wurden nicht exklusiv für Die drei ??? verwendet. Natürlich bewies Heikedine Körting hier ein besonders gutes Näschen. Aber auch die Fünf Freunde und TKKG waren hervorragend besetzt. »Die hätten auch andere Sprecher nehmen können, wir spielten am Anfang überhaupt keine Rolle«, sagt Andreas Fröhlich.[641] Auch die Musik von Carsten Bohn wurde in vielen anderen Serien eingesetzt.

Der Erfolg der drei ??? lässt sich also nur dadurch erklären, dass besonders gute Buchvorlagen auf eine besonders gute Hörspielproduktion trafen. H. G. Francis fasst zusammen: »Die drei ??? sind ungewöhnlich gut gemacht. Die Charaktere sind liebevoll gezeichnet und sehr gut gesetzt. Die Storys sind spannend, humorvoll und keineswegs flach. [...] Schließlich – vergessen wir nicht die Musik. Auch sie ist hervorragend. Und die Titelbildgestaltung kann sich sehen lassen. Somit passt alles zusammen.«[642]

Selbst Carsten Bohn sagte 2009 nach Jahren des Streits anerkennend: »Was den Erfolg der drei ??? betrifft, so glaube ich, dass Heikedine Körting seinerzeit mit viel Enthusiasmus und vor allem guten, erfahrenen und jungen Sprechern eine interessante Hörspielserie produziert hat, die in Verbindung mit, nennen wir es mal ›für die Altersgruppe ungewöhnliche‹ Musik eine ganz spezielle Atmosphäre geschaffen hat, die unter Bettdecken mit einem Kassetten-Rekorder genossen, offensichtlich nachhaltige Erinnerungen hinterlassen hat.«[643]

Bohn spricht hier einen entscheidenden Faktor an: die Kassette. Dass die drei ??? besser waren, mag erklären, warum sie sich auch besser als andere Serien verkauften. Eine ausreichende Erklärung für die horrenden Absatzzahlen ist das aber auch noch nicht. Dass Hörspiele zur Massenware wurden, hängt auch mit der Markteinführung der MC zusammen. 1973 wurde die

Schallmauer von mehr als einer Million produzierter Kassetten durchbrochen. Die Produktion lief und lief. 1978 wurden etwa neun Millionen Kassetten gefertigt. 1985 war mit 13,2 Millionen produzierten Kassetten ein Rekordjahr. Ein Hörspiel kostete seit Mitte der 80er Jahre 7,95 Deutsche Mark. Nachdem der Anteil von Kassetten gegenüber den Schallplatten 1982 auf 88 Prozent gestiegen war, wurde deren Fertigung Ende 1983 beendet. *Die drei ??? und das Riff der Haie* (30) war einstweilen das letzte Hörspiel der Reihe, das noch auf Vinyl herauskam.

Im Jahr 1986 wurden zwei Drittel des Umsatzes bei Miller International mit Hörspielen erwirtschaftet. »Dieser Cassettenboom ist völlig untypisch für die Musikbranche, in der Schallplatten noch jahrelang der meistverkaufte Tonträger sein wird. [...] Keine Frage: Die Kinder sind unsere wichtigsten Kunden und die haben einen Cassettenrecorder. Eine Käuferanalyse ergibt, dass unsere Hörer immer jünger werden«, heißt es in der Miller-Story.[644] »Außerdem kommt uns zugute, dass Kinder und Jugendliche, wie unsere Steinzeit-Vorfahren, Jäger und Sammler sind: Wem eine Cassette gefällt, der möchte die ganze Serie haben.«[645] Andreas Beurmann erzählt: »Wir haben dann den kleinen EUROPA-Koffer für Kassetten entwickelt – und im Nu hatte fast jedes Kind zehn Hörspielkassetten«, erzählt Andreas Beurmann.[646] Die günstigen Preise hatten den positiven Nebeneffekt, dass die Kinder sich die Hörspiele auch von ihrem eigenen Taschengeld kaufen konnten.

Die Kassette bedeutete für Kinder auch eine gewisse Autonomie. An den heimischen Plattenspieler wurden sie in der Regel nicht alleine rangelassen. Der Kassettenrecorder hingegen war wortwörtlich kinderleicht zu bedienen – und vergleichsweise unkaputtbar. Dank der Kassetten konnten Eltern ihre Kinder auch auf langen Autofahrten beschäftigen. Der von SONY entwickelte Walkman tat sein Übriges. Nicht von ungefähr wurden die Kinder der 80er Jahre später zur Generation der *Kassetten-*

kinder erklärt.[647] In den 80er Jahren gab es einen EUROPA-Fanclub mit knapp 100.000 Mitgliedern. Damals erhielt Heikedine Körting Wäschekörbe voller Fanpost. Zeitweise waren es 200 bis 300 Briefe am Tag.

Ende der 80er war der Hörspiel-Boom vorbei. »Der Zenit war bereits bei Folge 38 erreicht: Inzwischen ist aus dem Schlauchboot wieder ein Traumschiff geworden«, sagt André Minninger.[648] Heute bekommen die Hörspiele wieder Goldene Schallplatten. Um die Jahrtausendwende lag der Anteil erwachsener Hörer bei schätzungsweise 80 Prozent. Viele tummelten sich auf der Fanseiten wie rocky-beach.com oder wirkten über andere Kanäle als Multiplikatoren. Auf diesen fruchtbaren Boden fielen Auftritte wie die von Fettes Brot oder Bastian Pastewka. *Toteninsel* und *Master of Chess* wirkten wie Katalysatoren für den Erfolg der Serie. Auf einmal war die Serie Teil deutscher Popkultur.

Aber warum hören so viele Erwachsene heutzutage Kinderhörspiele? Das hat mehrere Gründe. Corinna Wodrich sagt: »Einen großen Anteil hat die Kontinuität der Serie: Die gleichen Figuren, die gleichen Sprecher, die gleichen Schauplätze und eine ähnliche Art von Fällen. Das schafft eine Vertrautheit.«[649] Die drei ??? sind ein durch und durch auf Nostalgie angelegtes Produkt. Die drei Detektive werden immer noch von den gleichen Sprechern gesprochen und vom gleichen Team im Studio Körting gemacht. »Ich glaube, es ist wie in einem Kleingartenverein, man fühlt sich zu Hause. Das ist auch ein Zeichen unserer Zeit. Die Menschen brauchen einen Halt. Und Die drei ??? geben Halt«, sagt Karin Lieneweg.[650] »In gewisser Weise vermitteln wir eine heile Welt, obwohl die drei ja auch Unwahrheiten und Ungerechtigkeiten aufdecken. Sie haben aber unendlich viel Zeit dafür. Eine wundervolle Vorstellung. Heute fehlt den Menschen doch in allen Lebenslagen Zeit«, sagt Oliver Rohrbeck.[651]

Die drei ??? leben in einer Zeitblase. Während viele ihrer Fans selbst eigene Kinder haben, wurden Justus, Peter und Bob in den letzten Jahrzehnten nur vier Jahre älter. Und dennoch spielen die Fälle nicht in einer idealisierten Vergangenheit, sondern in der Gegenwart. Das erkennt man allein schon an der technischen Ausstattung der drei Detektive. Ausgerüstet waren die drei ??? schon immer bestens, nur waren Peilsender, Funkgerät und Autotelefon früher ein Stück weit unerreichbarer als heute Handy oder Smartphone.

»In erster Linie produzieren wir immer noch Hörspiele für Kinder und nicht für Nostalgiker«, sagt Heikedine Körting.[652] Trotzdem sind die Geschichten anspruchsvoll genug, dass auch erwachsene Hörer mitgenommen werden. »Die Hörerschaft der ??? ist mittlerweile sehr breit über alle Altersklassen verteilt. Es gibt viele Kinder, die die Hörspiele hören – und natürlich weiterhin die Erwachsenen, die immer noch oder jetzt wieder bei jeder neuen Folge dabei sind«, sagt die Produktmanagerin Maike Müller. »Viele haben die Hörspiele als junge Erwachsene für sich wiederentdeckt, wohl weil sie einen Ruhepol brauchten zu der Hektik, die so vielen anderen Freizeitangeboten eigen ist«, sagt Heikedine Körting.[653] »Insbesondere Die drei ???-Hörspiele verbinden für viele Hörer zwei Aspekte miteinander. Zum einen eine Kindheitserinnerung, das vertrautes Gefühl, das durch die bekannten Figuren, Szenerien, Geräusche beim Hören schnell da ist. Und zum anderen der unschlagbare Vorteil von Hörspielen generell: Hörspiele fordern nur einen unserer Sinne. Man muss nur zuhören. Und kann sich so einem Medien-Overflow von Bild, Text, Ton entziehen und sich einfach nur entspannen. Oder doch zwei Dinge gleichzeitig tun. Hörspielhören und Autofahren oder Kochen oder Bügeln sind zum Beispiel beliebte Kombinationen. Und Hörspielhören und Einschlafen natürlich«, sagt Maike Müller.[654]

Die drei ??? sind Deutschlands beliebtestes Einschlafmittel. »Ich glaube auch ernsthaft, dass viele nicht wissen, wie mancher Fall zu Ende geht«, sagt Rohrbeck.[655] »Als Kind bin ich bei offener

Tür eingeschlafen, um meine Eltern im Wohnzimmer noch zu hören. Das hatte etwas Beruhigendes. Viele von denen, die Die drei ??? kaufen, schlafen mit den Stimmen von Justus, Peter und Bob ein. Das ist fast schon ein kleines Vertrauensverhältnis. Die drei ??? werden's richten. Das ist der kleine Zauber.«[656] Jens Wawrczeck ergänzt: »Wenn ich Theater spiele, sprechen mich öfter jüngere Kollegen an, etwas verschämt, und sagen, sie schlafen jeden Abend mit mir ein. Wie schade, sage ich, davon habe ich leider nie etwas. Aber das ist natürlich etwas sehr Intimes, dass man vor dem Einschlafen ins Ohr von jemandem kriecht.«[657]
Den eigenen Anteil am Erfolg können und wollen die Sprecher nicht beziffern. »Das können wir nicht messen. Das wissen wir nicht«, sagt Oliver Rohrbeck.[658] »Es ist nicht wirklich unsere Leistung, die gefeiert wird, sondern eher das Produkt, weil es das so lange und immer noch in der gleichen Konstellation gibt«, meint Wawrczeck.[659] Andreas Fröhlich denkt dasselbe: »Wenn man […] andere Schauspieler genommen hätte, dann hätte das genauso funktioniert. Wir spielen das vielleicht ganz gut, aber mehr auch nicht. Es ist einfach die Tatsache, dass wir drei das immer noch machen.«[660] Damit ist alles gesagt. Wer, wann, welchen Anteil daran hatte, dass Die drei ??? so groß geworden sind, wird man nicht mehr klären können. Dass das Produkt aber weiterhin so erfolgreich bleibt, hat auch etwas mit der Kontinuität zu tun. Nach so langer Zeit sind Sprecher und Figur schier untrennbar miteinander verbunden.
Jens Wawrczeck bringt den Erfolg der Hörspielserie auf eine einfache Formel: »Es ist wie akustische Coca-Cola. Man weiß, was man kriegt. Eine spannende Story, fantastische Atmosphäre – ohne Mord. Ohne Blut! Und ohne Fäkalien-Sprache! Und zur Belohnung ein Happy End mit Abschluss-Lachen!«[661] Und seit ein paar Jahren kommen konstant neue Fans hinzu, der Anteil der Kassettenkinder an den Hörern sinkt. Dank dem mit 5,5 Millionen verkauften Hörspielen ebenfalls sehr erfolgrei-

chen Serienableger Die drei ??? Kids wurde eine ganze Generation neuer Fans angefüttert.

Dabei gab es am Anfang gegen den Kids-Ableger viel Gegenwind von den erwachsenen Hörspielfans, erinnert sich Claudia Schuller: »Sie befürchteten eine Zerstörung der Reihe. Das ist dann allerdings nicht eingetreten. Aber wir erhielten im Verlag zu Anfang sehr viele erboste Mails.«[662] Silke Arnold ergänzt: »Lange Zeit wurde Die drei ??? Kids als Etikettenschwindel abgetan. Heute wissen wir, dass insbesondere Elternfans der Reihe sehr froh sind, schon ihre Grundschulkinder mit ihrer Leidenschaft anstecken zu können.«[663] Denn irgendwann kommt unweigerlich der Punkt, an dem man sich an die Originalserie herantraut. Früher stand das Konterfei Hitchcocks für die Qualität, die die Eltern das Portemonnaie zücken ließ, heute ist es das Logo mit dem weißen, roten und blauen Fragezeichen.

Während die abendliche Live-Veranstaltungen aufgrund des späten Beginns eher ein erwachsenes Publikum anziehen, eignen sich die 3D-Hörspiele im Planetarium oder der vor wenigen Jahren in Köln eröffnete Escape Room für die ganze Familie. Dank tatkräftiger Unterstützung der Eltern wenden sich die Kinder nicht – wie in den später 80er Jahren – von den Hörspielen ab, sondern ganz im Gegenteil zu. Und allerspätestens nach der umjubelten Aufführung von *Die drei ??? und der dunkle Taipan* am 21. Februar 2020 in der Hamburger Elbphilharmonie ist die erfolgreichste Hörspielserie der Welt in der Hochkultur angekommen.

Die Mitte der 80er Jahre in BILD, STERN oder SPIEGEL abgedruckten Schmähartikel wirken heute wie ein böses Märchen aus längst vergangenen Tagen. Längst sind Eltern und Pädagogen froh, wenn sich die Kinder dem Hörspiel zuwenden, als die Zeit vor der Spielkonsole, Computer, Fernseher oder Smartphone zu verbringen. Im Guinness Buch der Rekorde steht die Serie bereits seit 2010. Noch nie zuvor hatte ein Live-Hörspiel so viele Zuhörer wie *Die drei ??? und der seltsame Wecker* am 21. August 2010, als 15.211 Menschen zu Die drei ??? auf die Berliner Waldbühne pilgerten.

Ein Kindheitsprodukt

Aus Sicht der Fans bleibt nun nur noch die quälende Frage nach dem Ende der Hörspielserie. Die Gerüchte darum sind genauso alt wie der Kult um Die drei ???. Teilweise wurde und wird die Gerüchteküche auch von den Sprechern selbst befeuert. »Wir hatten uns das irgendwann mal vor Jahren überlegt, dass die 100. Folge vielleicht der richtige Zeitpunkt wäre«, sagte Rohrbeck schon 2001 in einem Interview.[664] Aber immer wenn das avisierte Ende – sei es die Folge 100 oder 200 – näher rückte, merkten die Sprecher wie viel Freude ihnen und ihren Fans das Ganze doch noch bereitete. Im Jahr 2009 sagte Oliver Rohrbeck: »250 Folgen sind illusorisch. […] Ich kann mir nicht vorstellen, dass ich als 60-Jähriger noch 18-Jährige spiele. Das wäre eine Slapstick-Nummer.«[665] Wenn es bei der Veröffentlichung von sechs regulären Hörspielen im Jahr bleibt, würde Fall 250 im Jahr 2027 anstehen. Bis dahin ist noch viel Zeit.

Jedenfalls besteht bei allen Beteiligten die Angst, irgendwann einmal unglaubwürdig oder albern zu klingen. »Der Punkt ist dann erreicht, wenn wir nicht mehr authentisch rüberkommen – wenn dieser Spagat zwischen dem 19-jährigen Jungen und meinem wahren Alter zu groß wird«, sagt Andreas Fröhlich.[666] Durch die Liveauftritte ist die Illusion, dass Sprecher und Figuren altersidentisch sind, aber ohnehin schon lange geplatzt. Ein entsprechender Gag, nämlich dass die drei Detektive seit 40 Jahren Teenager sind, rief bei der Live-Tournee zu *Die drei ??? und der dunkle Taipan* Jubelarien hervor.

Die Auftritte sind für Oliver Rohrbeck, Jens Wawrczeck und Andreas Fröhlich ein wichtiger Gradmesser. »Wir versuchen

immer herauszuhören bei den Veranstaltungen, ob das für die Leute jetzt schon langsam lächerlich wird«, sagt Rohrbeck.[667] Wawrczeck spielt im Sprechertrio traditionell die Rolle des Mahners, das Ende besser früher als später – oder zu spät – einzuleiten. »Vier Jahrzehnte mit derselben Mannschaft und wachsendem Erfolg ein solches Produkt zu haben, das ist geradezu unheimlich, und ich möchte nicht den Moment erleben, wenn die Kurve nach unten geht. Dann ist es eleganter und charmanter auf dem Höhepunkt zu sagen: ›Auf Wiedersehen‹.«[668] Fröhlich sieht es ganz pragmatisch: »Warum sollte ich so etwas Erfolgreiches nach so langer Zeit aufgeben? Ich lebe diese Rolle auch nicht. Wir sind sechsmal im Jahr im Studio in Hamburg. Das ist immer wie ein kleiner Kindergeburtstag. Wir gehen abends Schnitzel essen und einen trinken. Und tauchen während der Aufnahmen in den KOSMOS der drei ??? ab. Aber sobald die Aufnahmen vorbei sind, lege ich die Rolle ab.«[669]
Und wie lange macht Heikedine Körting überhaupt noch weiter? Zu ihr haben die drei Sprecher ein sehr inniges Verhältnis. Obwohl Oliver Rohrbeck, Jens Wawrczeck und Andreas Fröhlich Heikedine Körting schon seit über 40 Jahren kennen, siezen sie die Regisseurin immer noch. Frau Körting duzt die drei Sprecher hingegen. »Das wird sich nie ändern. Manchmal kommen Schauspieler zum ersten Mal rein und dürfen sie direkt duzen. Wir bleiben beim Sie«, betont Rohrbeck.[670]
Inzwischen hat Heikedine Körting mehr als 3.000 Hörspiele verantwortet. Mittlerweile macht die Regisseurin noch jährlich zwischen 20 und 30. »Es kann natürlich sein, dass sie das irgendwann mal reduziert, aber da wird sie wahrscheinlich Die drei ??? als Letztes nehmen. Das ist schon ihr Herzensding geworden«, ist Oliver Rohrbeck zuversichtlich.[671] Körting ist freie Produzentin mit einem Spezialvertrag von Sony. »Ich bin [...] nur Auftragnehmer und habe den Auftrag, alle Projekte, die ich mal produziert habe und die heute noch erfolgreich laufen, [...]

weiter […] zu produzieren: Die drei ???, TKKG, Fünf Freunde, Hanni und Nanni oder im Kleinkinderbereich Bob der Baumeister und Thomas die Lokomotive«, sagt Körting.[672] So lange die Regisseurin dazu noch in der Lage ist und Sony sie gewähren lässt, möchte sie auch weiterhin ihre Serien produzieren.[673]

Einer für alle, alle für einen – das gilt für Oliver Rohrbeck, Jens Wawrczeck und Andreas Fröhlich. Wenn einer der drei Sprecher aufhören will oder muss, machen alle Schluss. »Ich würde dann nicht weitermachen, wenn einer der anderen aufhört. Die anderen halten es genauso«, sagt Oliver Rohrbeck.[674] Das unterscheidet Die drei ??? von ihren Kollegen von TKKG. Bei der Konkurrenzserie mussten in den letzten Jahren zwei Rollen neu besetzt werden. Für Die drei ??? hat Heikedine Körting schon früh klargemacht, dass sie die Rollen im Fall der Fälle nicht mehr neu besetzen würde. »Nein, ich würde es nicht mehr wollen«, betonte die Regisseurin schon 2004.[675]

Aber irgendwann wird unweigerlich Schluss sein. »Wir sind da recht fatalistisch. Wenn es vorbei ist, ist es so«, meinte Wawrczeck schon 2009.[676] Auch Oliver Rohrbeck sagte einmal ganz entspannt: »Bei den drei ??? hieß es damals, wir machen jetzt drei Folgen und dann sehen wir mal, wie die ankommen. Dann ging es von Jahr zu Jahr weiter. Das kann also aufhören, wir machen das nicht für die Ewigkeit. Dann kommen andere Aufgaben und spannende Sachen, die wir machen können. Man darf dem dann nicht nachheulen, man muss dann loslassen. Irgendwann.«[677]

Irgendwann.

Der Autor

Der Autor wuchs in einer hessischen Kleinstadt nicht ganz in der Nähe von Hollywood auf. Eines Tages – irgendwann Anfang der 1990er Jahre – schnappte er sich sein Fahrrad und fuhr mit zwei Freunden zum örtlichen Elektrofachmarkt. Dort kaufte er sich seine erste *Die drei ???*-Kassette: *Die drei ??? und der Super-Papagei.* Seitdem gehören die Kultdetektive mehr oder weniger zu seinem Leben. Weil es kein Buch gab, das sich mit der Entstehung und Entwicklung der Serie befasste, schrieb er es mit *Die Welt der drei Fragezeichen* einfach selbst. In seinem neuen Buch widmet er sich den Hörspielen – und fördert dabei mindestens so viele spannende Hintergründe, Fakten und Kuriositäten zutage wie bei den Büchern.

Der Autor lebt gemeinsam mit seiner Familie in Berlin. Für An- und Nachfragen, Anregungen, Kritik, aber natürlich auch Lob ist er per E-Mail erreichbar: c.r.rodenwald@web.de.

Anhang

1 Hubert Bücken: Die Miller-Story. Das 200-Millionen Ding, Quickborn 1986, S. 10.
2 Ebd.
3 Ebd. S. 11.
4 Ebd.
5 Andreas Beurmann im Interview; in: Björn Akstinat: Das ABC der drei Fragezeichen, Hannover 2008, S. 28.
6 Bücken: Miller-Story, S. 12.
7 Beurmann im Interview; in: Akstinat: ABC, S. 29.
8 Bücken: Miller-Story, S. 12.
9 Ebd. S. 18.
10 Ebd.
11 Ebd.
12 Ebd. S. 7.
13 Andreas Beurmann im Interview anlässlich 50 Jahre Europa; veröffentlicht am 30.09.2015; online abrufbar unter https://t1p.de/xtqb.
14 Frank Boldewin: Sándor Ferenczy. Das Urgestein des kommerziellen Hörspiels im Porträt; in: Wolfram Damerius (Hg.): PLAYtaste, Ausgabe 9, Berlin 2015, S. 28ff.
15 Vgl. zur Geschichte des Hörspiels Hans Jürgen Krug: Kleine Geschichte des Hörspiels, Konstanz 2003.
16 Heikedine Körting im Interview; in: Akstinat: ABC, S. 83.
17 Claus Wilcke im Interview; in: PLAYtaste, 9, S. 38.
18 Bücken: Miller-Story, S. 58.
19 Ebd. S. 23.
20 Ebd. S. 10.
21 Heikedine Körting zitiert nach Andreas Beurmann: Die drei ???. Die Hörspielkönigin und vieles mehr, Hildesheim/Zürich/New York 2011, S. 129.
22 Körting im Interview; in: Akstinat: ABC, S. 83.
23 Ebd.
24 Heikedine Körting im Interview; in: Wolfram Damerius (Hg.): PLAYtaste, Ausgabe 4, Berlin 2013, S. 7.
25 Heikedine Körting zitiert nach Isabel Bogdan/Maximilian Buddenbohm: Was machen die da? Folge 5: Heikedine Körting, Nido 11/2015.
26 Heikedine Körting im Interview; in: Mark Knobloch (Hg.): Die Welt der Meister. Der Hörspielband, Ennepetal 2018, S. 22.
27 Ebd.
28 Beurmann: Hörspielkönigin, S. 131.
29 Heikedine Körting im Interview mit dem Verfasser.
30 Körting zitiert nach Bogdan/Buddenbohm: Was machen die da?.
31 Heikedine Körting im Interview; in: PLAYtaste, 4, S. 7.
32 Bücken: Miller-Story, S. 52
33 Körting im Interview; in: Welt der Meister, S. 22f.
34 Heikedine Körting im Interview anlässlich 50 Jahre Europa; veröffentlicht am 30.09.2015; online abrufbar unter: https://t1p.de/xtqb.
35 Körting im Interview; in: Welt der Meister, S. 22.
36 Ebd. S. 23.
37 Körting im Interview; in: PLAYtaste, 4, S. 7.

38 Heikedine Körting im Interview; in: der HöRSPIELer, veröffentlicht 2007; online abrufbar unter: http://www.hörspieler.de/koerting.html.
39 Körting zitiert nach Bogdan/Buddenbohm: Was machen die da?.
40 Heikedine Körting auf Frage Nr. 16 vom 25.02.2008 in der Fragenbox von hoerspiel-freunde.de; online abrufbar unter: https://t1p.de/ou3s.
41 Körting auf Frage Nr. 45 vom 10.08.2008 in der Fragenbox von hoerspiel-freunde.de; online abrufbar unter: https://t1p.de/ey2g.
42 Heikedine Körting zitiert nach Christian Bärmann/Jörn Radtke/Uwe Tölle: Die drei ???. 30 Jahre Hörspielkult, 2. Auflage, Kiel 2009, S. 84.
43 Körting zitiert nach Bogdan/Buddenbohm: Was machen die da?.
44 Andreas Beurmann im Interview; in: Nicolas Haaf: Musik als Mittel der Dramaturgie, Hamburg 2003, S. 29; nur online abrufbar unter: https://t1p.de/znya.
45 Körting im Interview; in: PLAYtaste, 4, S. 8.
46 Heikedine Körting im Interview zur 50. Folge von Hanni und Nanni; online abrufbar unter: https://t1p.de/z1tm.
47 Ebd.
48 Körting im Interview; in: PLAYtaste, 4, S. 8.
49 Körting zitiert nach Bogdan/Buddenbohm: Was machen die da?.
50 Heikedine Körting im Interview; in: Moriz Honert: »Eine gute Stimme muss nicht schön sein«, veröffentlicht im Tagesspiegel vom 24.06.2018, Seite S1.
51 Körting zitiert nach Bogdan/Buddenbohm: Was machen die da?.
52 Ebd.
53 Ebd.
54 Körting im Interview; in: PLAYtaste, 4, S. 8.
55 Körting zitiert nach Bärmann/Radtke/Tölle: Hörspielkult, S. 80.
56 Ebd.
57 Ebd.
58 Ebd.
59 Körting im Interview mit dem Verfasser.
60 Körting im Interview; in: Tagesspiegel 2018.
61 Körting im Interview; in: Akstinat: ABC, S. 87.
62 Heikedine Körting im Interview; in: Frank Jung: Mit Heikedine Körting in der Soundschmiede der drei Fragezeichen, veröffentlicht am 19.03.2019 unter shz.de, online abrufbar unter https://www.shz.de/23049477.
63 Körting zitiert nach Bärmann/Radtke/Tölle: Hörspielkult, S. 80.
64 Ebd.
65 Oliver Rohrbeck im Interview; in: Niklas Cordes: »In jedem steckt kriminelle Energie«, veröffentlicht am 26.06.2017 unter morgenpost.de, online abrufbar unter https://t1p.de/wlrz.
66 Oliver Rohrbeck im Interview; in: Arne Köhler: Ende für »Die drei ???« nicht in Sicht, veröffentlicht am 28.07.2018 unter noz.de, online abrufbar unter https://t1p.de/zqk8.
67 Oliver Rohrbeck im Interview; Thomas von Steinaecker: »Wir befinden uns in einer Zeitblase", veröffentlicht am 23.03.2015 unter zeit.de, online abrufbar unter https://t1p.de/g9id.
68 Oliver Rohrbeck im Interview; in: Andrea Tratner: Als Justus Jonas ist er für immer 18, veröffentlicht im September 2016 unter neuepresse.de, online abrufbar unter https://t1p.de/ae9u.
69 Oliver Rohrbeck im Interview; in: David Sarkur: Du musst die Worte beseelen…, veröffentlicht am 20.03.2006 unter planet-interview.de., online abrufbar unter https://t1p.de/hrau.
70 Rohrbeck im Interview: neuepresse.de, 2016
71 Oliver Rohrbeck im Interview; in: 11 Freunde, Nummer 177, 2016.
72 Oliver Rohrbeck im Chat vom 25.04.2001 auf rocky-beach.com; online abrufbar unter https://t1p.de/03dv.

73 Oliver Rohrbeck im Interview; in: Isabell Schulz: »Justus Jonas würde nicht auf ein Punk-Rockkonzert gehen, ich schon«, veröffentlicht am 16.05.2011 unter medienbewusst.de, online abrufbar unter https://t1p.de/qhlh.
74 Ebd.
75 Körting im Interview; in: shz.de, 2019.
76 Körting im Interview; in: Akstinat: ABC, S. 88.
77 Jens Wawrczeck im Interview; in: Andreas Sieler: »Hitchcock war geradezu frech, was Werktreue anging«, veröffentlicht am 13.08.2019 unter fr.de, online abrufbar unter https://t1p.de/6yu1.
78 Jens Wawrczeck im Interview; in: der HÖRSPIELer, 2007, online abrufbar unter http://www.hörspieler.de/erstzweiter.htm.
79 Ebd.
80 Jens Wawrczeck im Interview; in: Hanna Grabbe/Sarah Levymit: »Es gibt in mir eine ewige Hassliebe zum Mainstream«, veröffentlicht am 01.12.2016 unter zeit.de, online abrufbar unter https://t1p.de/i0sg.
81 Jens Wawrczeck im Interview; in: Ilka Kreutzträger: »Ich halte Nähe nicht immer aus«, veröffentlicht am 05.11.2017 unter taz.de; online abrufbar unter https://t1p.de/4l7p.
82 Jens Wawrczeck im Interview; in: Indra Fehse: Die Stimme ist sein Kapital, veröffentlicht am 11.11.2007 unter filmreporter.de, online abrufbar unter https://t1p.de/eyef.
83 Jens Wawrczeck im Interview; in: Lauscherlounge (Hg.): Jens Wawrczeck, Hörgestalten Podcast, 35/2019, online abrufbar unter https://t1p.de/o8td, Zitat ca. Minute 37:00.
84 Wawrczeck im Interview; in: HÖRSPIELer, 2007.
85 Jens Wawrczeck im Interview; veröffentlicht ohne Datum unter hoernews.de, online abrufbar unter https://t1p.de/6min.
86 Wawrczeck im Interview; in: zeit.de, 2016.
87 Wawrczeck im Interview; in: taz.de, 2017.
88 Wawrczeck im Interview; in: HÖRSPIELer, 2007.
89 Jens Wawrczeck im Interview; in: Stefan Fischer: Männerliebe, veröffentlicht am 24.09.2015 unter sueddeutsche.de, online abrufbar unter https://t1p.de/gfpd.
90 Wawrczeck im Interview; in: zeit.de, 2016.
91 Heikedine Körting im Interview; in: Thomas Beyer: Von der Rechtsanwältin zur geliebten »Hörspielkönigin«, veröffentlicht am 09.07.2019 unter hoerspiele.de.
92 Andreas Fröhlich im Interview; in: Julia Balogh/Birgit Murke: Geteilte Ansichten. Jugendliche stellen Fragen zur Deutschen Einheit, Berlin 2015, S. 141.
93 Ebd.
94 Andreas Fröhlich im Interview; in: Paul Wrusch: »Ich nehme meine Hörer mit zurück in die Kindheit«, veröffentlicht am 12.06.2010 unter taz.de, online abrufbar unter https://taz.de/!420525/.
95 Ebd.
96 Ebd.
97 Andreas Fröhlich im Interview; veröffentlicht am 06.05.2002 unter hoernews.de, online abrufbar unter https://t1p.de/irab.
98 Fröhlich im Interview; in: taz.de, 2010.
99 Ebd.
100 Andreas Fröhlich im Interview; in: Freibier-Fanzine, August 1999, online abrufbar unter https://t1p.de/r8w6.
101 Andreas Fröhlich im Interview; in: Die drei ??? und das Museum, DVD, 2002.
102 Jens Wawrczeck im Interview; in: Ingo Beckendorf: Interview: Die drei ???, veröffentlicht am 24.02.2014 unter volksfreund.de, online abrufbar unter https://t1p.de/8vnu.
103 Körting im Interview; in: Akstinat: ABC, S. 83.

104 Andreas Fröhlich im Interview mit dem Verfasser.
105 Ebd.
106 Jens Wawrczeck im Interview; in: Christoph Leibold: »Drei-Fragezeichen«-Sprecher Jens Wawrczeck mag's gern »retro«, veröffentlicht am 18.09.2018 unter br.de.
107 Fröhlich im Interview mit dem Verfasser.
108 Ebd.
109 Ebd.
110 Oliver Rohrbeck zitiert nach Elmar Krämer: Profil. Alles auf Stimme, veröffentlicht am 06.09.2014 unter deutschlandfunkkultur.de, online abrufbar unter https://t1p.de/jylc.
111 Rohrbeck im Interview; in: Balogh/Murke: Geteilte Ansichten, S. 136.
112 Oliver Rohrbeck im Interview; in: Simon Michaelis: Auf Immerwiederhören, veröffentlicht am 12.10.2019 unter spiegel.de, online abrufbar unter https://t1p.de/y7ki.
113 Rohrbeck im Interview; in: Balogh/Murke: Geteilte Ansichten, S. 136.
114 Peter Fox im Interview; in: Balogh/Murke: Geteilte Ansichten, S. 151.
115 Rohrbeck im Interview; in: spiegel.de, 2019.
116 Rohrbeck im Interview; in: zeit.de, 2015.
117 Fröhlich im Interview mit dem Verfasser.
118 Heikedine Körting im Interview; in: Radio Fritz, Sendung vom 26.10.2001, Transkription online abrufbar unter: https://t1p.de/6qio.
119 Körting im Interview; in: hoerspiele.de, 2019.
120 Jens Wawrczeck im Interview; in: Jens Oppel: Hörspiel-Sprecher Jens Wawrczeck im Interview, veröffentlicht am 28.11.2014 unter weser-kurier.de, online abrufbar unter https://t1p.de/iryu.
121 Fröhlich im Interview; in: hoernews.de, 2002.
122 Oliver Rohrbeck im Interview; veröffentlicht am 19.01.2006 unter hoerspiele.de.
123 Jens Wawrczeck im Interview; in: Peter Clausen: Interview Jens Wawrczeck (Die Dr3i), veröffentlicht ohne Datum unter filmausleser.de, online abrufbar unter https://t1p.de/r97d.
124 Wawrczeck im Interview; in: weser-kurier.de, 2014.
125 Jens Wawrczeck im Interview; in: Niklas Batsch: Achtung: Spezialgelagertes Sonderinterview!!!, veröffentlicht ohne Datum unter niklas-leseblog.jimdo.com, online abrufbar unter https://t1p.de/od8k.
126 Körting im Interview; in: Radio Fritz, 2001.
127 Heikedine Körting auf Frage Nr. 24 vom 09.03.2008 in der Fragenbox hoerspiel-freunde.de; online abrufbar unter https://t1p.de/d6d2.
128 Körting im Interview; in: hoerspiele.de, 2019.
129 Körting zitiert nach Bärmann/Radtke/Tölle: Hörspielkult, S. 84.
130 Körting auf Frage Nr. 143 vom 18.09.2010 in der Fragenbox von hoerspiel-freunde.de; online abrufbar unter https://t1p.de/pmi6.
131 Heikedine Körting im Interview; veröffentlicht am 06.06.2004 unter 3fragezeichen.de.
132 Körting im Interview; in: 3fragezeichen.de, 2004.
133 Körting im Interview mit dem Verfasser.
134 C. Bernd Sucher/Stefan Jordan: »Pasetti, Peter«; in: Neue Deutsche Biographie20 (2001), S. 85 [Onlinefassung]; URL: http://www.deutsche-biographie.de/.html.
135 Zitiert nach Thomas Bräutigam: Stars und ihre deutschen Stimmen. Lexikon der Synchronsprecher, 3. Auflage, Marburg 2013, S. 208.
136 Körting im Interview; in: Akstinat: ABC, S. 87.
137 Ebd.
138 Körting im Interview; in: 3fragezeichen.de, 2004.
139 Ebd.
140 Körting im Interview; in: Akstinat: ABC, S. 87.

141 Körting im Interview; in: Knobloch (Hg.): Welt der Meister, S. 136.
142 Ebd.
143 Ebd. S. 16.
144 Ebd. S. 136.
145 Körting im Interview; in: 3fragezeichen.de, 2004.
146 Jens Wawrczeck im Interview mit dem Verfasser.
147 Ebd.
148 Karin Lieneweg im Interview; in: Playtaste 8, S. 33.
149 Ebd.
150 Ebd.
151 Ebd.
152 Ebd. S. 34.
153 Ebd. S. 32f.
154 Karin Lieneweg im Interview; in: Andreas Sieler: »Die drei ??? geben Halt«, veröffentlicht am 10.10.2019 unter fr.de, online abrufbar unter https://t1p.de/5rek.
155 Ebd.
156 Ebd.
157 Ebd.
158 Ebd.
159 Andreas von der Meden im Interview; veröffentlicht im März 2002 unter rocky-beach.com, online abrufbar unter https://t1p.de/dnmc.
160 Körting im Interview; in: hoerspiele.de, 2019.
161 Körting auf Frage Nr. 58 vom 17.09.2008 in der Fragenbox von hoerspiel-freunde.de; online abrufbar unter https://t1p.de/ey2g.
162 Von der Meden im Interview; in: rocky-beach.com, 2002.
163 Ebd.
164 Ebd.
165 Wawrczeck im Interview mit dem Verfasser.
166 Hendrik Buchna im Interview mit dem Verfasser.
167 Horst Frank: Leben heißt leben. Erinnerungen, München/Berlin 1981, S. 92.
168 Ebd. S. 93.
169 Horst Frank im Interview; Michael Cholewa/Uwe Huber: Zum Gedenken an Horst Frank, veröffentlicht 2000 unter film.terrorverlag.de, online abrufbar unter https://t1p.de/xn5o.
170 Ebd.
171 Ebd.
172 Ebd.
173 Horst Frank im Interview; in: NDR Talk Show Classics, veröffentlicht am 03.10.2009 unter ndr.de, online abrufbar unter: https://t1p.de/swye.
174 Zitiert nach Frank: Leben, S. 43.
175 Frank im Interview; in: film.terrorverlag.de, 2000.
176 Körting zitiert nach Bärmann/Radtke/Tölle: Hörspielkult, S. 84.
177 Körting im Interview mit dem Verfasser.
178 André Minninger im Chat auf rocky-beach.com vom 27.03.1999; online abrufbar unter https://t1p.de/xk95.
179 Nicola Millies: Horst Frank: Ewiger Bösewicht mit weicher Seele; online abrufbar unter https://t1p.de/94i8.
180 Zitiert ebd.
181 Link zur Homepage der Hörspielforscher: https://hoerspielforscher.de/.
182 Körting im Interview; in: Knobloch (Hg.): Welt der Meister, S. 143.
183 Ebd.
184 Körting auf Frage Nr. 126 vom 26.04.2010 in der Fragenbox von hoerspiel-freunde.de; online abrufbar unter https://t1p.de/pmi6.
185 Körting im Interview; in: Tagesspiegel 2018.

186 Minninger auf Frage Nr. 226 vom 24.08.2003 in der Fragebox auf rocky-beach.com; online abrufbar unter https://t1p.de/kn8h.
187 Körting im Interview; in: Knobloch (Hg.): Welt der Meister, S. 143.
188 Ebd.
189 Körting im Interview; in: hoerspiele.de, 2019.
190 Minninger auf Frage Nr. 92 vom 28.10.2001 in der Fragebox auf rocky-beach.com; online abrufbar unter https://t1p.de/am75.
191 H. G. Francis im Interview; veröffentlicht am 06.01.2004 unter sektor7blau.de, online abrufbar unter https://t1p.de/3v12.
192 H. G. Francis im Interview; in: Akstinat: ABC, S. 93.
193 Körting im Interview; in: Knobloch (Hg.): Welt der Meister, S. 134f.
194 H. G. Francis im Interview; veröffentlicht am 11.01.2001 unter hoerspiele.de.
195 H. G. Francis im Interview; in: Akstinat: ABC, S. 92.
196 Körting im Interview; in: Knobloch (Hg.): Welt der Meister, S. 134f.
197 H. G. Francis im Interview; in: Hans Joachim Alpers/Thomas M. Look (Hg.): Lesebuch der deutschen Science Fiction 1984, Meitingen 1983, S. 58.
198 Körting im Interview; in: Knobloch (Hg.): Welt der Meister, S. 134f.
199 H. G. Francis im Interview; in: Akstinat: ABC, S. 92.
200 H. G. Francis im Interview; in: Alpers/Look (Hg.): Lesebuch, S. 59.
201 Körting im Interview mit dem Verfasser.
202 Interview mit H. G. Francis; veröffentlicht am 27.11.2005 unter sektor7blau.de, online abrufbar unter https://t1p.de/vpkm.
203 Körting im Interview; in: Knobloch (Hg.): Welt der Meister, S. 138.
204 Europa (Hg.): 25 Jahre Hörspiel Cassetten, 1985, S. 23, online abrufbar unter https://t1p.de/1ms2.
205 Bücken: Miller-Story, S. 68.
206 H. G. Francis im Interview aus dem Jahr 2008 [YouTube]; hochgeladen von Grayskull Convention, abgerufen von https://t1p.de/k2ze.
207 Körting im Interview; in: Knobloch (Hg.): Welt der Meister, S. 135.
208 H. G. Francis zitiert nach Bärmann/Radtke/Tölle: Hörspielkult, S. 118.
209 H. G. Francis im Interview vom 13.06.2009 [YouTube], hochgeladen von stimmenjaeger, abgerufen von https://www.youtube.com/watch?v=-U9tlzrhiIo.
210 H. G. Francis zitiert nach Bärmann/Radtke/Tölle: Hörspielkult, S. 122.
211 H. G. Francis im Interview; in: Akstinat: ABC, S. 95.
212 Ebd. S. 92f.
213 Körting im Interview; in: Knobloch (Hg.): Welt der Meister, S. 135.
214 Ebd.
215 Ebd.
216 H. G. Francis im Interview; in: Akstinat: ABC, S. 95.
217 Körting im Interview; in: Knobloch (Hg.): Welt der Meister, S. 134f.
218 H. G. Francis im Interview; in: sektor7blau.de, 2004.
219 Interview mit H. G. Francis vom 13.06.2009 [YouTube], hochgeladen von JUZ-TV, abgerufen von https://www.youtube.com/watch?v=upvrIdvVUv0.
220 Körting im Interview; in: Knobloch (Hg.): Welt der Meister, S. 136f.
221 H. G. Francis im Interview; in: JUZ-TV 2009.
222 H. G. Francis im Interview; in: Akstinat: ABC, S. 92f.
223 Rohrbeck im Chat; in: rocky-beach.com, 2001.
224 Körting im Interview; in: Tagesspiegel 2018.
225 Körting im Interview; in: Haaf: Musik, S. 36.
226 H. G. Francis im Interview; in: JUZ-TV 2009.
227 H. G. Francis im Interview; in: Akstinat: ABC, S. 93.
228 Ebd. S. 94f.
229 Körting im Interview; in: Haaf: Musik, S. 33.
230 Körting im Interview; in: hoerspiele.de, 2019.

231 Carsten Bohn im Interview; veröffentlicht 2009 unter cinemamusica.de, online abrufbar unter https://t1p.de/mx25.
232 Fröhlich im Interview; in: hoernews.de, 2002.
233 Carsten Bohn im Interview; veröffentlicht am 08.03.2005 unter 3fragezeichen.de.
234 Carsten Bohn im Interview; veröffentlicht am 06.05.2001 unter bohn-musik.de, online abrufbar unter https://t1p.de/2hyf.
235 Der Link zur Homepage der Pizzafüchse lautet: https://www.phil-moss.de/.
236 Interview mit Carsten Bohn vom 02.10.2004 [YouTube], hochgeladen von laszlovector, abgerufen von https://www.youtube.com/watch?v=JljaEO2S2k8.
237 Oliver Rohrbeck im Chat auf rocky-beach.com vom 17.04.2002; online abrufbar unter: https://t1p.de/1090.
238 Ebd.
239 Beurmann im Interview; in: Haaf: Musik, S. 31.
240 Ebd. S. 32
241 Ebd.
242 Aiga Rasch zitiert nach Bärmann/Radtke/Tölle: Hörspielkult, S. 134.
243 Vgl. zu Aiga Rasch https://www.rocky-beach.com/aiga/aiga.html sowie https://www.aiga-rasch.de/.
244 Körting im Interview; in: hoerspiele.de, 2019.
245 Vgl. hierzu und den folgenden Ausführungen zum Rechtsstreit um die Hörspielmusik von Carsten Bohn: Landgericht Hamburg, Teil-Urteil vom 31. Mai 1991 – 324 O 559/87; Hanseatisches Oberlandesgericht Hamburg, Urteil vom 12. Januar 1995 – 3 U 132/91; Landgericht Hamburg, Urteil vom 18. Dezember 1998 – 308 O 3/97 sowie Hanseatisches Oberlandesgericht, Urteil vom 4. November 2004 – 3 U 63/99.
246 Hanseatisches Oberlandesgericht Hamburg, Urteil vom 12. Januar 1995 – 3 U 132/91, S. 7.
247 Carsten Bohn im Interview; veröffentlicht am 08.03.2005 unter 3fragezeichen.de.
248 Zitiert nach Tonkassetten. Flotte Spreche; in: DER SPIEGEL 33/1986, online unter: https://t1p.de/720d.
249 Ebd.
250 Ebd.
251 Günther Handlögten/Henning Venske: »Alles ist sauber und heil«, Stern 39/1986.
252 Ebd.
253 Vgl. zu Henning Venske und Günther Handlögten die Homepage von Venske: http://www.venske.de/.
254 Körting auf Frage Nr. 141 vom 18.09.2010 in der Fragenbox von hoerspiel-freunde.de; online abrufbar unter https://t1p.de/pmi6.
255 Jens Wawrczeck im Interview; in: Katrin Hörnlein/Philipp Schwenke: »Der Jugendwahn ist Blödsinn«, veröffentlicht am 10.06.2009 unter zeit.de, online abrufbar unter https://t1p.de/qb5r.
256 Oliver Rohrbeck im Interview; veröffentlicht am 09.10.2004 unter hoerspielhelden.de, online abrufbar unter https://t1p.de/7tas.
257 Rohrbeck im Interview; in: zeit.de, 2009.
258 Fröhlich im Interview; in: taz.de, 2010.
259 Körting im Interview; in: Akstinat: ABC, S. 88.
260 Rohrbeck im Interview; in: Freibier-Fanzine, 1999.
261 Rohrbeck im Interview; in: Balogh/Murke: Geteilte Ansichten, S. 141.
262 Rohrbeck im Interview; in: Freibier-Fanzine, 1999.
263 Rohrbeck im Interview; in zeit.de, 2009.
264 Ebd.
265 Oliver Rohrbeck im Interview; veröffentlicht am 03.09.2001 unter hoernews.de, online abrufbar unter https://t1p.de/h537.
266 Rohrbeck im Interview; in zeit.de, 2009.

267 Rohrbeck im Interview; in: noz.de, 2018.
268 Ebd.
269 Oliver Rohrbeck im Interview; veröffentlicht ohne Datum unter dreifragezeichen.de, online abrufbar unter auf https://t1p.de/2wg1.
270 Rohrbeck im Chat; in: rocky-beach.com, 2002.
271 Wawrczeck im Interview; in: hörspieler.de, 2007.
272 Ebd.
273 Wawrczeck im Interview mit dem Verfasser.
274 Minninger auf Frage Nr. 91 vom 24.10.2001 in der Fragebox auf rocky-beach.com; online abrufbar unter https://t1p.de/am75.
275 Fröhlich im Interview; in: taz.de, 2010.
276 Ebd.
277 Körting im Interview; in: Akstinat: ABC, S. 88.
278 Fröhlich im Interview mit dem Verfasser.
279 Körting zitiert nach Bogdan/Buddenbohm: Was machen die da?.
280 Körting im Interview; in: Knobloch (Hg.): Welt der Meister, S. 18.
281 Beurmann im Interview anlässlich 50 Jahre Europa.
282 Körting zitiert nach Bärmann/Radtke/Tölle: Hörspielkult, S. 87.
283 Körting im Interview; in: Akstinat: ABC, S. 90.
284 Körting auf Frage Nr. 142 vom 18.09.2010 in der Fragenbox von hoerspiel-freunde.de; online abrufbar unter https://t1p.de/pmi6.
285 Körting zitiert nach Bärmann/Radtke/Tölle: Hörspielkult, S. 87.
286 Körting im Interview; in: Knobloch (Hg.): Welt der Meister, S. 16.
287 Ebd.
288 Körting zitiert nach Bogdan/Buddenbohm: Was machen die da?.
289 Ebd.
290 Körting auf Frage Nr. 147 vom 23.10.2010 in der Fragenbox von hoerspiel-freunde.de; online abrufbar unter https://t1p.de/pmi6.
291 Landgericht Hamburg, Teil-Urteil vom 31. Mai 1991 - 324 O 559/87.
292 Hanseatisches Oberlandesgericht Hamburg, Urteil vom 12. Januar 1995 - 3 U 132/91.
293 Landgericht Hamburg, Urteil vom 18. Dezember 1998 - 308 O 3/97.
294 Hanseatisches Oberlandesgericht, Urteil vom 4. November 2004 - 3 U 63/99.
295 Bundesgerichtshof, Beschluss vom 7. Juli 2005 - I ZR 196/04.
296 Hanseatisches Oberlandesgericht, Urteil vom 4. November 2004 - 3 U 63/99, S. 32f.
297 Landgericht Hamburg, Teil-Urteil vom 31. Mai 1991 - 324 O 559/87, S. 45.
298 Hanseatisches Oberlandesgericht Hamburg, Urteil vom 12. Januar 1995 - 3 U 132/91, S. 39.
299 Hanseatisches Oberlandesgericht Hamburg, Urteil vom 29. Mai 2008 - 3 U 108/98 –, juris.
300 Der Link zur Homepage von Carsten Bohn lautet: http://bignote.de/.
301 Bohn im Interview; in: bohn-musik.de, 2001.
302 Detlef Kuntke im Interview mit dem Verfasser.
303 Ebd.
304 Ebd.
305 Jan-Friedrich Conrad im Interview; veröffentlicht am 14.11.2016 unter kassettenbox.de, online abrufbar unter https://t1p.de/78lk.
306 Jan-Friedrich Conrad im Interview; veröffentlicht ohne Datum auf dreifragezeichen.de, online abrufbar unter https://t1p.de/yhgk.
307 Jan-Friedrich Conrad im Interview; veröffentlicht im Oktober 2002 unter hsp-musik.de, online abrufbar unter https://t1p.de/c4ff.
308 Ebd
309 Ebd.
310 Interview mit H. G. Francis; in: Akstinat: ABC, S. 96.

311 H. G. Francis im Interview; in: sektor7blau.de, 2004.
312 Stefan Pannor: Autor H. G. Francis gestorben. Perry Rhodans Master of the Universe; veröffentlicht am 05.11.2011 unter spiegel.de, online abrufbar unter https://t1p.de/mrat.
313 André Minninger im Interview; veröffentlicht ohne Datum unter dreifragezeichen.de; online abrufbar unter: https://t1p.de/x9mx.
314 Minninger auf Frage Nr. 163 vom 17.04.2002 in der Fragebox auf rocky-beach.com; online abrufbar unter https://t1p.de/8a8t.
315 Minninger auf Frage Nr. 222 vom 11.08.2003 in der Fragebox auf rocky-beach.com; online abrufbar unter https://t1p.de/qrz3.
316 André Minninger im Interview; veröffentlicht am 03.03.2011 unter tkkg-site.de, online abrufbar unter https://t1p.de/y9lg.
317 Minninger im Interview; in: dreifragezeichen.de.
318 Minninger im Interview; in: tkkg-site.de, 3/2011.
319 Beurmann: Hörspielkönigin, S. 150.
320 Minninger im Interview; in: tkkg-site.de, 3/2011.
321 Minninger auf Frage Nr. 214 vom 23.07.2003 in der Fragebox auf rocky-beach.com; online abrufbar unter https://t1p.de/qrz3.
322 André Minninger im Interview; veröffentlicht am 06.06.2004 unter 3fragezeichen.de
323 Schuller im Interview mit dem Verfasser.
324 Körting im Interview; in Haaf: Musik, S. 36.
325 Heikedine Körting im Audiokommentar; in: Die drei ??? und das Museum, DVD, 2002.
326 Rohrbeck im Chat; in: rocky-beach.com, 2002.
327 Fröhlich im Interview; in: Die drei ??? und das Museum, DVD, 2002.
328 Silke Arnold im Interview mit dem Verfasser.
329 Schuller im Interview mit dem Verfasser.
330 Wawrczeck im Interview; in: filmausleser.de.
331 Minninger auf Frage Nr. 157 vom 08.04.2002 in der Fragebox auf rocky-beach.com; online abrufbar unter https://t1p.de/8a8t.
332 Rohrbeck im Interview; in: hoernews.de.
333 Fröhlich im Interview; in: hoernews.de, 2002.
334 Andreas Fröhlich im Interview; in: Arndt Jansen: »… solange man authentisch rüberkommt.«, veröffentlicht ohne Datum unter justmag.net.
335 Wodrich im Interview mit dem Verfasser.
336 H. G. Francis im Interview; in: hoerspiele.de, 2001.
337 Ebd.
338 André Minninger zitiert nach Nico Steckelberg: TKKG lösen ihren 200. Fall: Zu Gast im Tonstudio EUROPA; veröffentlicht am 18.11.2016 unter der-hoerspiegel.de, online abrufbar unter https://t1p.de/q3hj.
339 Matthias Fuchs im Interview; in: Marc Hairapetian: Das letzte Interview vor seinem Tod, veröffentlicht am 03.01.2002 unter spiegel.de, online abrufbar unter https://t1p.de/u2x8.
340 Ebd.
341 Wodrich im Interview mit dem Verfasser.
342 Fuchs im Interview; in: spiegel.de, 2002.
343 Ebd.
344 Andere Quellen geben den 31.12.2001 als Todestag von Matthias Fuchs an.
345 Körting auf Frage Nr. 36 vom 21.05.2008 in der Fragenbox von hoerspiel-freunde.de; online abrufbar unter https://t1p.de/d6d2.
346 Körting im Interview; in: hoerspiele.de, 2019.
347 Oliver Rohrbeck im Interview; in: Irena Güttel: »Justus Jonas mag keinen Punk-Rock«; veröffentlicht am 07.10.2003 unter stern.de, online abrufbar unter https://t1p.de/656o.

348 Rohrbeck im Chat, rocky-beach.com, 2001.
349 Rohrbeck im Interview; in hoerspielhelden.de, 2004.
350 Rohrbeck im Interview; in: noz.de, 2018.
351 Rohrbeck im Chat; in: rocky-beach.com, 2001.
352 Fröhlich im Interview; in: justmag.net.
353 Körting auf Frage Nr. 79 vom 01.02.2009 in der Fragenbox von hoerspiel-freunde.de, online abrufbar unter https://t1p.de/ey2g.
354 Körting auf Frage Nr. 36 vom 21.05.2008 in der Fragenbox von hoerspiel-freunde.de, online abrufbar unter https://t1p.de/d6d2.
355 Ebd.
356 Minninger im Interview mit dem Verfasser.
357 Fröhlich im Interview mit dem Verfasser.
358 Wawrczeck im Interview; in: zeit.de, 2016.
359 Wodrich im Interview mit dem Verfasser.
360 Ebd.
361 Ulli Feldhahn im Interview mit dem Verfasser.
362 Ebd.
363 Ebd.
364 Ebd.
365 Wodrich im Interview mit dem Verfasser.
366 Ebd.
367 Ebd.
368 Minninger auf Frage Nr. 38 vom 20.12.2000 in der Fragebox auf rocky-beach.com; online abrufbar unter https://t1p.de/1nxl.
369 Minninger im Interview mit dem Verfasser.
370 Minninger auf Frage Nr. 165 vom 01.05.2002 in der Fragebox auf rocky-beach.com; online abrufbar unter https://t1p.de/8a8t.
371 Minninger auf Frage Nr. 1 vom 26.11.2000 in der Fragebox auf rocky-beach.com; online abrufbar unter https://t1p.de/gk5c.
372 Minninger im Interview mit dem Verfasser.
373 Antwort von André Minninger auf Frage Nr. 38 vom 20.12.2000 in der Fragebox auf rocky-beach.com; online abrufbar unter https://t1p.de/1nxl.
374 Antwort von André Minninger auf Frage Nr. 141 vom 13.03.2002 in der Fragebox auf rocky-beach.com; online abrufbar unter https://t1p.de/u94j.
375 Antwort von André Minninger auf Frage Nr. 132 vom 30.01.2002 in der Fragebox auf rocky-beach.com; online abrufbar unter https://t1p.de/ysdb.
376 Antwort von André Minninger auf Frage Nr. 132 vom 30.01.2002 in der Fragebox auf rocky-beach.com; online abrufbar unter https://t1p.de/ysdb.
377 Körting zitiert nach Bärmann/Radtke/Tölle: Hörspielkult, S. 87
378 Wodrich im Interview mit dem Verfasser.
379 Wawrczeck im Interview; in: zeit.de, 2016.
380 David J. Becher im Interview mit dem Verfasser.
381 Ebd.
382 Ebd.
383 Ebd.
384 Wodrich im Interview mit dem Verfasser.
385 Ebd.
386 Wawrczeck im Interview; in: filmausleser.de.
387 Ebd.
388 Andreas Fröhlich im Chat auf rocky-beach.com vom 24.01.1999; online abrufbar unter https://t1p.de/zsd2.
389 Arnold im Interview mit dem Verfasser.
390 Ebd.
391 Minninger auf Frage Nr. 94 vom 30.10.2001 in der Fragebox auf rocky-beach.com; online abrufbar unter https://t1p.de/am75.

392 Rohrbeck im Interview; in: hoernews.de, 2001.
393 Kari Erlhoff im Interview mit dem Verfasser.
394 Becher im Interview mit dem Verfasser.
395 Ebd.
396 Oliver Rohrbeck im Interview; veröffentlicht 2002 unter hoernews.de, online abrufbar unter https://t1p.de/bkmq.
397 Fröhlich im Interview; in: hoernews.de, 2002.
398 Jens-Peter Morgenstern im Interview mit dem Verfasser.
399 Ebd.
400 Ebd.
401 Ebd.
402 Ebd.
403 Jens-Peter Morgenstern zitiert nach Beurmann: Hörspielkönigin, S. 158.
404 Morgenstern im Interview mit dem Verfasser.
405 Jens-Peter Morgenstern im Interview; veröffentlicht am 16.05.2003 unter mit rocky-beach.com, online abrufbar unter https://t1p.de/2fdt.
406 Minninger auf Frage Nr. 93 vom 28.10.2001 in der Fragebox auf rocky-beach.com; online abrufbar unter https://t1p.de/am75.
407 Ebd.
408 Wodrich im Interview mit dem Verfasser.
409 Minninger auf Frage Nr. 63 vom 27.03.2001 in der Fragebox auf rocky-beach.com; online abrufbar unter https://t1p.de/bpbo.
410 Minninger auf Frage Nr. 38 vom 20.12.2000 in der Fragebox auf rocky-beach.com; online abrufbar unter https://t1p.de/1nxl.
411 Interview mit Corinna Wodrich; in: Saskia von der Burg: Von ›Super-Papageien‹ und ›Hexenhandys‹: Zur Konzeption und zur Erfolgsgeschichte der Kinderhörspiele Die drei Fragezeichen, Bonn 2004, S. 119.
412 Jens Wawrczeck im Interview; in: Christian Görtzen: Verbrecherjagd in der Arena, veröffentlicht am 25.10.2009 unter welt.de, online abrufbar unter https://t1p.de/rza4.
413 Andreas Fröhlich im Interview; in: welt.de, 2009.
414 Wodrich im Interview mit dem Verfasser.
415 Ebd.
416 Ebd.
417 André Marx im Interview; veröffentlicht im Oktober 2006 unter rocky-beach.com, online abrufbar unter https://t1p.de/whl5.
418 Corinna Wodrich: Die drei ???. Tour-Tagebuch 2002/2003 »Master of Chess«, S. 14.
419 Körting zitiert nach Bärmann/Radtke/Tölle: Hörspielkult, S. 83.
420 Fröhlich im Interview mit dem Verfasser.
421 Andreas Fröhlich im Interview; in: Mirko Ludwig: Gestatten: Bob Andrews, zuständig für Recherchen und Archiv…, veröffentlicht am 28.03.2014 unter wn.de, online abrufbar unter https://t1p.de/o7pd.
422 Wodrich: Tour-Tagebuch, S. 18.
423 Oliver Rohrbeck im Interview; in: Peter Steinkirchner: »Wir wollen das Ding nicht überdrehen«, veröffentlicht am 05.12.2013 unter wiwo.de, online abrufbar unter https://t1p.de/bpm2.
424 Fröhlich im Interview; in: wn.de, 2014.
425 Oliver Rohrbeck im Interview; veröffentlicht am 06.06.2004 unter 3fragezeichen.de.
426 Körting zitiert nach Bärmann/Radtke/Tölle: Hörspielkult, S. 83.
427 Rohrbeck im Interview; in hoerspielhelden.de, 2004.
428 Wawrczeck im Interview; in: hoernews.de, 2006.
429 Wodrich im Interview mit dem Verfasser.
430 Ebd.

431 Ebd.
432 Rohrbeck im Interview; in: wiwo.de, 2013.
433 Körting zitiert nach Bärmann/Radtke/Tölle: Hörspielkult, S. 83.
434 Rohrbeck im Interview; in hoerspielhelden.de, 2004.
435 Ebd.
436 Marx im Interview; in: rocky-beach.com, 2006.
437 Rohrbeck im Interview; in: hoerspiele.de., 2006.
438 Wawrczeck im Interview; in: filmausleser.de.
439 Ebd.
440 Wawrczeck im Interview; in: hoernews.de.
441 Michael Fleissner im Interview; veröffentlicht am 29.11.2006 unter jetzt.de, online abrufbar unter https://t1p.de/2ip9.
442 Andreas Fröhlich im Interview; in: DiE DR3i – Das große Interview, Sony BMG Pressekit aus dem September 2006, online abrufbar unter 3fragezeichen.de.
443 Wodrich im Interview mit dem Verfasser.
444 Körting auf Frage Nr. 17 vom 26.02.2008 in der Fragenbox von hoerspiel-freunde.de; online abrufbar unter https://t1p.de/ou3s.
445 Oliver Rohrbeck im Interview; in: Sony BMG Pressekit 2006.
446 Andreas Fröhlich im Interview; Sony BMG Pressekit 2006.
447 Jens Wawrczeck im Interview; in: Sony BMG Pressekit 2006.
448 Ebd.
449 Körting auf Frage Nr. 1 vom 20.02.2008 in der Fragenbox von hoerspiel-freunde.de; online abrufbar unter https://t1p.de/ou3s.
450 Körting auf Frage Nr. 9 vom 20.02.2008 in der Fragenbox von hoerspiel-freunde.de; online abrufbar unter https://t1p.de/ou3s.
451 Wodrich im Interview mit dem Verfasser.
452 Simon Bertling im Interview mit dem Verfasser.
453 Ebd.
454 André Marz im Interview mit dem Verfasser.
455 Minninger auf Frage Nr. 142 vom 13.03.2002 in der Fragebox auf rocky-beach.com; online abrufbar unter https://t1p.de/u94j.
456 Ben Nevis im Interview mit dem Verfasser.
457 Marco Sonnleitner im Interview mit dem Verfasser.
458 Christoph Dittert im Interview mit dem Verfasser.
459 Erlhoff im Interview mit dem Verfasser.
460 Buchna im Interview mit dem Verfasser.
461 Körting zitiert nach Bogdan/Buddenbohm: Was machen die da?.
462 Ebd.
463 Körting auf Frage Nr. 12 vom 21.02.2008 in der Fragenbox von hoerspiel-freunde.de; online abrufbar unter https://t1p.de/ou3s.
464 Körting im Interview; in: Tagesspiegel 2018.
465 Minninger auf Frage Nr. 252 vom 08.03.2004 in der Fragebox auf rocky-beach.com; online abrufbar unter https://t1p.de/x4jf.
466 Minninger auf Frage Nr. 223 vom 14.08.2003 in der Fragebox auf rocky-beach.com; online abrufbar unter https://t1p.de/qrz3.
467 Minninger im Interview; in: Akstinat: ABC, S. 24.
468 Minninger im Chat auf rocky-beach.com vom 04.12.1998; online abrufbar unter: https://t1p.de/pkde.
469 Rohrbeck im Interview; in: hoernews.de, 2001.
470 Körting im Interview; in: Tagesspiegel 2018.
471 Minninger auf Frage Nr. 26 vom 08.12.2000 in der Fragebox auf rocky-beach.com; online abrufbar unter https://t1p.de/2mhs.
472 Wawrczeck im Interview; in: hörspieler.de, 2007.
473 H. G. Francis im Interview; in: sektor7blau.de, 2004.

474 Minninger auf Frage Nr. 142 vom 13.03.2002 in der Fragebox auf rocky-beach.com; online abrufbar unter https://t1p.de/u94j.
475 Dittert im Interview mit dem Verfasser.
476 Minninger auf Frage Nr. 170 vom 22.06.2002 in der Fragebox auf rocky-beach.com; online abrufbar unter https://t1p.de/20h9.
477 Minninger auf Frage Nr. 261 vom 14.04.2004 in der Fragebox auf rocky-beach.com; online abrufbar unter https://t1p.de/atr5.
478 Ebd.
479 Körting im Interview; in: Knobloch (Hg.): Welt der Meister, S. 137.
480 Ebd.
481 Andreas Fröhlich im Interview; veröffentlicht am 07.07.2019 unter bz-berlin.de, online abrufbar unter https://t1p.de/wms1.
482 Andreas Fröhlich im Interview; in: welt.de, 2009.
483 Wodrich im Interview mit dem Verfasser.
484 Ebd.
485 Körting im Interview; in: hoerspiele.de, 2019.
486 Axel Milberg im Interview; in: Tobias Böckermann: Axel Milberg über die drei Fragezeichen: »Das passt«, veröffentlicht am 19.05.2017 unter noz.de, online abrufbar unter https://t1p.de/yypg.
487 Ebd.
488 Axel Milberg im Interview; in: veröffentlicht am 27.05.2017 unter rp-online.de, online abrufbar unter https://t1p.de/wjzo.
489 Ebd.
490 Milberg im Interview; in: mit noz.de, 2017.
491 Ebd.
492 Ebd.
493 Ebd.
494 Milberg im Interview; in: rp-online.de, 2017.
495 Milberg im Interview; in: noz.de, 2017.
496 Körting im Interview; in: hoerspiele.de, 2019.
497 Milberg im Interview; in: noz.de, 2017.
498 Ebd.
499 Milberg im Interview; in: rp-online.de, 2017.
500 Oliver Rohrbeck im Interview; veröffentlicht am 14.08.2014 unter focus.de, online abrufbar unter https://t1p.de/njws.
501 Jens Wawrczeck im Interview; in: veröffentlicht am 28.05.2015 unter fudder.de, online abrufbar unter https://t1p.de/f7hp.
502 Ebd.
503 Andreas Fröhlich im Interview; in: Lina-Marie Ostertag/Kim Baschant: Interview mit Andreas Fröhlich, veröffentlicht ohne Datum unter die-blaue-seite.de, online abrufbar unter https://t1p.de/rhxn.
504 Rohrbeck im Interview; in: focus.de, 2014.
505 Oliver Rohrbeck im Interview; in: Horst Stellmacher: »Die drei ???«-Stimme im Interview, veröffentlicht am 19.09.2013 unter express.de, online abrufbar unter https://t1p.de/46z1.
506 Rohrbeck im Interview; in: 11 Freunde, 2016.
507 Rohrbeck im Interview; in: zeit.de, 2015
508 Körting im Interview; in: Tagesspiegel, 2018.
509 Minninger im Interview mit dem Verfasser.
510 Minninger auf Frage Nr. 88 vom 27.09.2001 in der Fragebox auf rocky-beach.com; online abrufbar unter https://t1p.de/nllx.
511 Körting zitiert nach Bogdan/Buddenbohm: Was machen die da?
512 Wawrczeck im Interview; in: 3fragezeichen.de, 2004.
513 Minninger im Interview; in: Akstinat: ABC, S. 94f.

514 Minninger auf Frage Nr. 207 vom 30.06.2003 in der Fragebox auf rocky-beach.com; online abrufbar unter https://t1p.de/vcc0.
515 Wawrczeck im Interview; in: 3fragezeichen.de, 2004.
516 Wawrczeck im Interview mit dem Verfasser.
517 Ebd.
518 Fröhlich im Interview mit dem Verfasser.
519 Buchna im Interview mit dem Verfasser.
520 Ebd.
521 Ebd.
522 Ebd.
523 Ebd.
524 Karl-Walter Diess im Interview; veröffentlicht am 14.05.2003 unter rocky-beach.com; online abrufbar unter https://t1p.de/roej.
525 Minninger auf Frage Nr. 42 vom 09.01.2001 in der Fragebox auf rocky-beach.com; online abrufbar unter https://t1p.de/1nxl.
526 Buchna im Interview mit dem Verfasser.
527 Wawrczeck im Interview mit dem Verfasser.
528 Ebd.
529 Buchna im Interview mit dem Verfasser.
530 Minninger auf Frage Nr. 101 vom 12.11.2001 in der Fragebox auf rocky-beach.com; online abrufbar unter https://t1p.de/am75.
531 Minninger im Interview mit dem Verfasser.
532 Minninger im Interview; in: dreifragezeichen.de.
533 Ebd.
534 Körting im Interview; in: Tagesspiegel 2018.
535 Minninger auf Frage Nr. 237 vom 15.10.2003 in der Fragebox auf rocky-beach.com; online abrufbar unter https://t1p.de/kn8h.
536 Marx im Interview mit dem Verfasser.
537 Wodrich im Interview mit dem Verfasser.
538 Rohrbeck im Interview; in: 11 Freunde 2016.
539 Wodrich im Interview mit dem Verfasser.
540 Ebd.
541 Oliver Rohrbeck im Interview; veröffentlicht am 21.11.2011 unter n-tv.de, online abrufbar unter https://t1p.de/l5oo.
542 Wawrczeck im Interview; in: volksfreund.de, 2014.
543 Wawrczeck im Interview; in: welt.de, 2009.
544 Wawrczeck im Interview; in: volksfreund.de, 2014.
545 Buchna im Interview mit dem Verfasser.
546 Minninger auf Frage Nr. 149 vom 25.03.2002 in der Fragebox auf rocky-beach.com; online abrufbar unter https://t1p.de/u94j.
547 Körting im Interview; in: Tagesspiegel 2018.
548 Körting auf Frage Nr. 12 vom 21.02.2008 in der Fragenbox von hoerspiel-freunde.de; online abrufbar unter https://t1p.de/ou3s.
549 Oliver Rohrbeck im Interview; in: Steffen Gerber: Oliver Rohrbeck über Justus Jonas, das »Fußballphantom« und die Zukunft der drei ???, veröffentlicht am 07.04.2012 unter wr.de, online abrufbar unter https://t1p.de/e6o8.
550 Stefan Exner im Interview mit dem Verfasser.
551 Ebd.
552 Körting auf Frage Nr. 86 vom 24.03.2009 in der Fragenbox von hoerspiel-freunde.de; online abrufbar unter https://t1p.de/2p0y.
553 Körting im Interview; in: hoerspiele.de, 2019.
554 Ebd.
555 Rohrbeck im Interview; in: n-tv.de, 2011.
556 Wawrczeck im Interview; in: weser-kurier.de, 2014.

557 Ebd.
558 Rohrbeck im Interview; in: planet-interview.de, 2006.
559 Oliver Rohrbeck im Interview; veröffentlicht am 16.03.2016 unter piste.de, online abrufbar unter https://t1p.de/334t.
560 Jens Wawrczeck im Interview; in: Mathias Ottmann: »Die drei ???« im Interview zu ihrem Programm »Phonophobia«, veröffentlicht am 18.03.2014 unter web.de, online abrufbar unter https://t1p.de/d9bd.
561 Wawrczeck im Interview; in: weser-kurier.de, 2014.
562 Fröhlich im Interview; in: justmag.net.
563 Fröhlich im Interview; in: justmag.net.
564 Wawrczeck im Interview; in: volksfreund.de, 2014.
565 Minninger auf Frage Nr. 226 vom 24.08.2003 in der Fragebox auf rocky-beach.com; online abrufbar unter https://t1p.de/kn8h.
566 Fröhlich im Interview; in: hoernews.de, 2002.
567 Rohrbeck im Interview; in: ntv.de, 2011.
568 Wawrczeck im Interview; in: weser-kurier.de, 2014.
569 Ebd.
570 Rohrbeck im Interview; in: Akstinat: ABC,, S. 127.
571 Wawrczeck im Interview; in: weser-kurier.de, 2014.
572 Oliver Rohrbeck im Audiokommentar; in: Die drei ??? und das Museum, DVD, 2002.
573 Ebd.
574 Lieneweg im Interview; in: fr.de.
575 Ebd.
576 Körting im Interview; in: Tagesspiegel 2018.
577 Körting zitiert nach Bogdan/Buddenbohm: Was machen die da?.
578 Ebd.
579 Maike Müller im Interview mit dem Verfasser.
580 Minninger zitiert nach Steckelberg: TKKG.
581 Ebd.
582 Körting im Interview; in: Tagesspiegel, 2018.
583 Rohrbeck im Interview; in: Freibier-Fanzine, 1999.
584 Rohrbeck im Chat; in: rocky-beach.com, 2001.
585 Fröhlich im Interview mit dem Verfasser.
586 Körting im Interview; in: hoerspiele.de, 2019.
587 Heikedine Körting im Interview; in: Silke Schröckert: 40 Jahre »Fünf Freunde«: die Geschichtenmacherin, veröffentlicht am 25.10.2018 unter enkelkind.de, online abrufbar unter https://t1p.de/yfhp.
588 Körting zitiert nach Bogdan/Buddenbohm: Was machen die da?.
589 Rohrbeck im Interview; in: zeit.de, 2015
590 Rohrbeck im Interview; in: spiegel.de, 2019.
591 Körting zitiert nach Bogdan/Buddenbohm: Was machen die da?.
592 Körting im Interview; in: enkelkind.de, 2018.
593 Körting im Interview; in: Knobloch (Hg.): Welt der Meister, S. 135.
594 Heikedine Körting im Interview; veröffentlicht am 24.11.2011 unter handelsblatt.com, online abrufbar unter https://t1p.de/mg9n.
595 Körting im Interview; in: hoerspiele.de, 2019.
596 Körting im Interview; in: Tagesspiegel, 2018.
597 Körting im Interview; in: hoerspiele.de, 2019.
598 Körting im Interview; in: Tagesspiegel, 2018.
599 Hella von der Osten-Sacken zitiert nach Bärmann/Radtke/Tölle: Hörspielkult, S. 93.
600 Körting zitiert nach Bärmann/Radtke/Tölle: Hörspielkult, S. 93.
601 André Minninger im Interview; veröffentlicht am 03.02.2011 unter tkkg-site.de, online abrufbar unter https://t1p.de/xonk.

602 Körting im Interview; in: Tagesspiegel 2018.
603 Minninger im Interview; in: tkkg-site.de, 2/2011.
604 Minninger auf Frage Nr. 48 vom 24.01.2001 in der Fragebox auf rocky-beach.com; online abrufbar unter https://t1p.de/v1fr.
605 Ebd.
606 Minninger auf Frage Nr. 52 vom 13.02.2001 in der Fragebox auf rocky-beach.com; online abrufbar unter https://t1p.de/v1fr.
607 Körting auf Frage Nr. 44 vom 29.07.2008 in der Fragenbox von hoerspiel-freunde. de; online abrufbar unter https://t1p.de/d6d2.
608 Minninger auf Frage Nr. 58 vom 03.03.2001 in der Fragebox auf rocky-beach.com; online abrufbar unter https://t1p.de/v1fr.
609 Körting im Interview; in: hoerspiele.de, 2019.
610 Minninger auf Frage Nr. 121 vom 15.12.2001 in der Fragebox auf rocky-beach. com; online abrufbar unter https://t1p.de/ysdb.
611 Minninger auf Frage Nr. 106 vom 25.11.2001 in der Fragebox auf rocky-beach. com; online abrufbar unter https://t1p.de/u50a.
612 Körting im Interview; in: shz.de, 2019.
613 Körting im Interview; in: hoerspiele.de, 2019.
614 Körting im Interview; in: shz.de, 2019.
615 Ebd.
616 Wawrczeck im Interview; in: niklas-leseblog.jimdo.com.
617 Körting auf eine Frage vom 24.03.2009 in der Fragenbox von hoerspiel-freunde. de, online abrufbar unter https://t1p.de/2p0y.
618 Rohrbeck im Interview; in: zeit.de, 2015.
619 Rohrbeck im Interview; in: neuepresse.de, 2016
620 Körting zitiert nach Bogdan/Buddenbohm: Was machen die da?.
621 Minninger auf Frage Nr. 243 vom 03.12.2003 in der Fragebox auf rocky-beach. com; online abrufbar unter https://t1p.de/x4jf.
622 Minninger auf Frage Nr. 58 vom 03.03.2001 in der Fragebox auf rocky-beach.com; online abrufbar unter https://t1p.de/v1fr.
623 Minninger auf Frage Nr. 14 vom 29.11.2000 in der Fragebox auf rocky-beach.com, online abrufbar unter https://t1p.de/gk5c.
624 Erlhoff im Interview mit dem Verfasser.
625 Conrad im Interview mit dem Verfasser.
626 Minninger im Interview mit dem Verfasser.
627 Müller im Interview mit dem Verfasser.
628 Minninger im Interview; in: tkkg-site.de, 3/2011.
629 Müller im Interview mit dem Verfasser.
630 Jens Wawrczeck im Interview; in: Philipp Dahm: »Ich glaube, dass die ??? neben ihrer Freundschaft kein anderes Leben haben dürfen«, veröffentlicht am 03.05.2015 unter watson.ch, online abrufbar unter https://t1p.de/spt0.
631 Wawrczeck im Interview; in: sueddeutsche.de, 2015.
632 Rohrbeck im Interview; in: zeit.de, 2015.
633 Ebd.
634 Körting im Interview; in: Haaf: Musik, S. 36.
Körting auf Frage Nr. 135 vom 09.08.2010 in der Fragenbox von hoerspiel-freunde.de; online abrufbar unter https://t1p.de/pmi6.
635 Jens Wawrczeck im Interview; veröffentlicht am 20.09.2007 unter abendblatt.de; online abrufbar unter https://t1p.de/af2p.
636 Wawrczeck im Interview; in: sueddeutsche.de, 2015.
637 Rohrbeck im Interview; in: focus.de, 2014.
638 Wawrczeck im Interview; in: sueddeutsche.de, 2015.
639 Körting im Interview; in: Haaf: Musik, S. 30.
640 Körting im Interview anlässlich 50 Jahre Europa.

641 Andreas Fröhlich im Interview; in: Anne Burgmer: Gespräch über »Die drei ???«, veröffentlicht am 05.03.2018 unter ksta.de, online abrufbar unter https://t1p.de/u5xb.
642 H. G. Francis im Interview; in: Akstinat: ABC, S. 94.
643 Bohn im Interview; in: cinemamusica.de, 2009.
644 Bücken: Miller-Story, S. 30.
645 Ebd. S. 29.
646 Körting zitiert nach Bärmann/Radtke/Tölle: Hörspielkult, S. 87.
647 Vgl. hierzu Annette Bastian: Das Erbe der Kassettenkinder, Brühl 2003.
648 Minninger im Chat; in: rocky-beach.com, 1998.
649 Wodrich im Interview mit dem Verfasser.
650 Lieneweg im Interview; in: fr.de, 2019.
651 Rohrbeck im Interview; in: spiegel.de, 2019.
652 Körting im Interview; in: Tagesspiegel, 2018.
653 Körting im Interview; in: shz.de, 2019.
654 Müller im Interview mit dem Verfasser.
655 Rohrbeck im Interview; in: fudder.de 2015.
656 Oliver Rohrbeck im Interview; in: Kaja Lambert: Seminararbeit über die drei ???, Leipzig 1999, online abrufbar unter https://t1p.de/4qw4.
657 Wawrczeck im Interview; in: sueddeutsche.de, 2015.
658 Rohrbeck im Interview; in: planet-interview.de, 2014.
659 Wawrczeck im Interview; in: sueddeutsche.de, 2015.
660 Fröhlich im Interview: in: planet-interview.de, 2014.
661 Jens Wawrczeck zitiert nach Norbert Körzdörfer: »Die drei ??? sind wie akustische Coca-Cola«, veröffentlicht am 14.12.2013 unter bild.de.
662 Schuller im Interview mit dem Verfasser.
663 Arnold im Interview mit dem Verfasser.
664 Rohrbeck im Interview; in: hoernews.de, 2001.
665 Rohrbeck im Interview; in: welt.de, 2009.
666 Fröhlich im Interview; in: wn.de, 2014.
667 Rohrbeck im Interview; in: zeit.de, 2015.
668 Wawrczeck im Interview; in: fr.de, 2019.
669 Fröhlich im Interview; in: taz.de, 2010.
670 Rohrbeck im Interview; in: spiegel.de, 2019.
671 Rohrbeck im Interview; in: hoerspiel-freunde.de, 2014.
672 Körting im Interview; in: Knobloch (Hg.): Welt der Meister, S. 24.
673 Ebd. S. 141.
674 Oliver Rohrbeck im Chat auf rocky-beach.com vom 14.11.2001; online abrufbar unter https://t1p.de/8acm.
675 Körting im Interview; in: 3fragezeichen.de, 2004.
676 Wawrczeck im Interview; in: welt.de, 2009.
677 Interview mit Oliver Rohrbeck vom 07.04.2012 in waz.de.

Bildnachweis:

1 + 2: Freundlicherweise zur Verfügung gestellt von Heikedine Körting
3 + 4: © EUROPA Archiv
5 + 6: ©Uwe Tölle
7 + 8: © EUROPA Archiv
9: © Uwe Tölle
10: ©Manuel Backert Archiv
11: © Detlef Kuntke
12: ©Jan-Friedrich Conrad
13: ©Jens-Peter Morgenstern privat
14: © Studio STIL
15 – 18: © VPT Archiv
19 – 23: © Corinna Wodrich
207: Die drei ??? – Hörspielcover © EUROPA Archiv